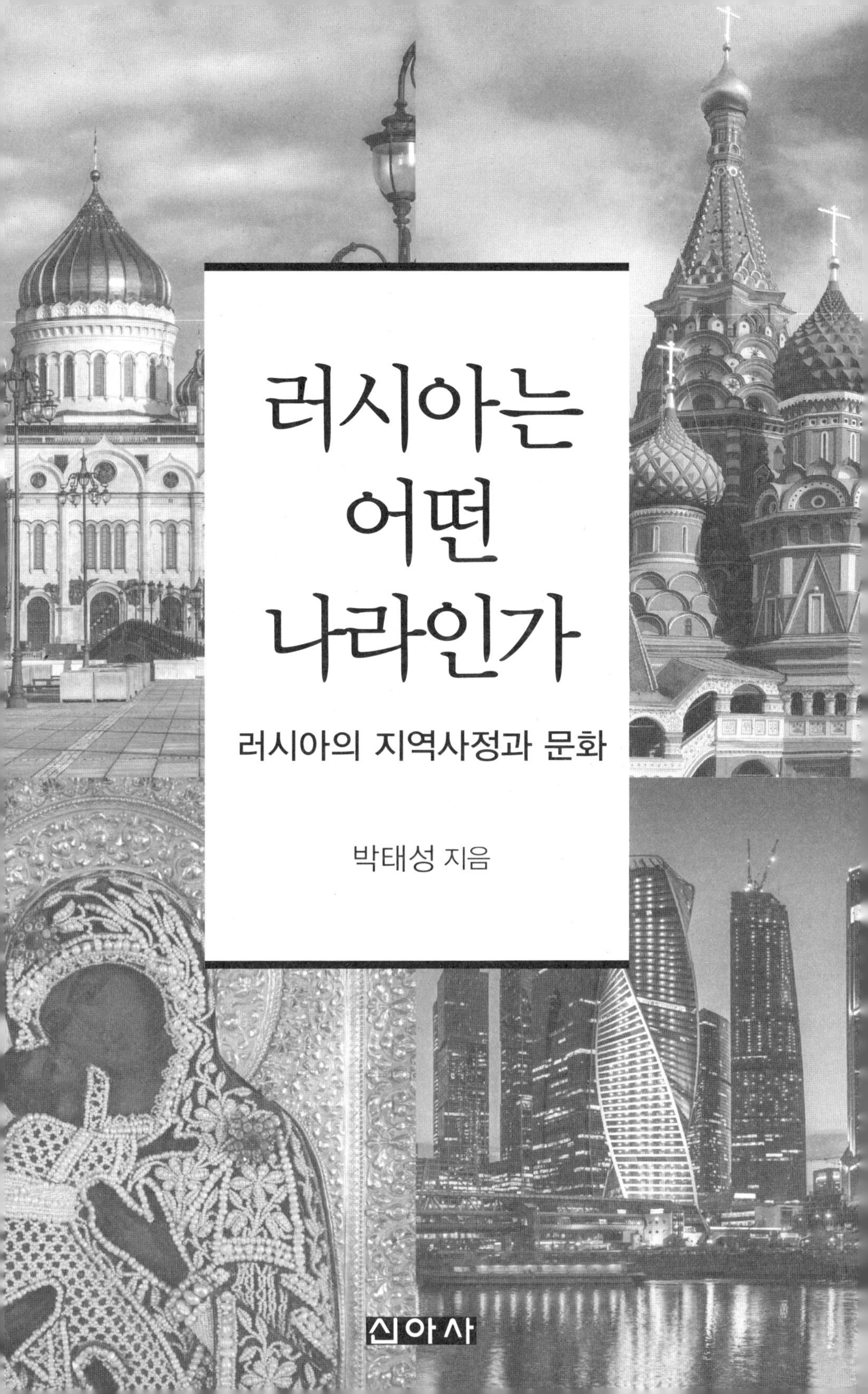

러시아는 어떤 나라인가

러시아의 지역사정과 문화

박태성 지음

신아사

머리말

러시아, 하면 연상되는 단어는 무엇일까? 러시아에 대해 공부하려는 학생들 대상으로 첫 시간에 던지는 첫 질문이다. 아주 다양한 답변이 쏟아져 나오는 가운데, 그 조각들을 붙여보면 한 학기의 강의 내용으로 이어진다. 러시아를 제대로 이해하기 위해 무엇을 가르쳐야 할 것인지. 어떤 주제에 대해 어떤 방식으로 가르쳐야 효율적일지. 갈수록 쏟아지는 정보의 홍수 속에서 어떤 사실을 취사선택해야 할지... 이런 고민들이 4반세기 이상 강의해온 지역학 전공 교수로서 매번 고민이 되어왔다.

이러한 고민을 해결하기 위한 일환으로 제대로 된 텍스트의 필요성이 절실했다. 굳이 러시아를 전공하지 않는 사람들에게도 러시아에 대해 손쉽게 이해할 수 있는 매체가 필요하다. 난해하거나 지겹지 않으면서 러시아에 대한 상식과 매력을 알려주고 싶었다. 그러면서도 가볍지만 않은, 다 읽고 나면 뭔가 고개를 끄덕일 수 있는 지식도 전하고 싶었다. 그래서 시작한 집필이 그 동안의 강의안을 바탕으로 세상에 빛을 발하게 된 것이다.

이 책은 러시아의 지역사정과 문화를 한 눈에 보기 위해 서술되어 있다. 우선 러시아가 존속해온 공간적 시간적 배경을 알려주는 지리와 역사의 흐름을 소개한다. 다음은 러시아인의 특징과 연방구성, 오늘날의 정치 외교적 양상을 살펴본 뒤, 천년 이상 정신적 지주 역할을 해온 정교회에 대해 알아본다. 그리고 사회변혁의 주역을 맡았던 사상과 문학의 흐름을 고찰하고, 공연예술의 꽃을 피운 연극, 음악, 발레와 함께 다양한 미술세계를 접하게 될 것이다. 마지막으로 이러한 제반 문화가 스며있으며 한번쯤은 방문하고 싶은 두 도시, 모스크바와 페테르부르크가 소개되어 있다.

다양한 주제를 한 번에 이해하기란 쉬운 일이 아니다. 애초에 의도한대로 전공자를 위해서는 배경지식을, 교양을 원하는 사람에게는 매력을 불어넣으려고 노력해보았다. 한 학기 교재를 겸한 도서인 만큼, 대학 수업의 주별 강의에 맞게끔 구성하였다. 총 12장으로 배열하면서 각 장의 마지막에는 '과제와 토론'거리를 제시하여 학생들의 자발적인 참여도 유도하였다. 특히 두 도시 소개를 전반과 후반의 말미에 위치시켜 동영상 시청과 함께 쉬어갈 수 있는 틈을 주려고 했다. 모든 목적이 필자의 뜻대로 되지는 않겠지만, 좋은 자료들과 함께 소기의 목적을 달했으면 하는 바람이다.

탈고를 하는 순간, 마음에 들지 않는 장면이 한두 군데 아니게 눈에 띄었다. 그럼에도 과감하게 원고를 넘길 수 있었던 것은 신아사의 독려 덕분이다. 학자로서의 욕심을 내자면 엄두도 못 낼 일이지만, 선생으로서의 도리를 다하기 위해 용기를 낸 것이다. '먼저 배운 자'의 소임을 다해 후학들이 조금이라도 용이하게 이 책을 활용할 수 있으면 좋겠다는 희망인 셈이다. 러시아에 호기심을 갖고 있는 사람들에게 좋은 길잡이가 되었으면 하는 욕심도 함께 기대해본다. 졸고를 훌륭한 책으로 출판하게 해준 관련자들에게 감사의 말을 전하면서...

2018년 1월
남산동 연구실에서

목차

I

러시아의 지리적 환경

1. 자연지리

1) 지형의 일반적 특징

세계 육지 면적의 1/8을 차지하는 러시아 영토는 서부의 평원 지대에서부터 동부 산지로 이어지는 다양한 지형을 포함한다. 그래도 이 엄청난 땅덩어리는 상당한 동질성을 보여주고 있다. '평원의 나라'로 불릴 만큼, 우랄 산맥 서쪽의 동유럽 평원은 5백만㎢에 달하고, 우랄 동쪽부터 예니세이 강에 이르는 서시베리아 평원은 2백수십만 ㎢에 이른다. 한 때는 거대한 바다의 밑바닥이었던 이 광대한 평원은 여기저기 흩어져 있는 작은 산들에 구애되지 않고 동서로 길게 뻗쳐 있는 것이다.

지도상 유럽과 아시아를 경계 짓는 우랄 산맥조차도 평균 고도가 1,200m인 만큼, 자연적 장애가 결코 되지 못한다. 더욱이 우랄 산맥의 남쪽 끝과 카스피 해, 아랄 해 사이에는 광활한 스텝지대가 있다. 하지만 자세히 살펴보면 우랄 산맥 중심으로 양쪽의 기복이나 지형이 차이가 있음을 알 수 있다. 러시아 평원(동유럽 평원)은 많은 구릉(최고 높이 471m)과 빙하 작용에 의한 침식에 의해 호수와 늪지대 등이 분포되어 있다. 반면 서시베리아 평원은 오브 강을 중심으로 대략 100m 이하(최고 285m)의 저지대로 이루어져 있다.

러시아의 자연지리

이에 비해 러시아 땅의 절반인 예니세이 강 동쪽은 고원과 산지가 주류를 이룬다. 예니세이 강과 레나 강 사이의 대부분 지역인 동시베리아(중앙시베리아) 고원은 고도 305~701m로 깊은 하곡과 융기지형이다. 레나 강 오른쪽은 극동 산악지대로서 고원과 고산으로 형성되어 있다. 남동쪽의 스타노보이 산맥(2,412m)을 넘으면 바로 태평양으로 이어지는 좁고 긴 해안평야들이 있다. 러시아의 장엄한 산맥들은 이곳 극동지역에서부터 아래로 국경선을 따라 줄지어 배치되어 있다.[1] 러시아 평원이 안정된 지형임에 반해 극동지대는 종종 지진도 발생한다. 캄차트카 반도나 쿠릴 열도는 환태평양 지진대에 속해 있고 활화산도 많이 있다.

러시아는 세계에서 수로의 혜택을 가장 많이 받은 나라이다. 이것은 철

1) 몽고, 중국과의 국경을 이루는 사얀, 알타이, 톈산 산맥, 그리고 세계의 지붕이라 일컫는 파미르 고원, 흑해와 카스피 해를 잇는 높고 아름다운 카프카스 산맥, 남서부 지역의 카르파티아 산맥들이 있다.

도가 설립되기 전까지 매우 큰 의미를 지니고 있었으며, 큰 강들은 무역과 군사 면에서 중요한 역할을 다하였다. 유럽-러시아의 큰 도시들은 대부분 강을 끼고 위치해 있다. 이들 하천의 대부분은 러시아 평원의 중앙에 있는 고도 300~400m의 발다이 구릉에 그 근원을 두고 있다. 그리하여 서쪽으로는 볼호프 강과 나르바 강, 서드비나 강에 의해 발트 해로, 북쪽은 북드비나 강에 의해 백해로, 남쪽은 돈 강과 드네프르 강에 의해 흑해로, 그리고 동남쪽은 볼가 강에 의해 카스피 해로 연결되고 있다. 시베리아의 바다처럼 큰 강인 오브 강, 예니세이 강, 레나 강은 모두 북극해로 흘러 들어간다. 유일하게 동쪽으로 흐르는 아무르 강은 러시아와 중국의 국경을 나눠준다.[2]

동유럽의 수로를 이용해 9세기에 스칸디나비아 인이 러시아 땅으로 들어왔고, 비잔틴 제국이나 동방의 여러 나라들과 교역이 이루어졌다. 또 16세기에 우랄을 넘어 시베리아 원정을 할 수 있었던 것도 이 수로를 통해서였다. 러시아 평원의 중앙부가 울창한 삼림으로 뒤덮여 있고 하천을 통해 사방으로 연결될 수 있다는 자연적 특성이 모스크바 공국의 발전과 결코 무관하지 않으며, 이는 러시아가 제국으로 성장할 수 있는 계기가 된 연육적(連陸的) 팽창의 토대가 되었다.

러시아가 육지를 따라 팽창할 수밖에 없었던 것은 둘러싼 해양의 교통이 원활하지 못하기 때문이다. 시베리아 북쪽의 가장 긴 해안은 동토대를 끼고 북극해를 향하고 있다. 물론 연안의 바다는 각각 다른 이름을 가지고 있으며,[3] 동쪽은 베링 해와 오호츠크 해를 통해 태평양으로 이어진다. 러시아인과 가장 밀접한 바다는 서쪽의 발트 해와 남쪽의 흑해로서

2) 그 외 시베리아 남부와 중앙아시아에 있는 아무다리야 강과 시르다리야 강은 북서쪽으로 흘러 아랄 해로 들어가지만, 사막을 가로질러 가다보니 점점 메마르고 있다.

3) 서쪽에서부터 차례로 바렌츠 해, 백해, 카라 해, 랍테프 해, 동시베리아 해, 추코트 해로 불리고 있다.

'바다'로 여겨지는 바이칼 호수

좁은 해협을 거쳐 대양으로 이어진다. 완전한 내해로 카스피 해, 아랄 해도 중요한 국경선 역할을 하고 있다. 과거 빙하지대였던 러시아 평원에 있는 중요한 호수로는 라도가 호와 오네가 호가 있다. 전 대륙에 걸쳐 크고 작은 호수들이 많지만, 동시베리아의 바이칼 호수는 세계에서 가장 깊은(1,642m) 담수호로 수자원이 풍부하다.

내적 이동의 물결을 막을 만한 결정적인 자연적 장애 요인이 없었다는 사실은 러시아의 과거를 형성하는 원동력이 되었다. 러시아 민족의 역사는 거의 무인지경이고 광활한 대지에서 정착지의 범위를 확장시켜 나감으로써 진행되었다. 유럽의 다른 나라들이 해외로 팽창해 나가는 동안, 러시아는 인접 지역으로 끝없이 이동 팽창하였고 '바다로 향한 출구'[4]를 확보하려 했던 것이다. 이 방대한 규모의 제국 건설은 결과적으로 전제정치와 농노제 확립이라는 명분을 정당화시켜 주었지만, 그에 상응하는 숱한 시련을 겪어야 하였다.

---

4) 북쪽에 있는 러시아의 바다는 10월부터 5월까지 결빙되어 이용이 불가능하다. 그래서 17세기 초 표트르 대제는 스웨덴과 전쟁을 벌이면서 발트 해로의 출구를 확보하기 위해 페테르부르크를 건설하여 '유럽으로의 창'을 만들었다. 남쪽 흑해는 외부 바다와 연결되는 유일한 바다였던 만큼 러시아가 바다로 진출하기 위해서는 투르크인들과 기회 있을 때마다 전쟁을 벌여야 했다. 한편 동쪽으로는 17세기가 되어 카자크 무리가 베링 해협을 건너 태평양에 모습을 나타내면서 아무르 강 하구에 니콜라옙스크가 건설되었고, 이어서 태평양으로 진출하기 위한 블라디보스토크가 건립되었다(1875).

2) 기후와 식생대

대부분의 영토가 북위 50도 위에 있고 절반 이상이 60도 너머에 있는 러시아는 전형적인 대륙성 기후이다. 남부와 동부는 거대한 산맥에 막혀 내륙의 영향을 받아 한서의 차이가 심하다. 북부와 서부는 편서풍 덕분에 상대적으로 해양성 기후도 나타난다. 러시아의 기후대는 한랭기후가 지배적이다. 바이칼 호에서 발생하는 대륙성 기단은 혹한의 시베리아 날씨는 물론 동아시아 전역에 그 영향을 미치고 있다. 유럽-러시아의 북부 지역은 1년 중 8달 정도가 계속 얼어 있다. 여름에도 지하 1미터 전후까지밖에 녹지 않고 연중 토지가 얼어붙어 있는 툰드라 지대는 동시베리아를 중심으로 러시아 전역의 20%에 달한다.

대륙성 기후의 중심지인 동시베리아는 겨울철 고기압의 영향으로 영하 60도 이하로 떨어지는 혹한이 많다. 반대로 짧은 여름은 기온이 급상승하여 30도 이상 올라가는 날도 있다.[5] 이 때문에 동시베리아는 서시베리아에 비해 삼림지대가 북상해 있다. 연평균 강수량은 대부분 지역이 600미리 이하이며, 여름에 집중되어 뇌우를 동반한 국지성 호우를 자주 만난다. 적설량 역시 위도와 경도에 따라 차이를 보이지만 10일간 평균 50~80㎝가 내린다. 전형적인 소우다설 현상을 보이고 있다.[6] 겨울에는 내륙의 강력한 고기압(1,040mb)이 이동하여 우리나라의 겨울 날씨에도 지대한 영향을 미치는 두 기단(시베리아, 오호츠크)을 형성한다.

---

5) 위도와 편서풍 때문에 기온의 남북(1월 평균 북동 시베리아는 영하 50도, 흑해와 카스피 해는 0도를 상회)과 동서(1월 평균 페테르부르크는 영하 7도, 노보시비르스크는 영하 17도 / 7월 평균 노보시비르스크 35도, 모스크바 28도) 차이가 극심하게 나타난다.

6) 연평균 강수량이 동부해안은 600~700mm, 시베리아 동부 400mm, 남부 국경지대 200mm, 모스크바는 530mm 정도 내린다. 또한 농업에 직접 영향을 주는 적설기간은 유럽평원이 40~200일, 시베리아는 120~250일 정도이다.

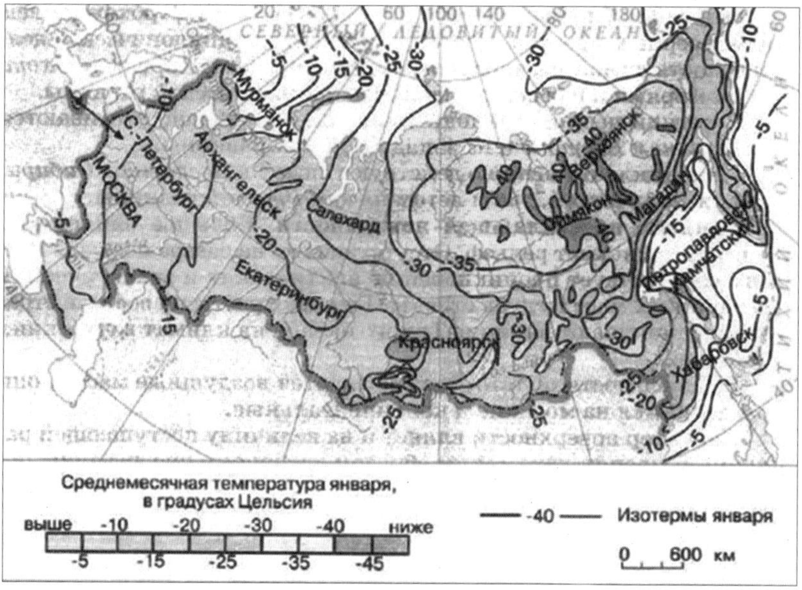

러시아 전역의 1월 평균 등온선(섭씨)

러시아의 자연을 식생의 특성으로 구분해보면, 대략 북에서 남으로 꽤 정연하고 동서에 걸친 가늘고 긴 식생대가 연이어져 있다. 식생대는 북에서부터 툰드라, 타이가, 혼합림, 스텝 지대로 나누어진다. 사람이 상주하지 않는 습지성 평원인 툰드라 지대는 척박한 산성토양과 늪지대가 많은 곳이다. 연중 동토대는 여름에도 배수가 안 되어 냉습한 얕은 표층으로 이루어져 이끼와 지의류가 서식한다. 키 작은 자작나무와 관목성 버드나무가 자라는가 하면, 수목이 무성한 곳은 낙엽송과 가문비나무도 보인다. 동물로는 사슴, 북극여우, 사향소, 비버, 흰올빼미, 들꿩 등이 살고 있다.

툰드라 밑에는 가장 큰 면적을 차지하는 타이가 지대가 있다. 예니세이 강 서쪽의 습윤한 타이가에는 가문비나무, 전나무, 소나무, 관목과 목초가 자라고, 동부 타이가에는 이들 외에도 낙엽송이 주종을 이룬다. 세계 최대의 목재 산지로서 산성이 강한 부식토(포드졸)는 끝이 보이지 않을 정도의 침엽수가 자라기에 적격이다. 또한 이 지역은 시베리아 개척민들이 모피동물을 사냥하러 진출한 곳이다. 흑담비, 다람쥐, 여우, 산족제비 등은 지금도 훌륭한 모피를 제공해주고, 사슴, 곰, 사향쥐, 늑대의 원산지이기도 하다.

혼합림 지대는 동서 양쪽에 나타나는 삼각형 모양의 삼림이다. 위도가 낮아질수록 낙엽수가 많아지는 활엽수와 침엽수가 섞여 있다. 참나무, 가문비나무가 주종을 이루며, 서양물푸레나무, 사시나무, 자작나무, 느릅나무들이 자란다. 유럽러시아 지역의 회갈색 산림토양은 일찍부터 개간되어 농업용지로 이용되었다. 동쪽의 제2혼합림 지대는 아무르 강과 우수리 강 유역의 저지대를 지칭하며, 아시아산 참나무, 서어나무, 느릅나무, 개암나무 등이 서식한다. 그 다음은 스텝과의 전이지대인 삼림-초원지대가 펼쳐진다. 서시베리아에는 자작나무와 사시나무가 자라고, 유럽러시아에는 농토로 개간된 수목림과 참나무 숲이 울창하다.

마지막으로 남쪽의 스텝지대에는 초본식물과 다년생 목초가 자란다.

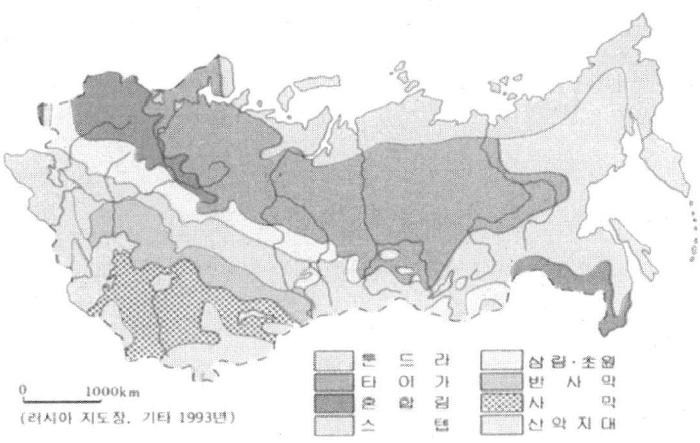

러시아-중앙아시아의 기후-식생대

러시아 농경민족의 발상지였던 초원은 유럽-러시아 남부에서부터 아시아의 알타이 산맥까지 이어진다. 중앙아시아의 사막지대로 이어지는 건조지대와 연해 있는 이곳에는 세계 최대의 곡창지대가 있다. 흑토(체르노젬)지대는 부식토가 증가하여 검은 빛깔을 보이는 비옥한 농지이며, 타 지역에 비해 토지개발도가 가장 높은 곳이다. 설치동물과 스컹크, 여우, 영양, 독수리와 매들이 살고 있다.

식생대에 따라 러시아인의 생활권은 주로 타이가와 스텝 지역에 몰려 있다. 삼림은 러시아인의 생활 중심이고 곳곳에 커다란 숲이 있다. 러시아인들은 집을 짓는 재료에서부터 추운 겨울의 월동 연료나, 모피, 밀랍, 신발용 나무껍질에 이르기까지 나무를 이용한다. 이 숲은 또 외적의 침입을 방어하고 피난처로도 사용되었다. 삼림의 플러스적 측면에 비해 초원지대는 마이너스적인 면도 있다. 초원지대는 흑해를 통해 남쪽으로 향하는 길을 제공해 주기도 하지만 이 지역에 거주하는 유목민들이 그 길을 따라 러시아 땅을 자주 습격하였던 것이다.

삼림지대의 러시아는 초원으로부터 끊임없이 가해지는 고통의 위협 속에서 살아왔다. 초원과 삼림을 오고간 권력의 이동은 러시아 정치 발전의 논리를 대변해 주고 있다. 수많은 세월 동안 삼림과 초원지대는 전쟁으로 충돌하기도 하고 교역 장소로 상호 보탬이 되기도 하였다. 삼림지대의 상대적 안전성과 초원지대 유목민의 자유는 민족적 생활면에서 단결과 무질서의 한 유형을 형성하였다. 결국 러시아 정부의 최대 과제는 삼림과 초원지대가 하나의 안정된 질서 속에 통일되는 것이었다. 18세기 중반에 이르러서야 이 과제가 해결되는 듯이 보였지만, 실상은 오늘날까지도 여전히 미궁 속에 빠져 있는 실정이다.

2. 지역구분과 산업

1) 유럽-러시아

러시아는 북에서 남으로 일정한 식생대를 갖추고 유사한 기후를 보이고 있지만, 각 지역별 생태계와 산업별 양상은 사뭇 다르다. 유럽-러시아, 서시베리아, 동시베리아, 극동지방으로 구분될 수 있는 이 지역들은 지층 구조, 기후나 해양의 영향, 토지의 기복 차이로 인해 삶의 구조나 산업 발달이 상당한 차이를 보인다.

유럽-러시아의 가장 광범위한 부분은 삼림지대가 차지하고, 그 다음은 스텝 및 삼림 스텝지대이다. 북극지대에는 가늘고 긴 툰드라 지역으로 기온이 낮고 수목이 자라지 않는 곳이며 양서류만 넓게 깔려 있다. 빙하의 퇴적작용으로 형성된 저지대는 호수와 늪이 산재해 있다. 겨울은 하루 내내 어둡고 여름은 백야 현상이 나타난다. 이곳에 사는 사람들은 수렵이나 야생동물 사육에 의존한다. 삼림지대의 대부분은 타이가 지대이고, 그 남쪽에는 혼합림, 그리고 활엽수 지대가 있다. 이 지역에서는 방목을 통한 축산업과 목재, 종이, 펄프 등의 임산업도 발달해 있다.

삼림지대 남쪽은 스텝(초원)지대로서 강수량보다 증발량이 많은 지역으로 수목의 성장이 불가능하다. 동에서 서로 기복이 심한 언덕과 광활한 평원지대가 교차한다. 스텝은 오래 동안 풀이 썩고 퇴적되어 비옥한 흑토를 형성해 왔다. 전통적으로 이 지역은 농업이 발달해 왔으며, 봄밀, 가을밀, 사탕수수 등의 특용작물이 많다. 농업은 축산업을 같이 하는 혼합농업 형태가 주류를 이루며, 대도시에는 첨단기술 분야도 발전하고 있다.[7] 볼가 강 연안은 상류의 고원에서 하류의 낮은 구릉으로 이어지며 하류에는 삼각주가 형성되어 있다. 카스피 해 저지는 해수면보다 낮은 지역으로 에너지 자원의 각축장으로 유명하다.

북서 러시아 지역은 일찍부터 기술 및 노동집약적 공업이 발달하였다. 전자제품, 화학기계, 섬유공업이 발달하였으며, 자연자원에 기초한 비료, 건축용 석재, 시멘트도 생산된다. 중부 지역은 모스크바 중심의 경공업과 자동차, 화학공업이 발달하고 있다. 남러시아 지역은 도네츠크 탄전을 기반으로 공작기계나 광산기계를 생산하는 중공업과 고무, 타이어의 화학공업이 주류를 이룬다. 여기는 우랄 지역의 철, 석탄 산지 콤비나트와 연계되어 일찍부터 공업이 발달하였다. 특히 석유, 천연가스, 기타 유용광물과 비철금속(구리, 니켈, 티타늄) 산지로도 알려져 있다. 북카프카스 지역은 유일하게 아열대 작물 농사를 지으면서 휴양 관광지로도 인기가 높다.

7) 삼림 초원지대의 대표적인 혼합농업 작물은 보리, 호밀, 귀리, 감자, 사탕무, 해바라기, 사료용 옥수수 등이 재배되고 있다.

2) 서시베리아

우랄 산맥에서 예니세이 강까지, 남북으로는 북극해에서 알타이 산맥에 이르는 이 지역은 전체의 1/7에 달한다. 오브 강 중심으로 약 100m 이하(최고 285m)의 저평원 지대인 이곳은 세계 최대의 늪지와 범람원이 있다. 러시아 평원보다 지대가 낮고 식생도 다르다. 러시아 평원의 기후보다 대륙성 기후가 심하고 겨울철이 6개월 이상 지속된다. 북위 56도부터 삼림 스텝, 스텝 지대에 들어가고, 서시베리아의 삼림 스텝에 있는 나무 종류는 러시아 평원의 삼림지대와 많이 다르다. 스텝 지대의 토양은 러시아 평원의 토양과 같은 흑토이지만, 습기가 적지 않고 부식분이 많다. 남동부의 쿠즈네츠크 분지는 삼림으로 둘러싸인 흑토지대이다. 남부의 스텝 지대는 남쪽의 카자흐스탄에 속해 있다.

이 지역의 툰드라 지대에서는 순록 사육과 어업, 모피업으로 생계를 유지한다. 오브 강 북부에는 1980년대에 대규모 천연가스 산지가 개발되었다. 소택지가 많은 타이가 지대에는 오브 강 중류의 석유산지(튜멘, 토볼스크)가 유명하다. 남부로 내려가면 주요 곡물 중의 하나인 봄밀과 축산업, 식품공업이 발달해 있다. 또한 대규모 관개시설의 확충으로 목회를 비롯한 야채와 과일이 재배되고 양 사육지도 도처에 있다. 알타이 지역에는 사탕무와 해바라기, 호프가 자라며, 소 양 말 야크가 사육된다. 남동부의 쿠즈네츠크 탄전은 콤비나트가 형성되어 전통적으로 중공업이 발달하였다. 시베리아 철도가 부설됨으로써 대도시로 인구가 이동하여, 노보시비르스크에는 기계제강 공업, 옴스크에는 석유화학, 기계공업이 발달하였다.

3) 동시베리아

평균 고도 500m 내외인 동시베리아 고원은 1/4이 북극권 내에 포함되어 있다. 북쪽은 해발 1,701m의 푸토라나 산맥에서부터 타이미르 저지로 연결된다. 동쪽은 저지대의 중앙 야쿠트 분지가 있으며, 하천이 많지만 결빙기간이 길고 수량이 부족하다. 남쪽은 자바이칼리예 산이 위치해 있으며, 바이칼 호수와 앙가라 강이 흐른다. 동시베리아는 타이가 중심에 위치해 있다. 타이가가 남쪽의 국경까지 진출한 동시에, 여름의 덥고 건조한 날씨가 서시베리아보다 더 북쪽까지 올라간다. 삼림 스텝의 나무 종류도 서시베리아와 다르고, 동시베리아의 기후조건 또한 모피동물의 서식에 적절하여 양질의 모피가 생산된다.

타이가의 중심에는 밝은색 잎의 낙엽송이 많아 임산업과 모피가공업이 발달해 있다. 크라스노야르스크는 최대 도시로서 군사요새가 있고, 중기공장과 수력발전소가 있는 공업 중심지이다. 여기에 있는 시베리아 광물자원 및 삼림연구를 위해 설립된 과학아카데미는 그 학술적 가치도 높이 평가받는다. 300여개의 작은 강이 바이칼 호로 흘러들어가 유일하게 나오는 하나의 강인 앙가라 강과 예니세이 강은 대규모 수력발전소를 자랑한다. 바이칼 호수 주변은 희귀생물의 생태연구도 활발하고 비철금속 공업과 목재업이 발달해 있다.

특히 사하공화국(야쿠티야)은 고품질의 다이아몬드 생산지로서 가장 부유한 지자체이다. 그 외 안티몬, 금, 은, 주석, 텅스텐을 비롯한 천연가스와 철광석 생산은 1인당 GDP를 높여준다. 가장 넓기도 한 사하공화국의 영구동토대에서는 순록사육과 어업이 활발하고, 석탄을 이용한 화력발전소도 가동 중이다. 시베리아 횡단철도에 이어 밤(바이칼~아무르)철도의 개설로 철도 연변의 스텝지대는 농경지로도 개척되어 있다.

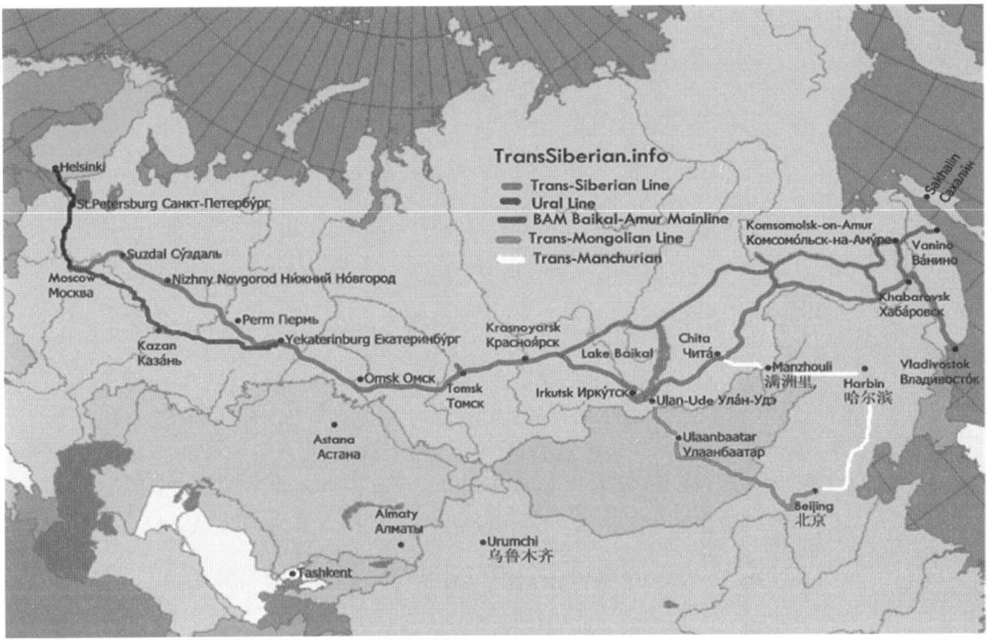

시베리아 횡단철도

4) 극동지방

동시베리아의 남부에서 극동까지 이르는 이 지역은 고산지대로서 툰드라가 남쪽으로 내려와 있다. 삼림의 나무 종류는 시베리아와 유사하고 종종 북위 51도 이남의 남부지대에 활엽수림이 나타난다. 여기는 몬순 기후의 영향 아래 놓여있어 습윤하고 러시아의 다른 지역에서 볼 수 없는 나무들이 많으며 수목이 울창하다. 우수리-타이가라 불리는 연해주의 삼림이 그 대표적 예이며, 이곳에는 우수리 호랑이나 표범이 지금도 살고 있다. 사할린 섬에서 태평양 연안의 대륙붕과 해안평야는 이 지방의 독특한 자연으로 이 지역 산업을 결정지어 준다. 해양을 중심으로 하는 수산자원이 풍부하여 수산업의 발달 가능성이 많고 귀금속 산업도 발전하고 있다.

서남부지역의 아무르 주는 금, 주석, 아연, 구리, 몰리브덴을 생산하고 있다. 몬순기후의 영향을 받는 남부 극동의 곡창지대에서는 소맥, 대두, 메밀, 옥수수를 경작하는데, 우리 기업도 이곳에 진출하여 농장을 경영하고 있다. 이 지역의 중심도시 하바롭스크는 기계와 식료품 공업, 석유제품으로 유명하고, 항공 하천 철도가 이어지는 '교통의 결절점' 역할을 하고 있다.

연해주라 알려진 프리모르 변강주의 우수리-타이가 삼림에는 우수리 호랑이, 반달곰, 표범, 사슴들이 서식한다. 또한 수산업과 광공업(수산가공업, 기계금속 가공업), 운수-통신업이 발달해 있다. 이 지역의 중심도시 블라디보스토크에는 극동함대가 있어 오래 동안 출입이 자유롭지 못하였다. 최근에는 해항과 어항으로서 선박수리, 수산물 가공업, 제약공업이 성장하고 있다. 그 남쪽의 무역자유항 나호트카는 어항이자 무역항으로 물동량이 엄청나며, 수산물 가공공장도 많이 가동되고 있다.

마지막으로 북부지역에는 추코트 반도와 마가단 주가 있다. 마가단 주에서는 금, 은, 석탄, 석유, 가스가 생산되고 원자력 발전소가 가동 중이다. 캄차트카 반도는 활화산 지대로서 온천과 휴양지로 잘 알려져 있다. 사할린은 우리 민족과도 많은 사연이 있고 지금도 한인들이 상당수 거주한다. 목재공업과 석유 석탄이 채굴되며, 수산업(연어, 송어)과 수산가공업이 발달해 있다. 우리와도 가까운 이 지역은 대륙 러시아와 또 다른 정취를 느낄 수 있는 곳이기도 하다.

인구분포 양상은 유럽-러시아에서부터 사람들이 살아 왔고, 오늘날에도 주민의 대부분은 유럽-러시아에 거주하고 있다. 러시아의 발전이 주변 소수민족의 식민 활동이나 동쪽으로 영토가 확장됨에 따라 가속화된 것은 사실이다. 1926년 러시아 인구의 50% 이상이 유럽러시아에 거주하였지만, 소연방의 마지막(1989)에는 40%로 떨어졌다. 이 기간 동안 시베리아의 인구는 10%에서 20%로 증대하였다. 러시아 영토의 약 50%를 차지하는 북극 주변지대에 사는 주민은 3.5%밖에 되지 않는 반면, 대부분의 인구는 중남부 지역에 거주한다. 이러한 현상이 극명하게 드러나는 지역이 시베리아로서, 주민의 대부분이 러시아 남부를 달리는 시베리아 횡단철도 주변에 살고 있다.

Population Density of Russia

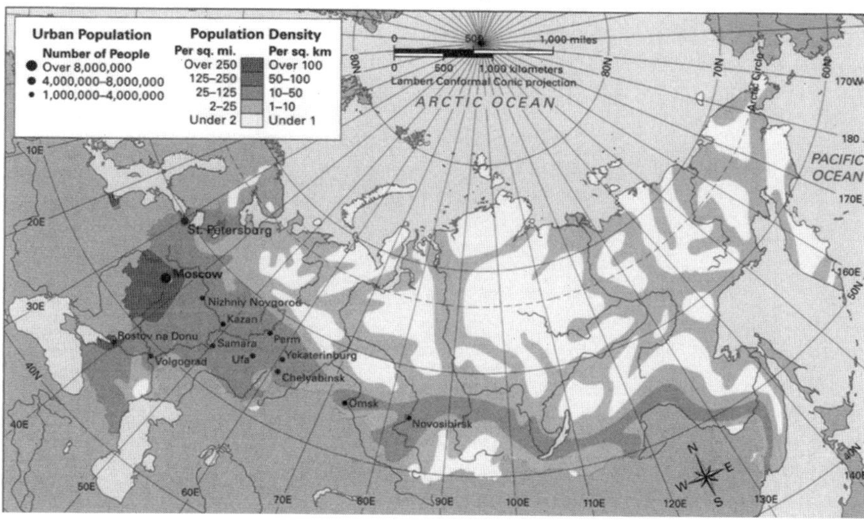

러시아의 인구밀도 분포도

유럽-러시아에는 북위 60도 이남 지역에 주민의 대부분이 생활한다. 특히 55도 이남의 중부나 중앙 흑토지대에 많이 살고 있으며, 북 카프카스에는 농촌의 인구밀도가 최고로 높다. 이 상황은 토지 개발도를 보면 더욱 분명해진다. 중앙 흑토지대는 토지의 80% 이상이 농지이고 그 중 경작지가 70% 가까이 된다. 북 카프카스, 볼가 강 연안의 경지율은 45% 전후이며, 중부지대는 30%, 우랄지역은 25%, 서시베리아 10%, 동시베리아 2%, 극동지방은 1% 이하이다. 즉 인구의 대부분은 삼림-스텝, 스텝지대에 거주하고 삼림지대는 도시권을 제외하면 거주민이 별로 없으며, 툰드라나 사막지대에는 인구가 거의 없는 셈이다.

오늘날에는 공업이나 상업을 포함한 서비스 산업이 발달함에 따라 인구의 도시 집중률이 높아지고 있다. 대도시를 중심으로 형성된 도시권역은 농촌 인구를 도시로 유입시킨다. 이는 상대적으로 러시아의 농업 발달을 저해시켜 인구 200명 이하의 농촌 같은 마을은 아예 소멸되고 있다. 최근 러시아는 사망률이 출생률을 상회하여 인구의 자연 감소가 우려된다. 하지만 소련 시대의 공화국에서부터 대러시아인들이 러시아 땅으로 귀환함에 따라 도시 집중 인구는 꾸준히 늘고 있다. 소연방이 해체되던 시점에 도시 집중률이 약 73%이던 것이 사반세기가 지난 시점에도 변치 않고 있다.

결국 러시아의 자연지리를 배경으로 한 인구분포도는 획기적으로 변하지 않았음을 알 수 있다. 기후와 농업조건은 러시아인들의 분포 및 그들의 직업에 근본적인 영향을 미쳤다. 많은 농토의 질이 좋지 않았기에 러시아 농민들은 고질적인 빈곤에 시달려야 했고, 공업이 발달하면서 농촌과 도시의 격차는 더욱 벌어졌다. 광활한 대지에 충분한 자원이 매장되어 있음이 잘 알려져 있는 시베리아는 자원전쟁의 각축장이 될 수 있다. 이에 러시아 정부는 어떻게 이 지역을 개발해 나갈 것인지 눈여겨 볼 필요가 있을 것이다.

[과제 & 토론]

1. 러시아의 자연지리와 인문지리(주요 도시, 철도)의 주요 내용을 백지도에 그려 제출하시오.
2. 왜 러시아는 광활한 영토를 획득, 보유할 수 있었다고 생각하는가?

II

러시아 역사의 흐름

1. 키예프 루시

1) 슬라브인 이전과 루시의 성립기

그리스 사가 헤로도투스 등에 의해 기술되고 언어학과 고고학의 도움을 빌어 남러시아 지방의 문물이 소개되었다. 러시아 땅에 동슬라브인이 거주하기 이전 이곳에는 非슬라브계의 유목민족이 도처에 살고 있었다. 기원전 7C경 인도-유럽어족인 킴메르족이 상류층을 이루던 부족사회에 이란계의 유목민족이자 경기병대를 이용한 스키타이인들이 침입하여 다뉴브 강에서 돈 강, 흑해 북쪽에 이르는 영토를 지배하였다.

그러나 이들은 BC3C 경 같은 유목민족이지만 중장비로 무장한 기병대 사르마트인들에게 정복당하였다. AD3C 전까지 이 지역을 지배한 그들은 언어와 관습, 전쟁을 중시하는 종교를 지녔으며 그리스 식민지를 통해 교역을 하면서 그리스 문명도 전래하였다. 기원후 200년 경 북동쪽에서부터 동고트족이 게르만족의 대이동에 편승하여 발트 해에서 흑해에 이르는 광범위한 지역을 지배하기 시작했다. 하지만 370년 경 동방에서 밀려온 몽고인과 우그르인의 혼합민 훈족이 스텝의 이동로를 따라 유럽 중앙부까지 진출하였다.

453년 훈족의 마지막 통치자가 갑자기 사망하자 대제국은 와해되었다. 같은 유목민계인 하바르족이 6C 중엽부터 2C반 동안 남러시아를 지배하였지만 정치적으로 미숙하고 문화적으로 허약한 상태였다. 한편 흑해와 카스피 해 사이에 근거를 둔 투르크계의 하자르인이 7C부터 10C까지 볼가 강 하류에서부터 카프카스에 이르는 강대한 국가를 건설하였다. 이 국가의 상층부는 유대교를 받아들여 다양한 인종의 국제적 교역 국가로서 역할을 다하였지만, 10C 말 키예프 공국과의 싸움에서 패한 뒤 쇠퇴하였다.

'러시아 Россия'란 명칭이 정식 국호로 사용된 것은 약 16C부터이고 그 이전에는 '루시 Русь'라는 호칭이 쓰였다. 『원초연대기』에 따르면 슬라브인들이 "루시 땅은 광대하고 비옥하나 통치자가 없어 질서가 문란하니 바랴그인들이 와서 다스려 주기를 요청하였다" 한다. 이에 862년 스칸디나비아 반도에 있던 바랴그(варяг 바이킹)족 중 류릭 3형제가 루시 땅의 중심지 노브고로드로 진출하였다. 루시 국가의 기원을 기록에 근거하여 이렇게 주장하는 것이 소위 '노르만 설'이다. 반면 바랴그인들이 오기 전에 점진적으로 고대국가가 형성되어 있었다는 '슬라브 설'도 있다. 이는 유물과 유적에 근거하여 원래 루시 땅에는 동슬라브족의 농경민족이 산재하여 부족국가를 이루고 있었다고 반박한다.

초대 공후 류릭(862~879)을 시점으로 올레그, 이고리 공후에 이어지는 동안 루시 민족은 남쪽으로 이동, 정착하였다. 키예프를 점령하여 수도를 옮기고, 콘스탄티노플을 공략하여 강화조약을 체결하는 등 국가 성립의 토대를 마련하였다. 최초의 여성 통치자 올가(945~964)는 남편 이고리가 드레블랸족에게 살해당한 것에 대한 처절한 복수부터 시작하였다. 그녀는 공물수납 시스템을 정비하는 동시에, 콘스탄티노플을 여행하면서 개인적으로 세례도 받았다. 아들 스뱌토슬라프는 광범위한 영토확장과 동시에 비잔틴과 동맹을 체결하여 적극적인 교류에 힘을 쏟았다.

초대 공후 류릭

2) 전성기와 쇠퇴기

큰 형을 살해하고 대공 자리를 차지한 **블라디미르**(980~1015)는 루시 국가의 전성기를 마련하였다. 국토의 확장과 통합에 정력을 쏟은 군인이자 정치가인 그는 기독교를 국교로 수용하면서(988) 루시 사회에 획기적인 전기를 가져왔다. 물론 기독교 수용의 배경은 종교적이 아니라 정치 경제적 목적이 주류였음을 기억해야 한다. 또한 그리스 정교를 수용함으로써 서방이 아닌 동방의 날개가 되었음도 주지해야 할 것이다.

야로슬라프 현공

그가 사망하자 아들간의 계승전쟁이 벌어지고 이를 종식한 **야로슬라프 무드르이**(賢公, 1019~54)가 대공 자리에 올랐다. 루시 전역의 통치자로 인정받으면서, 페체네그인을 격퇴하여 20여 년 동안 초원에 유일한 평화 시기를 가져왔다. 키예프를 상업과 수공업의 중심지로 키웠고, 공후계승 절차를 확립하여 형제간의 분쟁을 없애려 했다. 성화상과 모자이크로 유명한 소피아 대사원을 건립하여 정교문화를 꽃피웠다. 특히 그가 제정한 러시아 최초의 법전 <루스카야 프라브다>는 초기 사회의 법률과 사회상을 반영하지만, 물질적 보상주의에 근간을 두고 있음을 알 수 있다.

키예프 루시는 상층부의 무사 집단과 하층민의 농경민족이 부족국가의 동맹 형태로 발전하였다. 정치체제는 대공 중심의 군주정, 두마의 조언과 견제를 받는 귀족정, 베체의[1] 결정을 존중하는 민주정이 공존하고 있었다. 경제체제는 중개무역과 농업이 주를 이루는 이원적인 산업구조였다.

---

1) 민회(вече)는 18세 이상의 성인 남성이 참여하여 토론을 거쳐 의사결정을 하는 직접민주주의의 상징이다. 군주정만 있을 거 같은 러시아의 정치전통에 매우 특이한 점이지만, 만장일치제를 고수하는 한계로 인해 오래 지속되지 못하고 모스크바의 이반 3세에 의해 사라진다.

동방정교의 일원이 된 러시아 정교는 신성포기적 측면과 숙명론적 특징을 지니고 있으며, 오래 동안 이중신앙적 성격이 지속되었다. 기독교 수용 덕분에 문자가 들어오고, 이를 매체로 성자전, 영웅서사시, 연대기 등의 기록문학이 발달하게 되었다.[2]

블라디미르 모노마흐

야로슬라프는 죽으면서 사이좋게 다섯 아들에게 전성기의 땅을 분할해준다. 하지만 공후들 사이의 내분은 대공자리를 두고 또 다시 다투게 된다. 서쪽의 기사단과 남쪽의 유목민 폴로베츠족은 틈만 있으면 침략하였다. 내분과 외침에 시달리면서 쇠퇴기에 접어든 루시는 모노마흐 시대의 부흥기(1113~25)를 잠시 겪은 뒤, 본격적인 사양길에 접어들었다.[3] 그가 죽자 전형적인 계승 분쟁이 잇달았으며, 키예프는 수도로서의 지위를 상실하였다. 노브고로드 대공국은 독립 선언을(1136) 통해 베체가 공후를 초빙하였고, 수즈달 공국이 성장하면서 유리 돌고루키는 키예프를 침공하여 대공에 즉위하였다.(1155)

키예프 루시의 멸망 원인은 다각적으로 볼 수 있다. 우선 정치적으로 통치체제의 실패로서 형제상속에 따른 내분이 유혈 투쟁으로 번졌기 때문이다. 둘째, 대외적 요인으로 외부 유목민의 잦은 침략과 전투로 국력이 소진되었다. 셋째, 사회적 요인으로 지배-피지배 민족 간의 보호-종속 관계가 변화하면서 결속이 이완되었고, 노예제가 강화되면서 사회적 갈등이 깊어졌다. 마지막으로 국제적 요인으로 중개무역 국가로서의 키예프 역할이 쇠퇴된 것을 들 수 있다. 십자군 전쟁이 이어지면서 육로교통이 마마비되고 지중해 무역이 번창한 것도 키예프를 고립시켰던 것이다.

---

2) 특히 러시아 고대문학의 백미(白眉)로 꼽히는 『이고리 원정기』는 작가 미상이지만, 작가의 시적 재능과 뛰어난 관찰력의 묘사로 높은 평가를 받고 있다.

3) 블라디미르 모노마흐는 형제들의 분쟁을 종식시키고, 유목민에게 반격하는 등 잠시 안정기를 가져왔고, 그의 유언집 『유훈』은 대대손손 생활의 교훈을 남겨주었다.

2. 모스크바 러시아

1) 모스크바 공국의 발달

13C 중엽 몽고계의 타타르족이 동방에서부터 침입하여 키예프를 점령하고(1240) 240여 년간 러시아 남부를 지배하였다. **'타타르의 멍에'**라 불리는 이 시대는 러시아사에서 몽고족이나 아시아의 영향에 대해 많은 이견을 담고 있는 시기이기도 하다. 칭기즈칸의 손자 바투의 무자비한 공격 이후 킵차크한국(金帳汗國)이 들어섰다. 타타르족은 야를릭(칙허장)이라 하는 통치제도로 루시 공국의 자치성을 인정해 준 반면, 각종 조공으로 경제적인 수탈을 끊임없이 자행하였다. 한편 타타르족의 거대한 통치망 속에서 최소한의 평화를 유지한 키예프 지역은 통상로가 발달하여 교역도시로서의 면모를 되찾기도 하였다.[4]

옛 루시 땅은 분리공국 형태로 나뉘어져 언어학적-민족적 분화가 촉진되었다. 북서부 러시아의 중심지로 상업국가적 성격을 띤 노브고로드 공국은 베체 중심의 민주정이 발달하였다. 또한 알렉산드르 넵스키의 현명한 외교적 선택에 따라 타타르의 침입을 피하면서 키예프의 문화적 유산을 많이 지속시켰다. 남서부 지역은 유목민의 침입에 따른 초토화를 극복

4) 이러한 관점에서 이 시기를 타타르의 평화시대(Pax-Tatarica)라 명명하는 학자들은 타타르 족의 지배가 거대한 제국을 결속시켜 주었음을 강조하고 있다.

하고 귀족계급의 이례적인 성장으로 귀족정이 발달하였지만, 폴란드와 리투아니아에게 점차 예속되어 가톨릭화 되어갔다. 블라디미르-수즈달이 있던 북동부 지역은 명확한 경계선이 없는 가운데 영토 확장의 가능성이 매우 컸다. 특히 조그마한 성곽도시 모스크바가 전 루시를 통일시킬 수 있었던 것은 군주정 중심의 정치체제가 큰 역할을 하였다.

유리 돌고루키 동상

1147년 돌고루키에 의해 조그마한 방벽 요새로 건립되었던 모스크바는 넵스키의 막내 다닐(1263~1303)이 주변 지역을 병합함으로써 공국으로 출발하였다. 대러시아 민족의 거주지 중심부에 위치하고 있던 모스크바는 남쪽 삼림의 자연적 경계와 수로 교통의 이점으로 무역과 농업이 발달할 수 있었다. 여기에다 장자상속제를 일찍부터 확립한 공후들의 역량이 크게 작용하였다. 초기 공후들은 미개척지를 개간하고 식민 활동을 통해 전 루시의 재통합을 목적으로 영토 확장에 주력하였다. 특히 이반 칼리타(이반 1세, 1325~40)는 모스크바를 세속적·종교적 중심지로 자리매김 함으로써, 전 루시의 부흥에 관심을 가졌던 교회의 수장도 모스크바 군주들을 적극 지지하기에 이르렀다.

드미트리 돈스코이(1359~89)는 어린 나이에 군주가 되어 대주교의 도움으로 영토 확장을 지속하였다. 모스크바의 크레믈리를 목조에서 석조로 대체하면서 외적의 침공을 무사히 방어하였다. 그의 명성은 쿨리코보 전투(1380년)에서 최초로 타타르족에게 승리를 거두었을 때 최고조로 올라갔다. 그 동안 당하기만 했던 루시 인들의 자부심을 높여주었으며, 민족투쟁 지도자로 존경받았다. 아들 바실리 1세(1389~1425)는 영토 확장을 계속하면서 동서 양쪽의 심한 압박을 슬기롭게 대처해나갔다. 모스크바에서 유일한 계승전쟁을 거쳐 승리한 바실리 2세(1425~62)를 거치면서, 모스크바는 30배의 영토 확장을 통해 민족 통합의 중심 역할을 떠맡게 되었다.

2) 모스크바 왕국과 동란시대

모스크바 공국은 이반 3세(大帝, 1462~1505)에 이르러 분령지 시대의 종말을 고하고 왕국의 모습을 갖추게 되었다. 그는 노브고로드를 복속시키고 킵차크한국을 멸망시킴으로써(1480년) 240여 년간의 멍에를 완전히 벗어던졌다. '전 루시의 군주' 칭호를 받은 그는 전쟁과 외교술을 통해 트베리를 비롯한 주변 공국들을 병합하여 모스크바의 영토를 3배나 확장시켰다. 문화적 자신감과 국제적 합법성이 결여된 점을 통감한 군주는 1472년 비잔틴의 마지막 황제 조카딸인 소피야와 결혼하여, 비잔틴의 상징인 쌍두독수리를 모스크바의 문장으로 채택하고 '짜리'라는 칭호를 사용하였다. 또한 중앙집권 강화를 위해 중앙부서의 전신이라 할 수 있는 이즈바를 설립하고, 봉토귀족을 양성하였다.[5]

이반 대제의 정책을 이어 지속적인 영토 확장에 주력한 바실리 3세(1505~33)에 이르러 모스크바 왕국은 공식적으로 '러시아'란 국호를 사용하면서 인구 900만의 단일 중앙집권국가로 발전하였다. 어린 시절부터 대귀족과 황실간의 알력을 보며 짜리에 즉위한 이반 4세(그로즈늬 雷帝, 1533~84)는 귀족회의를 누르고 왕권을 강화하기 위해 '선발된 인민의회'를 만들었다.

이 기구를 통해 그는 일련의 개혁정책을 추구하였다. 중앙행정기구를 개편하고 지방행정체제를 구축했는가 하면, 군제개편, 교회개혁 등을 통해 중앙집권국가로서의 면모를 갖추어 나갔다. 한편 카잔한국을 병합하고 시베리아로 진출하는 등 대외적으로도 위용을 떨쳤다. 그러나 리보니아 전쟁에 실패하고 대귀족과 성직자에 불만을 느껴 갑자기 잠적했다가

5) 1497년 수제브니크(Судебник)에서 농민의 자유이주를 금함으로써 농노제의 기틀이 마련되었는데, 이를 통해 군주는 봉토귀족(помещики)을 양성하여 대귀족(бояр)를 견제하려 했다.

(1564), 치세 후반기에는 오프리츠니키를 설립하여 도시와 농촌을 피폐하게 만들었다. 하지만 봉건적 분열을 종식시켰다는 또 다른 평가도 받고 있다.

의문의 죽음을 맞이한 이반 뇌제의 계승자는 병약하고 여린 표도르 1세(1584~98)였다. 뇌제의 정신착란 증세로 건장한 계승자가 죽임을 당했기 때문에, 표도르의 사망과 함께 류릭 가문의 대통은 끊겼다. 왕조의 단절과 더불어 동란시대(1598-1613)에 돌입하였다. 총주교가 주도한 국민회의는 표도르 1세의 처남이자 섭정을 하던 보리스 고두노프를 계승자로 선출하였다. 그는 국제무역을 장려하고 평화협정을 체결하는 등 뛰어난 황제의 자질을 갖추고 있었다. 하지만 정통성 시비에 휘말리면서 하늘은 그를 돕지 않았다. 가짜 드미트리 1세가 폴란드 군을 앞세워 모스크바를 침공하고, 대귀족의 반발과 전국적인 농민반란은 사회적 동요를 야기하였다. 이어 외국군이 침입하고 내란과 겹쳐 국가적 위기를 초래하였지만, 교회의 격문을 통해 모집된 국민군이 폴란드 군대를 물리치고 모스크바를 해방시켰다.

미하일 로마노프

1613년 16세의 어린 소년 미하일이 국민회의에서 왕으로 선출되어 로마노프 왕조가 시작되었다. 아버지 필라레트 총주교와 공동통치를 하면서 대외적 안정을 구축하는데 주력을 다하였다. 그러나 혼란을 겪고 난 재정 파탄을 복구하기 위해 가혹하게 세금을 징수하다보니, 인민들의 삶은 더욱 피폐해졌다. 국내외적 혼란을 틈타 왕권도 다소 제한되었고, 가혹한 재정조치에 반발하여 도시와 농촌에서의 반란이 끊이지 않았다.

미하일이 사망하고 '독실한 신앙인'으로 추앙받던 알렉세이(1645-76)가 즉위하였다. 그는 '가장 친절하고 영예로운 짜리'라는 평을 받았지만, 가혹한 세금과 속박으로 인한 대규모 농민반란(스텐카 라진, 1667~71)도 발생하였다.[6] 그의 재위 시절에는 러시아 교회사상 가장 치명적이라 할 수 있는 교회분리가 일어났다. 니콘 총주교의 개혁에 맞선 분리주의자는 신념을 위해 죽음도 불사하는 향후 반체제 인사의 전형이 되었다. 대외적으로는 폴란드의 지배를 받던 우크라이나가 해방을 위해 알렉세이 황제에게 지원 요청을 했고, 안드루소보 조약(1667)을 통해 키예프 동부 땅이 러시아에 편입되었다.

결국 17C 러시아는 16C 모스크바 러시아의 발전 과정에 비해 근본적으로 달라진 것이 없었다. 민관(民官)의 교류가 거의 이루어지지 않은 상태에서 정부의 미봉책에 대한 민의 불만은 행동을 통해 간헐적으로 표출되곤 했던 것이다. 더욱이 인민에 의해 선출된 왕조가 인민들 위에 군림하는 절대 왕권을 수립해 감으로써 러시아 역사의 비극은 시작되었다.

6) 1649년 법전(уложение)으로 농민들의 자유 이주는 완전히 금지되어 농노제가 고착되었다. 이에 자유를 찾아 도망친 농노들이 변경지역에 카자크 부락을 만들고 이는 대규모 농민반란의 온상지가 되었다.

3. 제정 러시아

1) 서구화 개혁정책

18C 러시아는 표트르 1세의 즉위(1682~1725)와 더불어 세계사의 한 페이지를 장식하는 근대화 작업이 시작되었다. 표트르가 추구한 서구화 정책에 대해서는 다양한 해석이 내려진다. 하지만 분명한 사실 하나는 이 시기를 지나면서 러시아의 국가 기능이 매우 적극적이고 기능적으로 변했다는 점이다.

이복형과의 공동 짜리 시절이 끝나자(1696), 표트르는 어릴 때부터의 꿈을 실현하기 위해 대사절단에 동참한다. 1년 반 정도 유럽을 돌면서 선진기술과 문물을 체험하고 익혀서 귀국한다. 원래 목적 중의 하나였던 대 터키 동맹국을 찾는 일은 실패했지만, 서구의 선진문물 도입은 러시아의 생활 전반을 변화시켰다. 전통복장과 수염을 자르면서 외형적인 모습은 물론 제도적인 관습도 대폭 수정하였다. 또한 외국인 전문가와 기술자들을 데려와 러시아를 더 한층 서구에 가깝도록 변모시켰다.

표트르는 발트 해로 진출하기 위해 스웨덴의 칼 12세와 북방전쟁을 시작한다(1700). 처음에는 나르바 참패를 비롯해 패전을 거듭하다 폴타바 승리(1709)를 계기로 승세를 굳혀갔다. 전초기지를 만들기 위해 네바 강의 늪지대에 페테르부르크 도시를 건설하여 수도를 이전한다(1703~12). '서구로의 창'이라 명명되는 이곳을 통해 러시아는 유럽 문화에 직접 다가서는 계기를 만들었다. 북방전쟁에서 승리한 대가로 표트르는 1721년 원로원으로부터 '황제' 칭호를 받고 러시아는 명실상부 '제국'으로 발돋움하였다.

표트르의 실제모습 동상

무엇보다 표트르는 강압적인 서구화를 위해 일련의 개혁정책을 실행하였다. 군대개혁을 통해 상비군을 유지하기 위해 징병제를 도입하고, 해군을 창설하면서 근위대와 포병을 정비한다. 행정개혁에서는 황제의 부재 시 업무를 맡을 원로원을 조직하고, 중앙부서 콜레기야를 만들면서 14관등표로 관료제를 구축한다. 경제-사회개혁은 인두세를 부과하는 등 세제개편과 관세도입, 산업개발에 역점을 두었다. 교육-문화개혁을 통해 세속학교를 설립하고 율리우스력을 채택했으며(1700), 최초의 신문과 출판사도 만들었다. 또한 정교회의 총주교제를 폐지하고 신성종무원을 설립하는 교회개혁을 통해 국가가 교회를 지배하는 구조로 변하였다. 이리하여 러시아 국가는 근대화 과정에 돌입하였던 것이다.

표트르 대제의 사후 40년 가까이 왕위 계승의 혼란 시기가 도래하였다. 6명의 남녀 황제가 교대로 근위대의 지지를 받아 즉위한 것이다. 마침내 남편 표트르 3세를 쿠데타로 몰아내고 등극한 **예카테리나** 2세(1762~96)는 계몽전제군주로서의 면모를 과시하려 했다. 프랑스의 계몽사상가 백과전서파와 교류하면서 유럽 황제들의 시류에 편승한 것이다. 표트르가 러시아에 육체를 부여했다면, 예카테리나는 영혼을 불어 넣었다고 평가받는 이 시기는 문화-정신적인 면에서 유럽과 한층 가까워졌다.

여제는 러시아를 법치국가로 만들기 위해 입법위원회를 소집하였다

예카테리나 여제

(1767~68). 그러나 계급 간의 갈등이 첨예하게 대립하면서, 이상과 러시아 현실(농노제 강화)과의 괴리는 계몽군주로서의 한계를 여실히 드러냈다. 푸가초프의 난(1773~75)에 놀란 여제는 지방정부 조직을 재편하고 사상적 탄압을 시도했던 것이다. 농민들의 이상이었던 '토지와 자유'를 내걸면서 반란은 전국을 휩쓸었지만, 터키와의 전쟁을 서둘러 종결한 정부군에 의해 토벌되고 말았다. 그 결과 농노제의 족쇄는 더욱 강화되고 인민들의 원성은 더 높아만 갔다.

하지만 그녀의 외교적 수완은 러시아를 최대의 제국으로 만들었다. 2차에 걸친 터키와의 전쟁으로 러시아는 크림반도와 흑해로의 자유 항해권을 획득하였다. 또한 희대의 외교적 사건으로 기록되는 '폴란드 분할'은 러시아가 유럽의 강국으로 가는 발판을 제공해주었다.[7] 발트 해에서부터 태평양에 이르는 광대한 영토 확보는 오늘날 러시아 지도의 토대를 마련해준 셈이었다. 사회문화적 관점에서 여제는 초중등학교를 제도화하고 최초의 여성학교도 설립하였다. 그러나 귀족헌장으로 인해 농노제는 절정기에 달했고, 라디쉬체프 같은 비판적 지식인이 활동할 수 있는 무대가 마련되었다.

18C 러시아는 정치적으로 강력한 군주제의 확립과 더불어 귀족계급의 특권화가 추진되었다. 반면 경제적으로는 전반적으로 낙후된 농민들의 생활이 한층 더 고통 받는 시대였다. 문화적으로는 서구문화가 러시아화의 길을 걷게 되었다. 러시아 최초의 대학인 모스크바 대학을 설립한

7) 3차에 걸쳐(1772~1795) 폴란드를 지도에서 사라지게 만든 프로이센, 오스트리아, 러시아 3제국의 폴란드 분할사건은 각국의 입장에서는 외교적 군사적 대업적이지만, 귀족정으로 쇠약해진 폴란드는 국제조약의 희생양이 되고 말았다.

(1755) 로모노소프는 3문체론을 통해 세속문학을 확립하였다. 또한 조형예술과 건축양식이 서구화된 상층문화를 잘 반영하였다. 그러나 하층민과의 극심한 문화적 분열은 사회 계층 간의 대립 의식을 점증시켜 나갔다.

2) 19세기 러시아

예카테리나 여제의 계몽주의 분위기에서 성장한 손자 알렉산드르 1세(1801~25)는 19세기의 문을 연 황제이다. 아버지 파벨 1세가 마지막 궁정 쿠데타에 의해 살해되면서 즉위한 알렉산드르는 러시아 땅에 자유주의의 씨를 뿌렸다. 그의 전반기는 자유주의 개혁시기로서 많은 구상들이 시험대에 올랐다. '비공식 위원회'를 통해 영국 헌법을 모델로 행정기구가 개편되고 교육개혁이 시도되었다. 또한 국무협의회가 창설되고 나폴레옹 법전을 기초로 삼권분립과 대의제 도입을 위한 헌법안이 만들어졌다. 그러나 황제의 우유부단한 성격 때문에 개혁정책은 적극 추진되지 못하였다.

조국전쟁 당시의 모스크바 대화재

1812년 나폴레옹이 러시아 땅을 침공한 '조국전쟁'은 세계사의 판도를 바꾸어 놓았다. 속전속결을 원했던 나폴레옹이었지만, 모스크바의 긴 겨울을 이겨내지 못하였다. 보로지노 전투와 같은 영웅적인 투쟁은 러시아 군대의 끈질긴 저항으로 이어졌고, 마침내 프랑스 군은 파리까지 후퇴하였다. 나폴레옹을 몰락시키고 체결된 신성동맹(1815)은 유럽을 복고주의에 빠지게 만들었다. 승리의 주역이 된 알렉산드르도 신비주의에 빠져 후반기는 반개혁 정책으로 선회한다. 둔전제 실시를 통해 군정체제를 강행하고, 학교교육을 교회가 전담하게 하는 등 새로운 규제들이 발동되었다.

알렉산드르 1세의 동생 **니콜라이 1세**(1825~55)는 철저하게 반동정책으로 일관하였다. 즉위식 날(12.14) 청년귀족 장교들이 개인의 무사안일에서 탈피하여 사회 변혁을 주도한 데카브리스트 난을 일으켰다. 피로 물들이면서 난을 진압한 니콜라이는 특수 관료체제를 도입하였다. 악명 높은 제3부를 위시하여 황제원 산하의 직할 부서를 운영하였다. 전제정을 수호하기 위한 일련의 개혁을 시행하면서, 정교-전제정-국민성을 토대로 한 관제국민주의 이데올로기를 실천에 옮겼다. 대학과 언론을 통제하기 위한 엄중한 검열을 행하면서 사회 탄압정책도 지속적으로 펼쳤다.

니콜라이는 러시아의 대외적 위상을 비롯해 유럽의 안정과 기존체제를 지키기 위해서 '유럽의 헌병' 역할을 자임하였다. 국제정세에 일일이 간섭하면서 질서유지를 위해서는 전제체제를 확고히 해야 한다는 신념을 대내외에 과시하였다. 유럽 혁명들의 영향은 그로 하여금 더욱 보수 반동체제로 빠져들게 하였다. 폴란드 민족주의자들의 독립운동을 가혹하게 진압하고, 정교도를 보호한다는 명목으로 도처에서 유럽 국가들과 충돌하였다. 그러나 이러한 반동-억압시대에 러시아 문학의 황금기가 도래하였고, 사상논쟁이 꽃을 피웠다는 사실도 예의주시해야 할 것이다.

1856년 크림 전쟁에서 패배한 러시아 제국은 '종이호랑이'로 만천하에 알려졌다. 전쟁의 패배로 전제정의 무능과 농노제의 비합리성이 도마 위에 올랐고, 국내의 혁명적 분위기가 고조되었다. 부왕에 이어 즉위한 알렉산드르 2세(1855~81)는 농노해방(1861)을 시점으로 대개혁 시대의 서막을 열었다. 비록 '반쪽 개혁'이란 비판을 받지만, 농노제 폐지는 제정 러시아의 큰 틀을 바꾸어 놓는 지대한 역할을 하였다. 특히 사회경제적 측면에서 자유 임금노동자가 출현하면서 계급의 분화가 이루어지고, 귀족계급의 몰락이 재촉되었다.

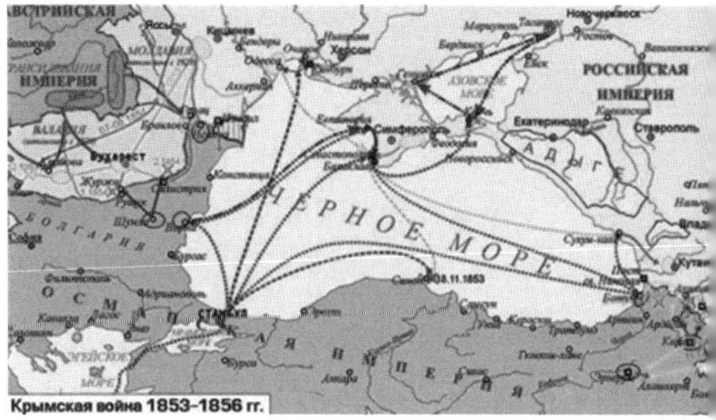

크림 전쟁의 판도

뒤이어 시도된 일련의 개혁들로—젬스트보 개혁, 교육개혁, 사법개혁, 군대개혁—러시아는 초기 자본주의 산업사회와 근대국가로 진입하였다. 더욱이 니힐리스트의 등장과 나로드니키의 활동은 비판적 지식인의 본류가 되었다. 한편 1860년대 중반 중앙아시아로의 진출은 유라시아 대륙에 걸친 러시아의 팽창 계기가 되면서 한반도와 국경까지 접하게 된다. 그러나 대개혁은 제대로 마무리되지 못하고 '해방자 짜리'는 인민의지당원에 의해 암살당하고 말았다.

부왕의 복수를 맹세한 알렉산드르 3세(1881~94)는 임시법규 체제의 비상계엄 통치를 통해 언론을 규제하고 사회를 통제하였다. 특히 비러시아계 민족에 대한 러시아화 정책을 추구해 나가는 과정에서 대외적으로 '범슬라브주의'의 팽창 야욕을 높여 갔다. 반면 국가 주도의 산업화 정책이 적극 추진되어 공업이 급속도로 발달하였지만, 산업 간의 불균형과 프롤레타리아 계급의 적대감 또한 증대되었다. 사회가 변화되었으나 정책이 그에 부응하지 못하자 러시아 내에는 혁명세력이 성장하고 맑시즘을 수용한 나로드니키에 의해 조직적인 혁명운동이 전개되었다.

19C 러시아는 여러 가지 면에서 이전 시기와 구분된다. 러시아적인 사

상이 발달하는 가운데 사회 계층의 커다란 변화가 있었다. 그럼에도 불구하고 半농노제 사회는 여전히 지속되는 가운데 지주-귀족의 횡포는 극심해지고, 자본주의의 압제가 새로운 굴레로 인민을 옥죄였다. 게다가 사회적 권리의 불평등이 극대화되고 혁명운동이 조직화됨에 따라 전 인민이 혁명의 당위성을 인식하게 되었다.

이러한 사회적 분위기를 되돌려 놓기에는 **니콜라이** 2세(1894~1917)의 역량이 부족하였다. '조그마한 전쟁으로 국내 소요를 잠재우기 위해' 참전한 러일전쟁의 패배는 1905년 1월 9일 '피의 일요일'과 맞물려 혁명의 도화선이 되고 말았다. 1905년 혁명은 정치체제의 문제, 산업화의 문제, 농촌 문제, 소수민족 문제의 포괄적인 배경 속에서 발발한 우발적인 혁명이었다. 1년 내내 지속된 혁명의 결과는 10월 선언으로 전환점을 맞이하였다. 이로써 전제정은 사라지고 입헌군주정이 선포되면서 시민권도 보장되었지만, '사이비 입헌제'의 생명은 오래가지 않았다.

마지막 황제와 그의 가족들

레닌을 비롯한 혁명주의자들은 전화위복의 기회를 만들었다. 그들의 눈에는 노동자-농민들이 정치투쟁에 참여했던 1905년 혁명은, 도래할 프롤레타리아 혁명의 '총 연습장' 무대로 비춰졌다. 1906년 기본법 하에서 두마가 소집되고 스톨리핀의 농촌개혁도 효과를 보면서 혁명세력의 위기가 찾아왔다. 하지만 물꼬가 트인 혁명의 거센 물결은 멈출 줄 모르고 1917년 혁명으로 치달았다. 더욱이 국제정세에 눈이 어두웠던 마지막 황제는 제1차 대전에 참전하면서 혁명적 분위기를 더욱 거세게 만들었던 것이다.

4. 소비에트 러시아

1) 혁명과 신생정부의 발달

1914년에 발발한 제1차 세계대전은 제정러시아의 몰락을 재촉하였다. 도시와 농촌이 황폐한 가운데 강행된 동원령은 군대의 사기를 떨어뜨리고, 괴승 라스푸틴의 국정농단은 황실의 위기를 초래하였다. 식량사정의 악화로 촉발된 1917년 2월 혁명은 우발적으로 시작되었지만, 전제정 타도라는 정치적 이슈로 발전하였다. 마침내 입헌군주정도 몰락하고 노동자-병사 소비에트와 부르주아 임시정부가 연대한 '이중권력' 체제가 탄생하였다. 하지만 임시정부는 인민의 당면 요구를 충족시켜 주지 못한 채, 전쟁을 지속하면서 혁명운동을 가속화 시켰다,

혁명의 아버지 레닌

1917년 10월 24일(구력) 레닌을 비롯한 볼셰비키는 조직력을 바탕으로 무혈혁명으로 임시정부를 전복하고 정권 획득에 성공한다. 오래동안 뿌리 내려온 러시아 사회의 병폐, 즉 농노제와 전제지배 체제를 종식시키고, 세계사에서 최초로 사회주의 혁명을 완수하였던 것이다. 동궁을 장악하자마자 레닌은 소비에트 정부 수립

을 선언하고 인민위원회를 가동시킨다.[8] 레닌과 그의 추종자들은 변형된 마르크시즘, 소위 레닌이즘이란 형태로 소비에트가 지배하는 프롤레타리아 계급 독재를 정당화시켰다. 이 체제의 비극은 정치적 자유의 개념을 무시한 채, 전통적인 '위로부터의 혁명'을 주도하여 러시아 사회를 변형시키고자 했던 데 기인한다.

볼셰비키 정권의 강압적인 조치는 혁명 반대세력을 결집시켰다. 짜리정을 옹호하는 보수 군부세력과 반 볼셰비키 집단은 볼셰비키의 적위군에 맞서 백위군을 조직하였다. 이에 외국군의 간섭이 가세되면서 신생정부는 내전을 겪어야 했다(1918~21). 전시공산체제로 가까스로 위기를 넘긴 레닌 정부는 '신경제정책'이란 과도기를(1921~28) 선택한다. '사회주의로의 2보 전진을 위한 1보 후퇴'로써 자본주의 생산방식을 가미한 이 체제는 짧은 시일 내에 전쟁 전 수준으로 경제를 회복한다. 소위 공산사회로 진입하기 위한 사회주의 체제의 기본 틀이 마련된 것이다.

레닌이 사망하자(1924.1.) **스탈린**과 트로츠키 사이에 치열한 정권 투쟁이 벌어진다. '일국사회주의론'과 '영구혁명론'의 대결은 스탈린의 일국사회주의 완성으로 기울어진다. 영구혁명을 주장했던 좌파가 척결되고, 네프 정책을 옹호했던 우파도 사라지면서 스탈린은 1인 지배를 구축하였다. 1928년에 시작된 제1차 '경제개발 5개년계획'은 수차례의 계획이 실천되면서 러시아의 산업 구조를 완전히 뒤바꾸어 놓을 정도의 획기적 발전을 가져왔다. 사회주의 건설의 기본 과업들은 인민들의 노동과 피눈물에 의해 수립되었다. 농업의 집단화와 중공업 우선정책의 추진

독재자 스탈린

8) 볼셰비키 정부는 부르주아 냄새가 나는 부(министерство) 대신에 인민위원회(наркомат)란 조직으로 정부를 구성하였고, <평화에 관한 법령> <토지에 관한 법령>을 공표하여 인민들의 요구를 충족시킨다.

결과 소련이란 국가는 괄목할 정도로 성장하였다.

하지만 그 혜택을 받아야 할 인민들의 생활은 제대로 개선되지 못하였다. 오직 사회주의 생산양식의 틀 속에서 평등생활을 지향하던 인민들은 '대숙청' 시기의 KGB 감시체제 하에서 또 다른 시련을 맞이한다. 발전적 의미의 평등이 아닌 소극적 자세로 임하는 평등 개념이 만연될 수밖에 없었다. 결국 사회주의 문화 창달이란 미명하에 독재체제를 공고히 했던 스탈린의 강압정치는 인민들을 질곡의 도가니로 몰아넣었다.

1941년 히틀러의 침공으로 시작된 '대조국 전쟁'에서의 승리는 소련을 강국으로 만들어주었다. 덕분에 제2차 세계대전 이후의 국제정세는 미-소 양국이 주도할 수 있는 명분을 얻게 되었다. 이제 소련은 세계무대에서 체제의 우월성을 확신하였고, 자유주의 진영의 반대 끝에서 공산혁명을 위한 세력 구축에 여념이 없었다. 동유럽을 위성국가로 만들고 소위 '철의 장막'을 통해 냉전을 주도하면서 한반도에서의 열전에도 간여하였다. 이제 더 이상 소련은 사회주의 신생정부가 아니라, 세계정세를 좌우하는 강국으로서 미국과 어깨를 나란히 하게 된 것이었다.

2) 소련의 정체기와 해체

실각한 흐루시초프

스탈린의 사망 소식이 전해지자, 공산당 지도부는 혼란을 방지하기 위해 집단지도체제를 선언한다. 당을 장악한 흐루시초프(1953~64)가 조심스레 최고 권좌에 접근하였다. 그는 1956년의 공산당대회 비밀연설에서 스탈린 체제에 대해 선정적인 공격을 가하였다. 스탈린 격하 연설은 대내외적으로 큰 파장을 몰고 왔다. 사회문화 분야에서 '해빙' 무드가 조성되고, 동유럽에서는 자유화 운동이 표출되었다. 그 와중에도 대외정책 분야에서 데탕트 정세를 주도하여 국제무대에서의 우선권을 장악하려 했다.

그러나 대내정책의 실패는 그의 실각을 재촉하였다. 농업전문가로 고위 당직에 올랐던 그가 주도한 야심찬 농업개혁은 실패하였다. 또한 스탈린식의 대숙청이 아니라 한직으로 정적을 몰아냈던 인사정책의 실패는 부메랑이 되어 그에게 칼을 들이댔다. 게다가 쿠바 미사일 위기사태는 국제적 망신을 야기했다는 비판을 초래하였고, 중소 이념분쟁은 사회주의 종주국으로서의 체면을 손상시켰다. 일련의 실책은 흐루시초프로 하여금 '고령과 건강악화'라는 이유로 서기장에서 물러나게 만들었다. 결국 정권 장악에는 성공했지만, '체제내의 개혁' 시도는 그 한계를 드러낼 수밖에 없었던 것이다.

흐루시초프의 실각을 교훈삼아 집권한 브레즈네프(1964~81)는 '연속과 안정'을 기치로 내걸었다. 그는 단합된 지도층의 대변자로 보이기 위해 조심과 자제를 통해 중재자 역할을 자임하였다. 전임자의 과오를 극복해야 했고, 그렇다고 스탈린 체제로 돌아갈 수는 없었던 만큼, 레닌을 원용하면서 충실한 후계자의 역할을 다하려 했다. 결국 브레즈네프-코시긴 연립

정권은 보수적 개혁의 성격을 띨 수밖에 없었다. 국가계획위원회의 기능을 부활시킨 노동현장에서의 개혁은 '노동자는 일하는 척, 정부는 임금을 지불하는 척' 하게 되었다.

안정화 정책을 추구했던 브레즈네프 지도부는 비대한 관료조직을 양산하였다. 노멘클라투라라는[9] 새로운 특권계급은 변화를 거부하고 기득권 유지를 위해 안주를 지향하였다. 지도층의 고령화와 더불어 체제의 노후화가 급속도로 진행되면서 러시아 사회는 동맥경화증적 증세에 시달리는 비극을 맞이하였다. 외적으로 비대한 국가를 유지하기 위해서는 막대한 경비가 소요되었고, 이는 자연스럽게 내적인 경제회생이나 인민복지와는 무관한 정책으로 이어졌다. 세계정세를 주도하던 소련은 냉전시대의 군비경쟁과 평화공존 시대를 지나면서 대외적인 이미지 관리에 치중하였다. 사회주의 동맹관계를 유지하기 위한 '큰형님'으로서의 비용도 만만치 않게 들어갔다.

비대한 관료체제는 소련 사회를 정체의 늪으로 빠지게 만들었다. 동맥경화증으로 사망한(1982.11.) 브레즈네프의 뒤를 이어 서기장으로 취임한 노령의 후계자들도 같은 길을 걸었다. KGB 의장 출신인 **안드로포프**는 명석하고 청렴한 원칙주의자로서 부패척결 캠페인을 통해 소련 사회를 쇄신하려 했다. 하지만 그의 건강 이상설은 15개월 만에 사실임이 드러났고, 72세 고령의 나이로 **체르넨코**가 뒤를 이었다. 혼자서 제대로 할 수 있는 게 아무 것도 없던 그를 노멘클라투라가 기득권을 유지하기 위해 밀었던 것이다. 하지만 그 역시 13개월 만에 사망하고 54세의 젊은 지도자가 등장한다.

1985년 3월 체르넨코의 사망이 알려지자, 이례적으로 빨리 **고르바초프**의 서기장 취임이 발표되었다. 더 이상 장례식만 치르고 있을 수 없었던

---

9) 원래 어휘집, 목록을 의미했던 номенклатура는 고위당직과 인명이 적힌 명부를 지칭했고, 여기에 등재되어야 소위 특권층으로 분류될 수 있었다.

고르바초프의 저서

정치국 노인들의 합의에 따라 고르바초프가 선택된 것이다.[10] 고르비는 자신의 권력기반을 강화하면서 조심스레 개혁노선을 밝히기 시작하였다. 개혁정책의 핵심을 이루는 '페레스트로이카'를 필두로, 대내외적으로 정보 개방을 표방하는 '글라스노스트', 외교노선에서 새로운 인식전환을 요구하는 '신사고 정책'이 골격을 이루었다.

정치와 경제 분야에서의 페레스트로이카는 전혀 예상치 못한 결과를 초래한다. 개혁을 통해 당의 지도자적 역할을 회복시키려 했으나, 실제로는 부패한 공산당의 해체로 이어진다. 국가의 최고기관으로 탄생한 '인민대표자대회'에서 대통령제가 도입되고, 고르비는 초대 대통령으로 선출되었다.(1990.3.) 경제 분야의 페레스트로이카는 위기의 근본원인을 제거하려는 듯, 광범위하게 실행되지만 그 실효성은 무위에 그치고 만다. 계획과 국가의 역할을 약화시킨 반면, 개인의 경제활동과 인센티브를 확대하였다. 그러나 소련 사회는 시간이 흐를수록 '이전의 것은 더 이상 기능하지 않고, 새로 만들어진 것은 아직 작동되지 않는' 혼란 상태에 빠지고 말았다.

고르비의 신사고 외교정책은 세계정세를 뒤바꾸어 놓았다. '사회주의로의 다양한 길'을 인정함으로써, 베를린 장벽이 무너지고 동유럽이 탈 소련을 추구하면서 동서냉전 체제가 붕괴되었다. 이는 대내개혁을 위해 막대한 군비지출을 할 수 없었던 고육지책이었지만, 진정한 데탕트와 서방 국가들과의 관계개선이 진행되었다. 이러한 국제무대에서의 공헌이 인정되어 그는 노벨 평화상도 수상했지만, 그에 따른 대가는 혹독하였다.

---

10) 소비에트의 역대 지도자들 중에서 유일하게 4년제 종합대학(모스크바 법대)을 졸업한 엘리트 고르바초프(고르비)는 이미 체르넨코 생전에 외교업무에 치중하면서 2인자의 자리를 굳히고 있었다.

소연방의 해체 과정은 국가 이데올로기의 종말에서 비롯되었다. 고르비는 마지막까지 '사회주의자'임을 자처했으나, 체제비판에 대한 금기사항이 사라지는 순간 걷잡을 수 없는 소용돌이에 휘말렸다. 사회주의 공식 이데올로기에 대한 비판은 소연방의 존립 자체를 위협하기에 이르렀다. 더욱이 70여 년 동안 지도와 감시 역할을 해왔던 공산당의 해체는 연방 조직의 해체로 직결되었다. 이는 곧 15개 공화국의 연계망이 끊겼음을 의미하고, 각 지방공화국은 독립의 목소리를 더 높이게 된 것이다. 제정시대부터 소수민족 문제는 짜리정의 몰락에 기여했고, 소연방의 말기에도 소수민족의 자주권 주장은 해체의 길을 앞당겼다.

소연방 해체 후 탄생한 CIS체제

연방 해체의 직접적 원인은 고르비와 옐친의 주도권 다툼이라 볼 수 있다. 급진파와 보수파의 갈등은 개혁을 지지부진하게 만들었고, 마침내 옐친은 직선을 거쳐 러시아 공화국의 대통령으로 취임한다.(1991.6.) 이는 바로 구체제에 대한 반감의 표시이자 민주화를 선호하는 국민의 선택이었다. 옐친은 가장 철저한 반공산주의자로서 시장경제체제로의 급격한 이행을 주장하고 있었다. 연방 대통령과 러시아공화국 대통령 사이에 본격적인 권력투쟁이 진행된 것이었다. 게다가 8월의 보수 쿠데타 실패는 민주주의 수호자들에게 더 큰 힘을 실어주었다. 마침내 고르비는 소연방의 해체를 선언하고(1991.12.25.), 지구상 최초의 사회주의 국가는 종말을 고하게 되었다.

결국 '사회주의 달성'은 하나의 이상향에 지나지 않는 것일까? 민주 러시아가 겪는 혹독한 시련은 다음 장인 '현대 정치' 편에서 살펴보기로 하자.

[과제 & 토론]

1. 러시아 역사발전에 따라 영토 확장이 어떻게 진행되었는지 그 과정을 조사, 발표하시오.
2. 러시아 역사를 4단계로 나눌 때, 어느 시대가 가장 인상 깊으며, 그 이유는 무엇인가?
3. 러시아 혁명 100주년이 지났는데 혁명의 정당성과 의의에 대해 토론하시오.

III

러시아인과 연방의 구성

1. 러시아인

1) 슬라브족과 러시아인의 구성

흑해 북부 연안과 남부 스텝지대에서 성립된 문화는 기원전부터 많은 유목민족의 이동에 따라 형성되었다. 기마민족이자 정복자였던 그들의 아래에는 농경을 업으로 하는 슬라브족이 다수를 이루었다. 슬라브족은 —소비에트의 고고학자들이 밝힌 바에 따르면— BC 10C중반부터 러시아 땅 남부 돈 강 유역에 거주하고 있었다. 유목민족의 지배를 받던 그들은 AD 2~3C경 사료에 조금씩 언급되었지만, 무슨 연유에서인지 4~6C에는 다시 자취를 감추었다.

슬라브족이라 함은 인도-유럽어의 한 어속인 슬라브어를 사용하는 종족으로서 언어학적 분류에서 비롯된다. 슬라브족은 크게 동슬라브, 서슬라브, 남슬라브족으로 나누어진다. 동슬라브족은 러시아인, 우크라이나

슬라브족의 다양한 모습들

인, 벨로루시인을 지칭하고, 서슬라브족에는 폴란드, 체코, 슬로바키아 인들이 포함되며, 남슬라브족은 발칸반도의 민족들을(세르비아, 크로아티아, 슬로베니아, 불가리아 등) 일컫는다.

당시 슬라브족은 조직적 형태가 아니라, 이산된 하층민 형태로 러시아 땅에 산재하여 살고 있었다. 그들은 유목민족의 세력 공백기를 이용해 점진적으로 퍼져나갔고 6C부터 분화되기 시작했다. 7~9C를 통해 유럽-러시아의 대평원에 정착한 **동슬라브족**은 지역공동체의 부족연맹을 결성하였다. 노브고로드 중심의 북부 지역까지 퍼져 살았던 그들은 경제, 사회, 문화적 측면에서 상당한 정도의 발전을 이루었다. 철의 이용법을 이용한 농업을 근간으로 어업, 수렵, 양봉, 직조, 도기제조 중심의 공예업도 발달하였다. 뿐만 아니라 그들은 폭넓은 지역에 걸쳐 상업에 종사하면서 상당수의 작은 도시도 형성하였다.

몽고-타타르족의 지배를 받는 동안 동슬라브족은 또 다시 세 민족으로 나누어진다. 1240년 키예프가 멸망하자 타타르족의 참화를 피해 사방으로 이주했던 루시인이 지역에 따라 그 차이를 보인 것이다. 지금은 러시아인이라 불리는 대러시아인, 우크라이나인, 벨로루시인이 그들이다. 언어 민족적으로 상당한 동질성이 있지만, '이웃사촌'으로서 질시와 반목도 만만치 않은 동슬라브족이다. 특히 러시아와 우크라이나는 역사와 현실 사이에서 오늘날에도 그 갈등이 재연되고 있다.

2017년 1월 현재, 러시아연방 인구는 약 1억 4,650만 명이며, 160여개의 민족들로 구성되어 있다. 남녀 성비는 0.86:1로서 지구상의 평균에 비해 역전현상을 보여준다. 인종별 구성은 80% 이상을 차지하는 러시아인이 절대 다수를 이루고, 타타르인(3.8%), 우크라이나인(2%)이 그 뒤를 잇는다.[1] 이렇게 다양한 민족이 혼재되어 살고 있지만, 언어적으로는 기이

1) 그 외 인구 백만명을 넘는 소수민족으로 바쉬키르(1.2%), 추바쉬(1.1%), 체첸(1%), 아르메니아(0.8%)인이 있고, 최근 급속도로 감소한 벨로루시인(0.5%)이 눈에 띄며, 고려

할 정도로 러시아어가 거의 모두에게 통용된다. 그 이유는 소비에트 시대의 학교제도를 통해 보편교육을 동일하게 받았기 때문이다.

2) 러시아인의 특징

러시아인은 흔히 대륙적인 기질을 갖고 있다고 한다. 그 이유는 광활한 대지를 무대로 살아오면서 형성된 민족성에서 찾아볼 수 있다. 19세기 러시아의 유명한 민족시인 F.I.쮸체프는 "러시아는 머리로 이해하려 하지 말고... 그저 믿을 수밖에 없다."고 했다. 그래도 우리는 러시아인을 이해하려면 그들의 보편적인 민족 기질을 살펴볼 필요가 있을 것이다.

러시아 민족의 가장 근본적이고 뚜렷한 특싱은 종교성이다. 신의 나라에서만 실현 가능한 절대선(絶對善)을 추구하면서 러시아인은 도덕, 진실, 아름다움을 가꾸어 간다. 그들의 생각에 따르면 상대적 행복의 추구는 이기적 인간들이 누리는 삶의 내용인 바, 물질적 육체에 매달릴 것이 아니라, 신에 대한 완전한 사랑으로 박애정신을 실천해야 한다. 따라서 러시아인은 신의 나라에 대한 복잡한 학문체계를 정립한 것이 아니라, 인간의 영혼 속에 담긴 권선징악의 도에 추종하기를 원했다. 그들은 세상의 모든 행위, 관습, 제도의 불완전함에서 탈피하기 위해, 완전한 선에 대한 추구를 종교에서 구하였다. 이러한 결과의 매체가 러시아 도처에 남아 있는 수도원과 교회들이다.

그러나 러시아인 모두가 충실한 기독교인은 아니었다. 특히 19C 들어 무신론자가 된 혁명가들은 기독교에 대한 신앙심을 버렸다. 대신 과학적 지식에 기초한 자기 나름대로의 하느님 나라를 지상에 건설하려는 일에

인(0.1%)도 35위를 차지하고 있다(위키피디아 백과사전).

몰두한 것이다. 여기에는 열정적이고 환상적인 갈망이 깃들어 있었으며, 그 또한 공식적인 신앙심의 한 부류라 볼 수 있다. 교회로부터 이탈한 교육받은 자들은 기독교적 신앙은 상실하였지만, 그들 중 많은 사람들이 절대선을 추구하면서 현세의 많은 불의에 대해 괴로워하였다. 결국 맹목적인 신앙심에서 벗어나 인민에 대한 빚을 갚아야 한다는 지식인의 '이웃 사랑' 역시 러시아인의 열렬한 종교성에 기인한 것이었다.

러시아인은 **열정적**인 민족이다. 열정은 사랑하거나 미워하는 가치에 대해 강력한 감정과 긴장된 의지의 결합으로 나타난다. 강한 의지를 지닌 인간에게 있어 가치가 크면 클수록 그 가치가 불러일으키는 감정과 정력적인 동작 또한 강렬해진다. 앞에서 언급한 종교성 역시 열정적인 러시아인에게 광신적으로 나타날 수 있었고, 정치-사회에 대한 열정도 그에 못지않게 뚜렷이 표출되었다. 최대요구주의[2]와 극단성, 광신적 편협성들이 이러한 열정의 산물이다.

그들의 열정은 도처에 나타났다. 종교생활에 있어 열정과 광신적 편협성의 극단적인 예는 구교도들에게서 찾아볼 수 있다. 수천명의 구교도들은 자신의 몸을 태우거나 매장시키면서 종교적 열정을 보여 주었다. 정치생활에서의 열정은 동란시대를 비롯한 조국전쟁 등 국가가 위기에 처했을 때, 그 어떤 민족보다 과감하게 헌신적인 행동을 나타냈다. 러시아 혁명운동 역시 정치적 열정과 강력한 의지력의 예를 너무도 많이 보여주었다. 뿐만 아니라 농민들의 땅에 대한 열정, 농노해방 후에도 지속된 지주에 대한 충성, 카자크들의 시베리아 개척 열정 등도 러시아 역사의 전환을 가져 왔다.

특히 자유에 대한 열정과 그것의 한 차원 높은 표현인 영혼의 자유는

---

2) 최대요구주의(максимализм)란 1904년 사회혁명당 내에서 극좌적 성격을 띤 반영웅주의적 테러운동을 지향한 자들로서 1906년 사회혁명당에서 분리하여 최대 강령을 주창한 것이다.

러시아인의 자유분방한 기질과 결부된다. 사람들이 가능한 모든 행동양식 중에서 한가지를 택할 경우 그의 선택이 수학공식처럼 정확한 판단에 기초한다고 볼 수 없다. 그래서 영혼의 자유를 가지고 있는 사람은 사고와 체험을 통해 모든 가치를 시험해보려 하였다. 자유로운 진리 탐구와 과감한 가치 판단 때문에 공동의 문제에 있어 러시아인은 서로 의견이 일치되지 않을 경우가 많다. 이에 여러 파벌이 조성되고 나름대로의 독자적 노선을 극단적으로 걸어가는 것이다.

다음의 특징은 러시아인의 **선량함**이다. 선량함은 절대선의 추구에 의해 뒷받침되고 심화되며 민족의 깊은 신앙심과도 관계가 있다. 러시아인은 혹독한 역사적 상황 속에서 국가를 건설하였기에 그들의 기질 자체는 굉장히 남성적이다. 그러면서도 그 속에는 여성적인 상냥함과 근본적인 선량함이 깔려 있었다. 도스토옙스키가 『작가일기』 중에서 "러시아인들은 오랫동안 모질게 미워하지 못한다"고 말하였는데, 아무리 죄를 저지른 자도 그의 영혼까지 미워하지 않았던 것이다. 그들은 모르는 사람을 대할 때도 항상 부드러움을 잃지 않는다. 자신이 받은 상대방의 친절에 제대로 보답하지 못했다고 생각할 경우 심한 자책감에 빠지기도 한다. 그들의 언어에서 애칭이나 지소칭이 발달해 있다는 것도 이와 무관하지 않을 것이다.

1980년 개봉된 소련영화

특히 여성의 경우 그들의 헌신적 사랑 및 책임과 의무에 대한 성실함으로 잘 알려져 있다. 러시아 여인은 인생의 고상한 목표로 사람들을 사랑하고 용감하게 장애와 부딪치며, 부모님이 지켜 주신 과거의 안락함이 상실되는 것을 두려워하지 않는다. "모스크바는 눈물을 믿지 않는다."는 속담이 말해 주듯이 여성의 강인함은 선량한 러시아인의 성장에 지대한 영향을 미쳤다. 그들은 "끊임없이 자유와 독립을 추구하면서도 훌륭한 미적 감각을 갖추고 주부로서의 정숙함을 보유하였지만, 무의미한 생활을 영위하지 않고 무조건적인 사랑으로 모성애를 타락시키지 않는다."

러시아인의 기질에는 **극단주의적**이며 양면적인 성격이 농후하다. 그들은 문화의 중간 영역을 경시하면서 '모든 것' 아니면 전혀 없는 '무'를 찾았다. 이 성격은 앞에서 말한 '열정'과도 관계있으며, 선량한 이면에는 '잔인함'도 도사리고 있다. 이것은 생활 문화에서 극명하게 나타났다. 고대로부터 내려오는 가정교육과 근대 학교교육의 가장 효율적인 방편은 회초리였고, 그것도 아주 가혹할 정도로 매질하였다. 어렵고 가난한 생활일수록 잔인한 성격의 일면이 많이 나타났다. 소시민이나 농민들 사회, 특히 술 취한 남자들에게는 구타와 난동이 보편화되어 있었다. 정부의 잔인성 또한 인민들의 성격 형성에 많은 영향을 미쳤다. 국가권력기관은 합법적인 폭력을 휘둘렀고 이에 맞선 인민들이 행동 또한 극단적으로 치우칠 수밖에 없었다.

문화의 중용성을 무시하는 러시아인은 이미 완성된 문화적 유산도 파괴시킬 괴력을 가지고 있다. 인민들은 자신의 이상과 부합되지 않을 경우 자신들의 생산물을 과감하게 버린다. 바쿠닌의 "파괴에 대한 열정은 창조적 열정"이란 역설은 결국 무에서 유를 창조한다는 극적인 효과를 노리고 있다. 따라서 이들의 물질문명에 대한 경시는 전통적으로 러시아인을 가난에 허덕이게 만들었다. 잘 훈련되어 있지 않은 의지와 사고력은 순간적인 판단에 의해 파괴의 미를 창출하고, 또 다시 처음부터 출발해야 하는 악순환을 되풀이한 셈이다.

N.베르쟈예프의 『러시아 사상』에는 러시아 민족의 **양면성**이 잘 그려져 있다. 두 개의 상반된 원칙이 러시아인 사상체계의 기반을 이룬다. 그것은 바로 본능적이고 이교도적이며 디오니소스적인 시와, 금욕적이고 수사적인 정교신앙이다. 이를 바탕으로 러시아 민족은 극단적인 상반된 특성을 보여

종교철학가 베르쟈예프

주고 있다: 전제정치와 국가의 이상비대 ↔ 무정부주의와 개인의 자유 / 잔인함과 난폭성 ↔ 덕행과 온유함, 휴머니즘 / 의식(儀式)주의 ↔ 진리 추구 / 개인주의와 예리한 개성의 자각 ↔ 몰개성적 집단주의, 민족주의 / 배타주의 ↔ 보편주의, 박애주의 / 종말론적 메시아 신앙 ↔ 외적인 경건주의 / 신에 대한 경배 ↔ 전투적 무신론 / 겸손 ↔ 오만과 불손 / 노예근성 ↔ 반항의식 등이 그것이다.

그럼에도 불구하고 러시아인은 다양한 천부적 재능을 보여주었다. 수준 높은 종교적 재능은 물론 뛰어난 관찰력과 지적 감수성, 발명의 재능이 되는 창조적 모방성, 미에 대한 세심한 감각, 그리고 그와 관련된 예술성을 타고 났다. 발달된 서유럽 문화와 비교적 늦게 접촉하였지만(18C 초), 러시아인은 독창적인 자질로 러시아적 예술을 꽃피웠다. 특히 러시아인의 미에 대한 사랑과 정교한 감각은 교육받지 못한 농민들의 인식 속에도 그대로 살아 있었다. 바로 그 러시아인의 문화적 재능이 오늘날 역사 문물로 남아 우리의 눈길을 끌고 있는 것이다.

이렇게 역사적으로 형성된 민족성 외에도 러시아인의 생활 속에서도 그 기질을 찾아볼 수 있다. 우선 그들의 '줄서기 문화'는 질서 준수의 법규적 차원이 아니라 생활 깊숙이 자리 잡은 관습이다. 제정시대 말기 춥고 배고픈 한 겨울에 빵을 배급받기 위해 끝없이 늘어선 줄은 "더 이상 없다"는 (1905년 2월 혁명의 도화선이 되었던) 말을 들을 때까

모스크바 푸시킨 광장의 맥도날드 1호점

지 지속되었다. 소련시대 후반 주부들은 빈 장바구니를 들고 다니면서 줄이 있는 곳은 어디든, 무엇을 파는지 알려고도 하지 않은 채 묵묵히 뒤에서 기다렸다. 1990년 모스크바에서 맥도날드 1호점이 오픈했을 때, 건물 주위를 둘러싼 줄에서 2시간 이상 기다리던 러시아인이다.

러시아인은 쓰기보다는 말을 좋아한다. 그들의 **장광설**은 어디서나 볼 수 있다. 특히 할머니들의 잔소리와 수다는 귀가 따가울 정도다. 학회에 참석하는 학자들조차도 발표 요약문은 형편없어 보이는데, 말은 기차게 잘 이어간다. 러시아인들의 따뜻한 마음은 손님을 맞이하는데서 여실히 드러난다. 초대된 손님이 넓지도 않은 아파트 부엌에 앉아 보드카 잔을 마주칠 정도가 되면 그는 더 이상 손님이 아니라 친구가 된다.[3] 초대받아 방문할 경우, 꽃을 좋아하는 러시아 여성을 위해 꽃다발 정도는 선물하는 것이 예의라 하겠다. 러시아인들은 처음 만나 가까워질 때까지가 힘들지, 가까워지고 나면 마치 간이라도 빼줄 듯이 잘해준다.

마지막으로 러시아인의 **웅장주의**를 빼놓을 수 없다. 거대한 땅덩어리에서 사는 이들이라 그런지, 그들은 턱없이 큰 걸 좋아한다. 크레믈리 성벽 안에 들어가면 유명한 '황제-대포'와 '황제-종'이 관람객의 눈길을 끈다.[4] 총 길이가 5미터가 넘는 이 대포는 포탄이 너무 무겁고 커서 한 번도 사용해본 적이 없다고 한다. 또한 200톤이 넘는 종은 모스크바 화재로 조각이 떨어지기 전에도 울려본 적이 없지만, 전시용으로는 최고의 걸작이다. 앞의 그림에서 본 모스크바의 맥도날드 1호점 매장의 좌석은 900석이 넘는 웅장한 규모를 자랑한다. 그 외에도 크고 높은 동상이나 건물이 도

---

3) 러시아어 гостеприимство(손님환대)는 그들이 좋아하는 단어 중의 하나로서 손님 접대하는 것을 굉장한 영광으로 여기며, 보통은 이 자리에서 тыкаться(ты라고 서로 부르다) 사이가 되면서 가까워진다.

4) 대포중의 왕(царь-пушка)은 전체 길이가 5.34m, 외부직경 1.2m, 내부직경 89㎝, 무게 40톤에 달하며, 종중의 왕(царь-колокол)은 높이 6.14m, 너비 6.6m, 무게 200톤, 조각 무게 11.5톤에 달한다.

처에 자리 잡고 있다. 무조건 크고 봐야 하는 그들의 심리를 어떻게 이해해야 할지...

짜리-대포

짜리-종

2. 러시아 연방의 구성

1) 연방 주체

러시아는 러시아인이 대부분 거주하고 있는 나라이지만, 다양한 소수 민족을 아우르면서 다민족 국가로 발전해왔다. 제국의 역사를 거쳐 연방 국가로 거듭났던 만큼, 체제의 근간이 된 연방제에 대한 구체적인 고찰도 이루어져야 할 것이다. 러시아는 현재 85개의 연방주체로 이루어진 연방제 국가이다. 연방주체의 구성은 제정시대부터 이어져온 지방자치 단위로서 주(область), 변강주(край), 특별시가 있으며, 민족자치 단위로 공화국, 자치주, 자치구로 나누어진다.

지방자치 단위는 전통적인 행정구역이라 볼 수 있는데, 특별시 3개(모스크바, 페테르부르크, 세바스토폴)와 주 46개, 변강주 9개로 이루어져 있다. 특별시는 오래 동안 전통적인 두 수도에 주어진 독립 행정구역이었는데, 2016년 크림공화국과 함께 우크라이나로부터 독립한 세바스토폴이 흑해 함대의 군항도시로서 최근에 합세하였다. 주는 제정시대의 지방행정 단위 구베르니야(губерния)를 재편한 광역 행정구역이다. 변강주는 외곽지대의 접경지역에 전략적으로 설치된 개척지구로서, 1924~38년 동안 비러시아 인들이 주로 거주하던 접경지역에 소수민족으로 구성된 특수 독립행정 구역이 포함되었다.

한편 민족자치 단위로는 공화국 22개, 자치주 1개, 자치구 4개가 있다.

소련시절부터 인구나 면적에 관계없이 통합적인 경제권 형성이 가능했던 지역에 공화국 지위가 부여되었다. 특정지역에 거주하는 대규모 소수민족 집단에 대한 자치권을 부여할 필요성이 인정된 경우인 것이다. 공화국은 독자적인 헌법, 의회 및 내각, 자체 언어를 보유하나 독립국가로서의 지위는 없다. 공화국 지위를 부여하기에는 인구나 영토 면에서 소규모이지만 자치권을 부여할 필요성이 인정될 경우 자치주가 된다.[5] 또한 자치구는 독립적 행정주체는 아니고 주와 변강주에 소속되어 광활한 지역에 거주해 온 토착민을 인정하는 개념이다. 언어나 문화 등 극히 제한적인 자치권만 향유하고, 지속적으로 감소하고 있는 추세이다.

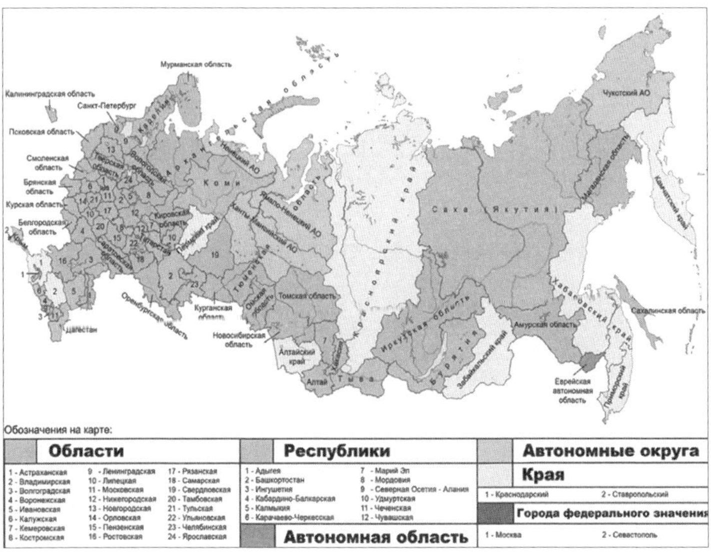

러시아연방의 85개 연방주체

5) 자치주는 독자적인 헌법, 최고회의, 내각은 보유할 수 없으나, 문화나 언어, 일부 경제적 자치권은 허용된다. 원래 5개에서 출발했지만 점점 줄어들어 현재는 극동지방에 유태인 자치주 1개만 남아 있다.

연방주체의 구성은 연방관계의 변화에 따라 유동적이다. 연방주체는 연방구조와 중앙-지방정부 간의 권한을 둘러싼 제도적 변화를 반영한다. 연방주체 수 변화에 대한 법적 근거는 2001년에 제정된 <연방주체의 지위 변화와 새로운 연방주체 창설>에서 비롯된다. 이에 따르면 감축 절차는 민주적으로 진행된다. 우선 주체단위의 자율적 진행에 따라 국민투표가 이뤄지고, 해당 주체의 의회 승인이 결정을 좌우한다. 그 후 두마와 연방회의의 통과 절차를 거치면서 대통령의 포고령으로 시행된다.

중앙정부는 복잡하게 얽힌 연방주체 수를 감축, 조절하려는 명분을 끊임없이 제시한다. 그 이유는 우선 중앙정부의 권한집중 의도가 깔려 있다. 지방정치 엘리트가 득세하면서 통제 가능하고 효율적인 권력구조 창설이 필요하기 때문이다. 다음은 '민족-영토원칙'이 재고되어야 할 시점이다. 공화국과 자치구의 명목 민족구성 비율이 낮아(전체 인구의 20% 정도), 평등선거 원칙에 위배될 수 있다. 인구 격차에서 야기되는 대표성 차이가 현저함에도 불구하고, 하원 선거는 그대로 이뤄지고 있기 때문이다. 마지막으

러시아연방의 8개 관구

로 낙후된 연방주체의 재정적자 문제를 해결해야 하는 당면과제가 있다. 자립도가 낮은 지방 주체에 대한 중앙의 과도한 지원은 예산낭비만 초래한다는 것이다.

연방구조의 변화는 푸틴이 시도한 중앙집권화 정책에서 여실히 드러난다. 2000년 대통령에 취임한 푸틴은 전국을 7개 **연방관구**(федеральный округ)로 나누어 전권대표를 파견한다. 연방주체와는 무관하게 행정적 영토적 관리를 효율적으로 진행하기 위한 방편이고, 전권대표를 통해 중앙정부의 직접적인 영향력을 발휘하려 했다. 심지어 5년 뒤에는 선출제인 지방의 수장들을 전권대표가 임명함으로써 '옥상옥'의 권력구조를 야기하였다. 2010년 메드베데프는 북카프카스 지역의 폭력사태를 진정시키고 경제특구를 지정하기 위해 관구를 더 증설하였다. 또한 2014년 우크라이나로부터 독립한 크림 지역이 또 하나의 관구로 승인되었다가, 2016년에는 남부로 통합되었다.[6]

연방주체의 감축에서 중앙-지방정부 간의 세력균형을 볼 수 있다. 이미 자치구는 거의 병합되고 있는 추세이이며, 중앙정부는 그 과정에서 배제되는 걸 방지하려 한다. 자율성은 보장해주면서도 대항주체는 인정하지 않는 것이다. 최종적인 연방구조에 대한 합의는 없지만, 자율성 강조라는 원칙하에 연방주체들 간의 불필요한 마찰을 피하려 하고 있다. 단계적이고 지속적인 변화는 대등한 지위 간의 결합을 통해 향후 최대 10개 정도의 단위로 구성될 전망이다.

6) ① 중앙관구(모스크바), ② 북서관구(상트페테르부르크), ③ 남부관구(로스토프-나-도누) ← 크림관구(심페르폴), ④ 북카프카스 관구(퍄티고르스크), ⑤ 볼가관구(니즈니 노브고로드), ⑥ 우랄관구(예카테린부르크), ⑦ 시베리아 관구(노보시비르스크), ⑧ 극동관구(하바롭스크). 2011년 주지사는 전권대표와 무관하게 다시 선거제로 돌아왔다.

2) 연방의 정치제도

러시아의 정치제도는 **대통령 중심제**로 입법, 사법, 행정부가 분리되어 있다. 오늘날 그 어떤 나라보다 강력한 대통령제를 운영하고 있는 러시아의 정치제도는 강한 지도자 푸틴의 성향에도 부합된다.

러시아 대통령은 국가의 원수로서 국민 직선에 의해 선출되고, 임기 6년에 1회 연임이 가능하다. 대통령은 행정부 수반으로서 의회의 승인 하에 총리를 임명하며(의회가 3회 부결시 의회 해산권을 발동), 각료임면권을 가지고 있다. 아울러 국무회의를 주재할 권리와 내각 사퇴에 관한 결정권을 보유한다. 그 외에도 사법부의 고위 판사, 연방군 합동참모의장, 특명 전권대표들의 임면권도 행사한다.[7] 상대적으로 의회는 대통령을 탄핵할 수 있지만, 대법원과 헌법재판소의 동의를 얻은 뒤, 상하원 모두 2/3이상의 찬성을 득해야 한다.

행정부 수반으로서의 기능은 당연하겠지만, 대통령에게는 입법부의 고유 권한을 침해할 수 있는 권리도 부여되어 있다. 대통령은 법안 발의권과 의회 법안에 대한 거부권을 행사할 수 있다. 의회의 제약을 받지 않는 (물론 헌법과 연방법에 저촉되지 않는) 포고령을 공포할 수 있어 유사 입법조치도 취할 수 있다. 또한 헌법에 규정된 상황과 절차에 따라 계엄령과 비상사태를 선포하고 의회에 통고만 하면 된다. 그 외 일반적인 국가의 대통령이 가지고 있는 법률안 서명과 공표, 국민투표 실시를 결정하며 군 통수권을 가지고 있다.

대통령 궁전

이러한 강력한 대통령제에 대한 비판과 옹호의

7) 연방의 검찰총장 및 검찰차장의 임면은 상원에 제청, 중앙은행 총재는 하원에 제청하는 절차가 있다(러시아 헌법 제83조).

시각이 첨예하게 대립한다. 의원내각제 주창자들은 이 제도가 의회와의 갈등을 야기할 뿐만 아니라, 임기 보장에 따른 경직성과 여야 간의 대립을 부추긴다고 한다. 또한 자의적 통치를 통해 민주주의가 침해되며, 직선에 의한 통치 위임을 명분으로 다른 정치제도에 군림할 수 있다고 비판한다. 특히 권력의 개인화에 대한 우려는 정당정치 발전을 저해하고, 국가제도의 합리성과 공직자들의 책임성을 떨어뜨리며, 부패구조를 확산시켜 정당성 문제를 악화시킨다고 한다.

반면 슈퍼 대통령제의 옹호론자들은 체제전환기의 혼란을 방지하고, 정당이 미발달한 현실에서 대통령은 사회분열에 대응하는 구심점 역할이라고 주장한다. 민주주의가 침해될 수 있다는 여지에 대해서는, 1990년대 전반에 포고령이 더 난무했으며, 비공식적 타협 기제가 작동된다고 일축한다. 또한 권력의 개인화는 리더십과 여건에 따른 결과일 뿐(옐친과 푸틴의 예를 들어 반박), 대통령제 본질의 문제가 될 수 없다고 한다. 결국 러시아 현실에서는 능력을 갖춘 대통령에게 강력한 권한을 부여하는 것이 절대 필요하다고 주장하는 것이다.

대통령을 보좌하는 부속기관에는 대통령 행정실과 국가안보회의가 있다. 대통령 행정실은 대통령 직속의 자문-보좌기구로서, 대내외 주요정책 결정을 보좌하고 일정을 총괄한다. 그 구성원은 행정실장(1), 제1부실장(2), 부실장(3), 의전실장(1), 보좌관(9), 자문단(10), 9개 연방관구 전권대표(9), 상·하원 및 헌법재판소 전권대표(3)로 이루어져 있다. 국가안보회의는 안보관련 최고협의체로서 안보 문제에 대한 자문기구 역할을 한다. 즉 국가안보 정책 입안, 안보요소 평가와 분석, 대외정책과 군사정책 기본방향 설정 등을 담당한다. 대통령이 의장직을 맡고 상임위원 10명과 비상임위원 19명으로 구성되어 있다.[8]

8) 상임위원은 총리, 안보회의 서기, 대통령 행정실장, 외무·내무·국방부 장관, 상·하원 의장, 연방보안부장, 해외정보부장이며, 비상임위원은 9개 관구 전권대표, 재무·법무·

러시아 연방정부 청사

러시아 연방의 **행정부**는 연방 총리(1), 제1부총리(1), 부총리(6), 각료(21)들로 구성된다. 국가정책 집행기관으로서의 내각은 대통령이 직접 관리하는 부서와 총리가 관장하는 부서로 나뉘어져 있다.[9] 총리의 추천으로 대통령이 임명하는 내각은 대통령, 또는 국가두마의 재적의원 과반수 결의로 해산될 수 있다. 후자의 경우 대통령은 거부할 수 있으나, 두마가 3개월 이내 재차 의결할 경우, 대통령은 두마나 내각의 해산 중 하나를 선택해야 한다.

행정부의 권한은 연방예산 편성 및 집행을 하고 연례보고서를 두마에 제출한다. 행정부는 연방 내의 단일한 재정과 신용-통화정책, 문화 사회복지 정책 집행을 보장받는다. 또한 연방재산과 국가안전, 범죄퇴치를 위한 제반 조치를 시행하고, 개인의 권리와 자유를 보장하기 위해 노력해야 한다. 그 외 연방 헌법과 법률, 대통령령에 의해 부여된 기타 권한을 행사한다.

사실 러시아 연방의 행정부는 강력한 대통령제의 영향 하에 다른 2부보다 구조적인 우위를 점하고 있다. 무소불위의 독주를 막기 위한 제재는 2008년 헌법 개정안에서 의회의 대정부 질의권, 정부 활동 연례보고서 제출로 가능해졌다. 하지만 의회는 현재의 의석 배분도 그렇지만, 행정부에 절대적 지지를 보일 수밖에 없다. 선거 및 정당법, 선거의 승리를 위한 행정

비상사태부 장관, 총참모장, 검찰총장, 과학아카데미 원장, 연방보안부 제1부부장, 모스크바·페테르부르크 시장, 마약통제청장 등이다.

9) 대통령 직속 부서에는 국방부, 내무부, 외무부, 법무부, 비상사태부 등 5개 부서 외에 연방보안부(FSB), 해외정보부(SVR)가 있으며, 총리는 보건부, 문화부, 교육-과학부, 천연자원 환경부, 언론-통신부, 지역개발부, 농업부, 체육부, 교통부, 재무부, 경제개발부, 에너지부, 노동 사회보호부, 극동개발부, 열린 정부 부처 등 16개 부서를 관장한다.

자원 활용에 있어 정부에 의존해야 하고, 정부에 대한 우호적인 언론과 대통령의 인기도에 비해 의원들의 부정부패는 수시로 제기되고 있기 때문이다.

오히려 연방정부는 중앙과 지방의 균형에 더 많은 신경을 쏟고 있다. 민족 정체성이 강하거나 경제적 영향력이 있는 지방정부의 이탈 경향은 중앙정부의 골칫거리이다. 90년대의 혼란을 극복하기 위해 시도되었던 '비대칭적 연방제'의 선례가 있기 때문이다. 옐친은 1/4 이상의 지역들과 맞춤형 쌍무조약을 체결하여 지방정부의 헌법적인 평등을 훼손한 바 있다. 그러나 푸틴은 연방관구를 만들어 전권대표를 파견하고, 심지어 지방정부의 수장들을 임명제로 바꾸었다가(2005), 다시 2011년에 주지사 선거제로 돌아갔다. 이러한 양상은 향후 러시아 연방 행정부의 위상에 따라 얼마든지 변화될 수 있는 가능성이 열려 있는 것이다.

러시아 연방의 **입법부**는 상원과 하원의 양원제로 가동된다. 연방의회는 상원의 기능을 하는 연방회의(Совет Федерации)와 하원인 국가두마(Государственная Дума)로 구성된다.

연방회의는 85개 연방주체에서 2명씩 파견된 대표(지방의회에서 1명 선출, 지방정부 수장이 1명 인명)와, 대통령에 의해 임명되는 대표(전체 1/10 범위 내)로 이뤄진다. 그 임기는 각 주체별의 대표를 수행하는 기간이므로 서로 상이하다. 조직은 의장과 제1부의장(1), 부의장(4), 10개의 상임위원회와 행정실, 자문회가 가동된다. 상원의 주요권한은 연방구성 주체들의 경계선 변경 승인, 전시 및 비상사태 선포 승인, 국경 밖에서의 연방 군사력 사용 결정, 대통령 선거 공고, 대통령 탄핵, 헌법재판소와 대법원 판사 임명, 검찰총장과 차장의 임면, 회계감사원 부원장과 위원 절반의 임면, 법안 제출 등이다.

러시아 연방회의

러시아 국가 두마

국가두마는 450명의 임기 5년제 의원으로 구성된다. 정당명부 비례대표제를 시행하는 선거는 225개 소선거구에서 각 1명씩, 그리고 절반은 정당 비례대표(5% 이상의 득표를 한 정당)로 선출한다. 조직은 의장과 이사회(소비에트), 제1부의장(2), 부의장(6), 36개 위원회, 사무총장이 관장하는 사무국이 있다. 주요 권한은 총리 임명 동의, 내각 불신임 의결, 연례 국정감사, 중앙은행 총재 임면, 회계감사원 원장과 위원 절반의 임면, 인권담당 전권대표의 임면, 사면 실시, 대통령 탄핵 발의, 법안 제출 등이다.

입법부의 가장 중요한 기능인 법률 제정권의 절차가 흥미롭다. 국가두마 재적의원 과반수에 의해 채택된 연방 법률은 5일 이내에 연방회의 심의로 회부된다. 상원의 과반수 찬성을 받거나 2주 내에 심의되지 않을 경우, 연방회의를 통과한 것으로 간주된다. 부결될 경우 양원은 이견을 해소하기 위해 조정위원회를 구성하여 하원에서 재심의 한다. 하원이 상원의 결정에 동의하지 않을 경우, 법률은 재차 표결에 회부되어 2/3 이상의 찬성을 얻으면 채택된 것으로 간주한다. 채택된 법률은 5일 이내 대통령에게 송부되며 2주 내에 서명 공포된다. 대통령이 거부할 경우, 상하원은 절차에 따라 재심의하며 2/3 이상의 찬성으로 원안대로 재의결되면, 대통령은 이를 공포해야 한다.[10]

러시아의 선거정치는 예측이 가능하고 부정행위 혐의에서 벗어나지 못하고 있다. 이는 언론의 편향성과 야당에 대한 공간적 제약 때문에 발생한다. 푸틴 집권이 장기화되면서 선거조작에 대한 의구심이 끊임없이 제기되고 있다. 정부가 선거를 통제함으로써 합법을 가장한 위법적 조치가

10) 연방 헌법은 하원 2/3 이상, 상원 3/4 이상의 찬성으로 의결될 경우, 대통령은 2주 내에 서명하고 공포해야 한다(헌법 제 108조).

자행된다. 구체적인 예로 정당등록에 관한 법(2008)을 강화하여 정당수를 대폭 줄였고(46개에서 7개), 추천명부 조건을 까다롭게 하여 개인 출마를 규제하며, 행정자원과 언론을 동원하여 일반적인 조작이(중복 투표, 득표 부풀리기, 투표소 날조, 전자개표에 따른 개표 사기 등등) 난무한다는 비판을 받는다. 이는 야당 승리의 가능성을 극히 제한하고 있는 것이다.

2016년 12월 선거로 결정된 정당별 의석 분포는 다음과 같다. 통합러시아당(54.2%), 러시아공산당(13.3%), 자유민주당(13.1%), 정의러시아당(6.2%), 러시아 공산주의자(2.3%), 야블로코 자유당(2%)이다. 이 선거 결과는 푸틴의 정책 지지를 기반으로 하는 통합러시아당의 재신임이다. 국민들은 국가산업과 경제 다원화를 희망하고, 사회정치적 안정과 국민화합을 중시하며, 주권국가의 국제적 위상을 제고하기를 바랐던 것이다.

러시아 정당정치의 선진화는 요원한 것처럼 보인다. 단일 지도자를 추종하는 정당은 정치인이 아니라, 실용적인 관리인에 지나지 않으며, 결국 '집권당'에 대한 매력을 뿌리치지 못한다. 아래로부터의 정당이 아니라 위로부터 만들어지는 정당이 대부분이며, 중도좌파를 지향하는 '정의러시아당'조차도 그러하다. 좌파 민족주의를 내세우는 '러시아공산당'이나, 우파 민족주의를 표방하는 '자유민주당'도 독자적인 야당이 아니라 半야당 구실밖에 하지 못하고 있다. 이렇게 볼 때 러시아의 선거정치는 다원성과 개방성, 균형성 유지가 급선무라 하겠다.

현재 러시아의 입법부는 의원들의 구성부터 독립적인 권한을 행사하기가 불가하다. 물론 헌법에 따른 의회의 입법권한은 대통령령보다 더 강력한 것으로 보장되어 있다. 형식적인 측면에서 양원의 대다수가 원한다면 대통령은 조인해야 할 의무가 있다. 내각 불신임권이나 대통령 탄핵권도 헌법상에 보장되어 있다. 그러나 그 절차가 까다롭고 구성원의 배분을 감안한다면, 민주주의의 꽃인 삼권분립의 이상향은 러시아 정치현실에 부합되지 않는다고 하겠다.

연방 대법원

사법부는 연방 헌법재판소, 대법원, 중재재판소, 연방재판소로 구성되어 있다. 연방 헌법재판소는 19명의 판사로 이뤄져 있고, 대통령의 제청에 따라 상원이 임명한다. 기능은 제반 법령의 위헌 여부를 가리고, 연방기관과 지방기관 사이에 체결된 조약을 심판한다. 또한 연방 정부기관 간이나 중앙-지방기관 사이에 발생하는 쟁의를 조정한다. 연방 대법원의 판사도 대통령 제청에 따라 상원이 임명한다. 대법원은 법원이 관할하는 제반 소송에 대한 최고 사법기관으로서, 하급 법원들에 대한 감독과 판례 해석을 수행한다. 연방 중재재판소는 특별히 상사분쟁 등 경제관련 분쟁을 심판하는 특별기관이다.

재판절차는 공개적으로 진행되며 3심 합의제, 배심제(중대범죄 형사소송에서 피고가 청원한 경우)가 적용되고 있다. 법관은 종신제로 면책특권을 가지며, 그 권한은 법률에 정해진 절차와 근거에 의해서만 소멸 또는 일시정지가 된다. 러시아의 사법체제는 법치주의에 근간을 두고 있으나 '법의 독재'가 자행되는 경우가 많다. 이는 사법체계의 독립 성취가 최대 과제임을 시사하고 있다. 2012년 행해진 여론조사에서 사법부의 완전 독립을 인정하는 사람들은 5%에 지나지 않았던 반면, 다수가 완전히 또는 상당히 의존적이라(64%) 생각한다. 피고인이 기소될 확률이 99%임을 고려하면, 러시아 국민들의 공정한 재판에 대한 기대는(60%) 무리가 아니라 하겠다.

러시아 정부는 '인권유린 국가'라는 오명을 벗기 위해 사법부 개혁을 시도하였다. 이는 유럽 인권재판소로 향하는 제소를 방지하기 위함이 가장 큰 목적이었다. 배심원제 확대, 재판관의 지위와 독립성 향상, 용의자의 권리 향상, 변호인의 활동 확대, 궐석재판 금지, 5년 미만의 양형 거래 등이 추진되었다. 결과적으로 총인구 대비 수감인원이 세계 2위였던 러시아에서 수감자가 줄어들고 있다. 그러면서도 정부는 2011년 대통령 직속으로 '연방 수사위원회'를 만들어 민감한 사안과 정치적 사건을 주도하고 있다. 이는 사법부 역시 대통령의 권한에서 자유롭지 못함을 알 수 있다.

[과제 & 토론]

1. 오늘날 러시아인이 자신의 조국과 체제에 대해 어떤 생각을 갖고 있는지(여론조사 데이터 활용) 조사, 발표하시오.
2. 러시아인의 남녀 비율(46.3 : 53.7)이 세계적인 수치에 비해 역조현상을 보이는 이유가 무엇이라 보는가?
3. 러시아 연방제의 특징을 미국과 비교하여 그 장단점을 설명하시오.

IV

현대 러시아의 정치 외교

1. 옐친과 푸틴 전기

1) 옐친의 집권 시기

1991년 8월 탱크 위에서 연설하는 옐친

우랄지역의 스베르들롭스크(지금의 예카테린부르크) 공산당 제1서기 출신인 옐친(1931~2007)은 건축기사에서 당 행정가로 변신한 인물이다. 1981년 소련 공산당 중앙위원이 되면서 모스크바로 진출하여, 정력적이고 충동적인 기질로 선동적 정치가로 성장하였다. 1991년 6월 러시아 공화국 대통령으로 당선된 후, 고르바쵸프 연방 대통령과 맞서면서 8월 보수 쿠데타에 영웅적으로 항쟁하였다.

1991년 12월, 소연방의 해체가 선언되자 옐친은 급진적으로 시장경제 체제를 도입하였다. 일명 '충격요법'은 급진적 경제 프로그램과 정치 문화적 프로그램을 결합시켜 효과적인 자본주의 정착을 의도하였다. 시장에 대한 신화적 믿음을 근간으로 계획경제와 가격통제를 폐기하고, 산업보조금을 축소하면서 급진적 사유화를 추진하였다. 1992년부터 시작된 바우처 보급은 금권정치적 정실주의로 이어지면서 충성스런 유산층 창출에 기여하였다. 사기업이 급성장하면서 물질만능주의가 팽배하고, 초 인플레이션의 고공행진이 지속되면서 제조업과 농업이 추락하였다. 결국 '충격만 있고 요법이 없는 개혁'이란 비판을 받으면서 사회 혼란은 가중되었다.

옐친의 급진개혁에 대해 공산주의자와 민족주의자가 주동하는 대규모 반정부 시위가 이어졌다. 정책 혼란은 경제쇠퇴, 임금체불, 복지제도 마비, 군사기 저하를 야기하였다. 반면 특별허가로 비합법적인 독점에 성공한 부유층은 해외로 자금을 빼돌리고 있었다. 공산주의자가 다수를 이루었던 입법부는 옐친의 권위주의적 통치에 반기를 들면서 대중의 지지를 확신하였다. 하지만 국민투표(1993.4.)는 대통령을 신임하고 정부정책을 지지하면서 의회의 조기선거를 촉구하였다. 이에 의회가 자체 헌법안을 제정하고 의사당을 점거 항의하자, 옐친은 대포를 쏘아 의회를 해산시키고 대통령 권한을 강화하는 신헌법을 채택하였다.

1993.10.4. 의회 포격

옐친의 집권 1기는 부정적 결과로 점철되었다. 농업과 산업 생산력이 감소하여 경제적 빈곤이 심각했음은 물론, 임금체불, 사회보장기금 고갈, 부패와 범죄조직이 기승을 부렸고, 체첸 반군의 테러는 러시아 사회를 공포에 빠지게 하였다. 1996년 6월에 치러진 대선에서 옐친은 2차 투표까지 가서야 겨우 공산당수 쥬가노프에게 승리할 수 있었다. 더욱이 옐친의 건강 악화로 인한 국정수행 능력의 마비는 국민들의 인내를 한계에 달하게 만들었다. 물론 옐친은 이에 대한 책임을 고위 관료들에게 돌리면서 개혁 드라이브 정책을 수행할 수 있는 올리가르히 출신의 수상을 기용하였다.[11]

---

11) 올리가르히(олигархи)는 신흥재벌 집단으로 과두지배 세력을 지칭한다. 이들은 사유화 과정에서 막대한 부를 축적한 금융 산업부문의 엘리트 집단으로서, 1990년대 중반 이후 실질적인 지배계급으로 등장하여 금권정치의 표본을 보여준 그룹이다. 이때

하지만 옐친 정부의 위기는 외부에서 찾아왔다. 1998년 아시아 발 금융 위기는 경제구조 개혁 실패를 거듭하고 있던 러시아의 외환시장에 직격탄을 날렸다. 경화와 비축된 금이 고갈되고 투자가 미미한 가운데, 극심한 자본유출 상황에서 루블과 주식시장은 곤두박질치고 있었다. 금융시스템이 취약한 러시아 정부는 '검은 월요일'을 맞아 수십억 불의 단기채권 채무 불이행, 루블화 평가절하(50%), 90일간의 외채 지불유예를 골자로 하는 모라토리엄을 선언하였다. 그 결과 주식시장은 붕괴하고 은행과 소규모기업이 파산하자, 외국기업이 줄지어 철수하고 IMF는 차관을 중단하였다.

사임 직전 대통령과 총리의 회동

정치경제 생활에서 질서와 안정이 어느 때보다 요구되는 시점이었다. 잇단 총리의 교체로 정정은 불안하고 하원에서 대통령 탄핵안이 상정되기에 이르렀다. 특히 악화일로로 치닫는 체첸 사태를 막기 위해 푸틴이 총리로 임명되었다(1999.8.) 체첸의 다게스탄 침공과 모스크바 아파트 폭발 테러는 푸틴의 제2차 체첸전쟁을 정당화시켜 주었다. 극단적이고 전격적인 작전으로 러시아 국민의 울분을 삭여주었던 승전보는 푸틴과 집권당의 인기를 단숨에 끌어올렸다. 마침내 옐친은 건강상의 이유를 들어 임기 만료를 앞둔 시점에 사임 연설을 하고(1999.12.31.), 푸틴에게 권한대행 자리를 물려주었다.

기용된 수상이 체르노미르딘이며, 유능하고 활력 있는 정치가 추바이스, 넴초프와 대립각을 세웠다.

2) 푸틴 시대 전기

1952년 10월 레닌그라드(지금의 상트페테르부르크)에서 출생한 푸틴은 70년대 인물들로서, '순수하고도 성공적인 소비에트의 애국적 교육의 산물'이다. 그는 레닌그라드 대학 법학부를 졸업한 후, 어린 시절부터 키워온 정보요원의 꿈을 달성한 입지적 인물이다. 1990년 페테르부르크 초대 시장으로 스승인 소브차크가 당선되자 보좌관으로 정치에 입문한다. 그 후 모스크바로 발탁되어 일에 대한 명성과 충성심으로 연방보안국(FSB) 국장에 올랐다가(1998), 총리로 기용된다.

취임선서를 하는 푸틴

2000년 3월에 치러진 대선에서 푸틴은 유례없이 1차 투표에서 과반수를 얻어 바로 당선되었다. 이는 국민들의 강력한 지도자에 대한 열망, 정치적 혼란에 대한 우려, 안정된 정부에 대한 기대감이 반영된 것이다. 푸틴은 합리적 사고에 바탕을 둔 실용주의자로서 문제 해결사적인 기질이 농후하다. 강인한 이미지를 풍기는 그는 조직을 중시하고, 점진적인 방식을 선호하면서도 직접 행동하는 지도자이다. 또한 결코 이데올로기적이 아니면서도 국가주의 이데올로기를 중시한다. 강력한 국가건설은 러시아의 진보를 위한 수단과 정의의 일부이며, 이를 위해 국가권력을 재집중해야 한다고 주장하는 것이다.

푸틴의 정치이념은 **푸틴이즘**으로 요약된다. 전통적인 이분법(권위주의 對 자유주의 / 국가주의 對 민주주의 / 질서 對 자유 / 보편주의 對 민족주의)을 극복하고, 자유주의적인 개인주의 가치와 국가주의적 집산주의를 결합시키려 한다. 그리하여 '제3의 길'을 모색하는 푸틴은 애국주의와 민족주의를 결부한 '러시아적 서구주의자'를 표방한다. 한편 그는 자유주의적 보수주의자로서 경제통제와 언론장악을 통해 반대파를 무시하고 있다. 러시아의 특수성을 존중하여 맹목적인 외국 모델의 추종에 반대하면서 '주권민주주의'를 주창하고 있다.

집권 1기 푸틴의 정책은 올리가르히 척결부터 시작하였다. 정경분리 원칙을 실천하기 위해 '신사협정'을 통해 올리가르히를 견제하고, 그 빈자리를 실로비키로 채워나갔다.[12] 언론을 장악한 푸틴은 '강력한 러시아 Powerful Russia' 슬로건을 내세우고, 서방지원을 받은 '색깔혁명'을 사전에 막기 위해 NGO에 대한 압박을 가속화한다.[13] 체첸 테러리스트의 잦은 공격은 국가권력 정당화의 빌미를 제공해주었고, 연방관구 설립이나 주지사 임명제를 통해 권력의 수직성을 강화시켰다. 때마침 급상승하던 국제유가에 힘입어 경제안정과 함께, 에너지의 무기화를 통해 국제무대에서 그 위상이 제고되었다.

푸틴은 2004년 대선에서 압도적인 지지율로(71.3%) 재임에 성공한다. 국민의 절대적 지지를 받은 그는 강력한 중앙집권화 정책을 추진한다. 국가 기간산업을 재 국유화시키고, 지방정부의 분리주의를 봉쇄하며, 언론통제를 강화한다. 푸틴의 집권은 분명 안정과 정상화에 기여하였다. 연평균 7%의 GDP 성장을 주도하면서 실질 가처분 소득이 증대하고, 인플레이션이 저하되면서 대외채무가 줄어든 것은 분명한 사실이다. 또한 기업규제 완화법, 토지소유 허용법, 노동법 개선, 조세법 개혁을 통해 시장자유주의 원칙을 고수하면서 국가주도의 경제관리 시스템을 구축하였다.

하지만 푸틴의 통치에 대한 비판적인 시각도 만만치 않다. 고무적인 거

12) '힘 있는 자'(силовики)란 의미를 가진 실로비키는 연방보안국, 내무부, 군, 검찰 출신의 제복 입은 자로서, 국가주의적 이데올로기로 무장한 애국심과 충성심이 강한 그룹이다. 푸틴은 실로비키를 중심으로 친정체제를 구축하고, 당정개편을 통해 그들을 요직에 앉힘으로써 정치권력의 시스템화를 완성하였다.

13) 우크라이나의 오렌지 혁명, 그루지야의 장미 혁명 등 NGO를 통한 서방의 자금지원을 받은 반정부 혁명을 차단하기 위해 푸틴은 2005년 'NGO 통제법'을 발효시킨다.

넴초프의 죽음을 애도하는 꽃다발

시경제 지표에 반해 구조적인 문제들이 산재해 있다. 대기업 집중의 제조업이 주를 이루고, 중앙과 지방의 격차가 심각해졌으며, 은행제도의 미발달, 비효율적인 분쟁해결법, 저임금에 따른 소비 위축, 낮은 농업생산성과 극빈한 농촌문제가 도마 위에 올랐다. '자유주의 우익연합'의 대표 넴초프는 "석유 횡재가 낭비를 초래할 뿐, 경제성장률은 더 높아야 함"을 강조하였다. 그는 사기업에 대한 규제는 투자와 성장을 제한하고, 기업금융과 재산이 소수의 손에 집중되어 있음을 비판하였다.[14]

푸틴 통치의 전반기를 지나면서 개혁의 걸림돌이 노정되었다. 푸틴 스스로도 '폐쇄적인 카스트'로 간주한 비대한 관료조직이 제일 큰 문제이다. 소연방의 몰락을 재촉한 것도 관료제의 병폐임을 누구보다 잘 아는 푸틴이다. 그는 국가에 대한 봉사를 사업으로 여기는 비대한 관료조직의 질적 수준에 우려를 표하였다. 또한 올리가르히를 척결한다고 했지만, 사적 기업적 이해관계가 공적 이해를 훼손시키는 부패조직이 근절되지 않고 있어, 부패지수가 최악에 달하고 있다. 체첸을 겨냥한 '대테러 작전' 종료 선언(2009.4.17.)도 발표되었지만, 군대의 노후화에 따른 열악한 군복무 시설과 군수산업의 후진성은 러시아 국가의 체면을 위협하고 있는 요인이다.

---

14) 주지사 출신 정치가인 B.E.넴초프는 푸틴 정부의 경제적 불평등을 심화시키는 일련의 정책을 비판하다가, 2015년 2월 마지막 날 밤 괴한에게 피격당한 것으로 발표되었으나, 그의 죽음을 둘러싼 의혹은 끊이지 않는다.

2. 메드베데프와 푸틴 후기

1) 메드베데프 시대

2008년 3월, 42세 약관의 나이에 메드베데프는 러시아 5대 대통령으로 당선되었다. 푸틴의 정치적 후계자로 성장한 그는 실로비키의 대표적 인물로 대통령직을 물려받았다. 푸틴과 동향 동문 출신인 그는 푸틴의 뒤를 밟으면서 정계에 입문하였다. 첩보요원과 민법교수 출신이란 점만 제외하면 너무나도 유사한 두 사람의 정치노선이다.[15] 푸틴이 개헌을 통해 3선에 도전할 거라는 예측을 뒤집은 것도, 누구보다 메드베데프에 대한 푸틴의 믿음이 확고했기 때문이라 하겠다. 바로 4년 뒤 약속이나 한 듯이 두 사람은 대통령과 총리직을 맞바꾸었던 것이다.

쌍두독수리의 현실

메드베데프의 집권기는 '**이중권력** 체제', '쌍두독수리 시대'라고 평을 받았다.

15) 두 사람은 레닌그라드 출생으로 동 대학 법학과를 졸업했으며, 푸틴이 1991년 페테르부르크 대외관계위원회 위원장으로 재임할 당시, 메드베데프는 동 위원회 전문위원으로 활동, 1994년 푸틴 부시장 밑에서 메드베데프는 보좌관, 푸틴이 총리가 되었을 때(1999.8.) 행정부실장, 푸틴 대통령 재임시절 메드베데프는 크레믈리 행정실 차장, 가즈프롬 이사회 의장, 행정실장, 경제사회 제1부총리를 역임하였다.

심지어 외교, 국방, 재정 등 주요 분야 장관들과 대통령 보좌관까지도 유임할 정도였다. 메드베데프는 푸틴 정부의 강한 러시아 건설을 위해 기존의 정책을 유지하면서 러시아 경제와 사회의 현대화에 힘을 쏟았다. 또한 그는 '부패와의 전쟁'을 선포하고 비즈니스 환경개선 및 투자유치 강화를 위한 제도개혁에 박차를 가하였다. 소위 '현대화 프로젝트'를 통해 산업 다각화, 경쟁력 강화, 소득불평등 개선을 통한 경제개혁에 주력을 기울였다. 또한 사회-경제 발전을 위한 인프라 건설과 외국투자 유치, 첨단기술 발전, 고등교육 재편을 비롯한 교육혁신, 지식기반사회 건설을 목표로 하였다.

대외정책의 방향에서도 약간의 차이는 보였다. 푸틴이 현실적 실리주의 외교를 폈던 반면, 메드베데프는 주변국과의 관계개선에 주력하였다. 또한 푸틴은 러시아의 실추된 국제위신을 고양시키기 위해 미국의 독주를 견제하면서 나토의 CIS권 확대에 촉각을 세웠고, 중국과 SCO(상하이협력기구)를 결성하였다. 메데베데프는 푸틴 정부의 정책기조를 유지하면서도 중국 인도와 군사협력을 강화하고, WTO 가입 및 주요국과의 FTA 체결에 노력을 기울였다.

그러나 쌍두독수리 체제의 실상은 녹녹치 않았다. 에너지 의존도가 높은 산업구조는 쉽사리 개선되지 않고 제조업은 여전히 기반이 취약하다. 2008년 하반기 미국 발 금융위기가 세계경제를 뒤흔들 때, 러시아 역시 휘청거리면서 반값으로 떨어진 국제유가에 대비해야 했다. 또한 그루지야의 러시아 영토 침공에(2008.8.8.) 맞선 강공책은 외국인 투자만 이탈시킨 결과를 초래하였다. 2012년 블라디보스토크 APEC 유치, 2014 소치 동계올림픽 유치는 나름대로의 위상을 제고했으나, 늘어나는 경제비용 부담은 쉽게 해소되지 않고 있다. 그 와중에 개헌을(2008.12.) 통해 대통령 임기를 4년제 연임에서 6년제 연임으로 바꾸고, 두마 의원의 임기도 4년에서 5년으로 연장하였다. 이는 향후 '푸틴 플랜 2020'의 국가 발전계획이 연착륙할 수 있게끔 하는 정지작업이라 하겠다.

2) 푸틴의 재집권

2011년 12월 총선 결과는 21세기 들어 처음으로 집권여당의 참패로 드러났다. 450명의 하원 의석에서 통합러시아당이 과반수를 넘지 못하고(49%), 공산당(19%)과 정의러시아당(13%), 자민당(12%)이 약진하였다. 이는 부정부패와 관료주의에 대한 정지적 냉소주의와 국민의 정서적 피로감에서 비롯된 결과였다. 또한 반정부 세력은 이 여파를 몰아 부정선거 규탄시위를 전국적으로 주도하였다.

2012년 3월 대선에서 코너에 몰린 집권당은 힘들게 선거를 치러야 했다. 메드베데프와의 밀약을 실천이라도 하는 듯이 당당하게 출마한 푸틴이었지만, 선거정국과 사회여론은 이전과 많이 달라져 있었다. 푸틴은 TV 토론을 피하고 지방을 순회하면서 민심을 결집하는 걸로 전략을 수립하였다. 그러면서 선거 이슈도 회고적 평가보다는 전망적 투표로 유도하였다. 평화적 합법적 시위를 인정 수용하지만, 그 배후세력에 대한 비판도 혹독하게 가하였다. 러시아의 안보를 위협하는 세계정세를 비판하면서 반서구주의와 애국주의 감성에 호소하였다. 그 결과 푸틴은 1차 투표에서 무난히 승리를 거두고 재집권에 성공하였다.[16]

또다시 한 배를 탄 대통령과 총리

푸틴은 취임연설(2012.5.7.)을 통해 향후 수년이 러시아의 운명을 결정지을 중요한 시기임을 강조한

16) 통합러시아당 푸틴이 63.6%, 공산당 주가노프가 17.2%, 무소속 프로호로프는 8%, 자민당 지리놉스키, 정의러시아당 미로노프가 그 뒤를 이었다. 그러나 푸틴은 모스크바 시에서는 과반에 못 미치는 47%밖에 지지를 얻지 못하였다.

다. 그는 전 국민적 단결과 애국심 고양, 민주주의 및 국민의 헌법상 권리와 자유를 신장, 국가번영을 위한 개개인의 노력 승화, 국가운영 및 국가적 아젠다 형성에 있어 시민참여의 확대를 촉구하였다. 이튿날 바로 메드베데프 총리 임명 동의안을 제출하여 하원의 절대적인 찬성(299표)을 받았다.

권좌에 다시 오른 푸틴은 다방면에 걸친 정책을 제시하였다. 우선 **정치** 분야에서 푸틴은 급변하는 세계 정치경제 질서변화에 대응하여, 러시아의 정체성과 국가경쟁력 제고를 우선하겠다고 천명한다. 시민사회 발전에 부응하는 민주정치 체제를 구축하기 위해, ①정당등록 간소화, 주지사 직선제 등 정치개혁 입법의 추진, ②정책결정 과정에 대한 국민의 참여보장(인터넷 민주주의 및 전자정부 구축), ③중앙집권과 지방분권의 균형화, ④부패문제 척결(행정권과 감독 시스템 분리, 관료선발 및 급여체계 개선 등), ⑤사법개혁 추진을 약속하였다.

경제 분야에서는 자원중심의 경제성장을 탈피하고 지속 가능한 성장을 촉진하기 위해, ①경제다변화 및 혁신(연구기능 강화, 사회간접시설 확충), ②첨단기술 경쟁력 확보(2,500만개 일자리 창출), ③비즈니스 환경개선 및 해외투자 유치 확대, ④경제분야 국가개입 축소, ⑤정부예산의 효율적 집행을 선언하였다.

사회복지 분야에서는 소득불균형을 해소하고 경제활동 인구감소와 고령자 증가에 대처하기 위해, ①연금체제 개선, ②교육 문화 및 보건 수준의 질적 향상, ③주택공급 확대, 공공서비스 질 향상, ④인구감소 문제 해소(효율적인 이민정책 및 해외거주 러시아인의 조국 재정착 지원 등), ⑤불법이민 단속 강화, ⑥러시아어 및 역사교육 강화를 발표하였다.

연례 **국정연설**(2012.12.)에서 푸틴은 격변의 시기를 맞아 러시아는 주권을 보유하면서 정치경제적으로 영향력 있는 국가로 남아야 함을 주장하였다. 이를 위해서는 민족적 정신적 정체성을 확고히 하고, 이를 바탕으로 통합을 달성해야 한다고 강조하였다. 구체적인 실천 강령으로 ①러시아 내 각 민족그룹 간 상호존중, ②민주주의 정치 개혁, ③공직자에 대한 신뢰제고 및 부패문제 해소, ④천연자원 의존경세 탈피, ⑤투자자 자산보호 등 기업친화적 정책 추진을 제시하였다.

교회 안에서의 푸시-라이엇 공연모습

이에 대한 세부평가는 엇갈리고 있다. 우선 이중권력의 종언과 절차적 민주주의(대중의 요구에 따른 관리 민주주의, 연성권위주의)에 대해서는 환영하는 분위기이다. 푸틴이 우선과제로 내세운 석유의존 경제구조 탈피, 인구감소 문제해결, 극동 및 낙후지역의 균형발전은 예단하기에 이르다. 경제현대화를 위해서는 글로벌화와 질적 발전이 이뤄져야 하는데, 정치사회의 투명성과 합리성, 책임성이 제고되어야 할 것이다. 또한 야당과의 화해무드를 조성하기 위해 개정 정당법이 발효되고, 주지사의 소환제를 인정한 직선제 재도입 등은 긍정적인 평가를 받는다. 하지만 권위주의의 강화 추세는 재야세력과 반정부 집단을 자극하고 있는 현실이다.[17]

17) 2012년 무정부주의와 자유주의를 노래하는 가사에 "성모님이여, 푸틴을 쫓아내주소서"라고 해서 체포당한 '푸시 라이엇'에 대한 재판, 집시법 강화(벌금 상향, 강제노역제 도입), NGO법 개정(외국대리기관으로 등록해야 함), 인터넷 통제법 등은 강한 비판을 받고 있다.

3. 러시아의 외교

1) 외교정책 노선

세기말 극도로 위축되어 있던 러시아에게 신현실주의적 국제관계는 전방위 외교의 새로운 전환을 요구한다. 러시아는 지난 10년간의 대외정책 성과를 냉철히 결산하면서 서구와의 상실된 힘의 균형을 찾아야 할 당면 과제에 맞닥뜨렸다. 그 동안의 회색빛 노선이 러시아를 무기력하게 만들게 국제무대에서 변방국으로 전락시키게 했다는 의식이 만연했다. 그 중심에 국가안보회의 서기에서 총리로 발탁된(1999.8.) 푸틴이 서 있었다. 대통령 권한대행을 거치면서 크렘린을 장악한 푸틴은 강대국 재건을 위한 일련의 조치를 발표한다.

우선 '국가안보개념'(2000.1.10.)에서 군사안보 영역을 포함해 러시아가 지향 추구하는 세계전략 차원의 대내외정책 청사진을 밝히고 있다.[18] 반면 '군사독트린'(4.21.)은 국가안전 보장에 대한 군사적 준칙과 기본방향의 제시에 한정되어 있고, '대외정책개념'(6.28.) 또한 국제관계 영역에서 러시아 외교의 기본원칙과 대강의 제시에 국한되어 있다. 대통령령으로 제일 먼저 발표된 '안보개념'은 대안적이 아닌 자주적인 행위자가 되어야 함을 역

18) 2000년의 안보개념이 전혀 새로운 것은 아니며, 1997년의 안보개념을 수정 보완한 것으로서, 세계 공동체로서 러시아의 사명, 러시아의 국익, 국가안보 위협, 국가안전 보장이란 큰 틀 속에서 구성되어 있다.

설한다. 이는 동서간의 동반자 관계에 회의를 느끼고, 현대세계의 다양성과 광범위한 이해관계를 강조하는데서 비롯되었다. 후자의 두 개념은 전술적인 차원에서 구체적인 군사력 강화와 다극화 체제를 지향하고 있다.

특히 신 '군사독트린'에서는 핵무기 선제사용 조건과 그 범위를 현저히 확대하고 있다. 러시아 연방이나 동맹국이 대규모 살상무기 공격을 받았을 때 핵무기 사용의 권리를 보장한다. 또한 핵무기 비보유 국가라 하더라도 포괄적 공격을 할 경우 핵무기 사용에 대한 정당성을 부여하고 있다. 국가안보 영역에서 군사적 요소를 현저히 강조하고, 대외전략에서 핵 의존도를 확대하고 있는 점은 매우 중요하다. 이는 분명 옐친 시대 친서방적 외교노선에 따라 무시되었던 군사력과 대외정책 간의 균형점을 복원하여 전략적 균형을 회복하려는 의도이다.

오늘날 나토와 러시아

신 안보전략 채택의 직접적인 원인 제공자는 당연히 나토를 앞세운 미국의 압박정책이다. 나토의 무차별적인 동진과 세르비아 폭격사태(1999)는 크렘린의 전략가들에게 과거의 블록적 사고와 대서방 강경책을 강구토록 했다. 러시아의 입장에서 나토의 확대는 새로운 포위 전략의 일환이고, 방치할 경우 미국의 안보적 종속국으로 전락할 것으로 파악한다. 국경 없는 나토의 세력 확산은 미국 주도의 동맹체계 확립을 강화하여, 러시아가 추구하는 다극적 세계질서 확립에 걸림돌이 된다. 또한 나토의 세력팽창은 중동부 유럽에 그치지 않고 카스피해 연안의 에너지 자원까지 넘볼 것이므로, 안보적 위협은 물론 경제적 이익까지 침탈당할 수 있는 것이다.

그렇다고 푸틴은 과거처럼 냉전시대를 자초하지는 않았다. 푸틴의 새로운 접근법은 '기회적 고립주의 노선'으로 집약된다. 경제이익과 같은 실리추구와 안보준수와 같은 배타적 이익을 엄격히 구분하여 사안에 따라 접근하였다. 체첸 반군의 진압으로 국제적 시선이 따가운 가운데 발생한 미국의 9.11사태는 절호의 기회였다. 세계 지도자들 중에서 가장 먼저 부시에게 전화를 걸어 '야만적인 행위'에 대한 위로와 동질감을 전하였다. 두 지도자는 이슬람 과격분자와 체첸 테러리스트를 동일선상에 올려놓고 '테러와의 전쟁'에 공조하겠다고 천명한 것이다.

푸틴의 **실용주의적** 입장은 부시와의 개인적 친분과 신뢰에 기반을 두고 있었다. 2001년 여름, 다차에서 보낸 그들의 첫 만남 이후에 부시는 "나는 그의 영혼에 대해 감을 잡을 수 있었다."는 말을 남겼다. 몇 달 뒤 텍사스의 대통령 목장에서 또 다른 만남 이후에, 부시는 "나는 그의 정신과 영혼을 더 많이 알면 알수록, 우리가 함께 긍정적인 방향으로 일할 수 있다는 것을 알게 되었다."고 말하였다. 그 후 미국의 미사일 방어체제에 대한 토의는 재협상 무대에 올랐고, 부시는 러시아의 WTO 가입을 지지할 것을 약속하였던 것이다.

산책하는 푸틴과 부시

대내외적인 환경의 우호적인 분위기는 푸틴의 독주를 가능케 하였다. 푸틴으로서는 '강력한 러시아' 건설의 모토를 실현하기 위해서는 국내의 민주주의를 희생시켜도 무방했다. 러시아의 궁극적 목표는 국외자나 훼방꾼이 아니라, 국제정치 무대에서 중요한 자리를 차지하는 것이다. 푸틴에게는 대부분의 러시아 국민들과 마찬가지로, 존중받고 영향력 있는 강국으로서 러시아의 세계적 위상을 회복하는 것이 급선무였다. 이는 곧 국내정치에서 애국적인 자기주장과 실용적인 현실정치를 결합하는 입장이 허용됨을 의미했다. 더 이상 '종이호랑이'가 아님을 보여줘야 할 푸틴 정부는, '안보'와 '경제협력'이란 두 마리 토끼를 잡기 위해 새로운 개념의 전방위 외교를 펼쳤다.

푸틴 정부는 세계무대에서 미국 일변도의 권력을 축소시키면서, 자국의 고립상태를 최소화하려고 노력한다. 이에 유럽, 특히 자신의 청춘시절을 보냈던 독일과의 유대관계를 발전시키면서 서방의 동지를 만들어간다. 또한 미국과 나토에 대응하기 위해 러시아의 무기시장이자 에너지 수요자인 중국과의 관계 확대를 적극 추진한다. 중동에서의 전방위 외교정책은 이란과 이라크를 끌어들였고, 한반도의 균형외교와 동남아 국가들과의 관계개선도 물꼬를 틔웠다. 이에 대한 구체적인 사례들은 바로 다음장에서 살펴보기로 하자.

푸틴이 집권 3기에 서명한(2013.2.) 대외정책 개념도 10여년 전과 크게 다를 바 없다. 이 문서는 과거의 안보전략과 군사독트린을 승계하여 '외교적인 신열장' 역할을 하고 있다. 다만 미시적 정책결정의 안내자 역할에서 국제적 입장에서 국가의 모습을 제시한 포괄적 선언을 담고 있다. 다중심적 체제를 강조하고 강대국 사이의 진정한 파트너십을 강조하여 소위 '다방향 정책'을 지향한다. 물론 기본목적과 방향은 미국의 주도권을 견제하여 지역의 강국들이 세력권을 갖는 세계질서 창조이다.

결국 러시아 정부가 종국적으로 의도하는 건 다방향 외교정책이다. 우선 포괄적인 이데올로기 개념에서 탈피한 유연한 동맹국들의 외교술이라 할 수 있는 네트워크 외교를 앞세운다. 다음은 국익추구와 자급자족적 유연성을 보여주는 실용주의 노선을 추구한다. 세계적 경쟁이 문명의 차이에서 발생하는 것으로 해석하는 러시아는 스스로를 '문명중심지'로 간주한다. 따라서 러시아는 '중력의 핵'으로서, 이웃 국가들을 끌어들이는 구심점 역할을 다해야 한다고 주장한다.

2014년 우크라이나 사태 이후 표명된 '신 푸틴 독트린'은 현재까지의 대외정책을 계승하면서도 새로운 방향성과 기조를 천명하고 있다. 이미 세계는 다극질서로 대체되고 있으며, 러시아는 그 질서의 중요 축을 담당하고 있다. 미국과 서방이 그들의 가치기준을 내세우며 러시아의 내정에 간섭하거나, 러시아의 핵심적 이익이 걸려있는 지역으로의 팽창은 용납할 수 없음을 분명히 밝힌다. 그러면서도 러시아는 국가주권에 입각한 국제법 원칙, 내정불간섭 원칙, 국제기구를 통한 갈등의 해결원칙을 준수할 것이라 강조한다. 아울러 '신동방정책'이 유럽과 등을 진 채, 아시아에 치중하는 것은 결코 아니라며, 서방과 대화의 창은 언제든지 열려 있음을 역설한다.

2016년 '대외정책개념'은 종전보다 빨리 세 번째로 개정되었다. 이 개념의 기본틀은 과거와 유사하지만, '세계 영향력 있는 중심들 중의 하나로서 러시아의 지위 공고화'를 추가로 규정되어 있다. 날로 복잡해지는 국제관계 구조 속에서 새로운 중심들이 보여주는 문명적 경쟁이 세계질서를 불안하게 해서는 안 된다. 세계경제의 변화에서 성장속도의 지체와 시장의 변동성, 경쟁적인 관세장벽 등이 경쟁을 첨예화시킨다. 날로 과격해지는 국제 테러리즘의 위협에 대처하기 위해 '광범위한 국제적 반테러연합' 건설이 필요하다. 또한 국제안보 환경의 변화에 따라 러시아의 군사력 사용의 정당성은 보장되어야 함을 강조하고 있다. 이상에서 보듯이 푸틴의 외교개념은 훨씬 더 구체적이고 정교하게 실천 강령을 보완하고 있는 실정이다.

2) 지역별 외교정책

21세기에 벌어진 국제적 사건을 통해, 우선 영원한 맞상대인 미국과의 관계를 살펴보자. 푸틴 집권의 초기 2001년 9.11사태는 양국관계를 돈독하게 만들어주었다. 체첸 테러리스트에 강공책을 펴고 있던 푸틴으로서는 '동병상련'이 작용하면서 공식적인 무력사용을 재가 받은 것이다. 하지만 밀월관계는 오래 지속되지 못하였다. 미국은 동유럽 지역에 무리하게 MD시스템을 구축하고, CIS 국가들의 '색깔혁명'을 노골적으로 지지하였다. 물론 러시아를 향해 직격탄을 날린 것은 아니지만, 그 화살촉은 러시아를 향하고 있었다.

2006년 미부통령 체니의 빌뉴스 연설은 러시아-우크라이나의 가스관 논쟁에 대해 일침을 가하였다. 크레믈리는 협박과 위협을 통해, 영토적 위상을 침해하고 민주주의 절차를 간섭한다고 비방한 것이다. 다음해 푸틴은 안보정책회의의 뮌헨성명에서 미국의 비정상적 국제행동을 비난한다. 일국이 다른 주권국에 지시를 해서는 안 되며, 국제적 제재는 유엔을 통해서만 해야 할 것이라고 반기를 든 것이다. 메드베데프가 재임하는 동안 '리셋 버튼'을 기대했지만 반전의 기회는 없었다. 오히려 푸틴이 재집권 하면서 시리아 내전을 두고 양국의 긴장은 고조되었다. 미국이 화학무기를 사용한 군사행동을 시도하지만(2013), 러시아의 저지 때문에 물러서고 양국 군대는 적이 되어 싸웠다. 특히 우크라이나 사태(2014)를 두고 양국은 첨예한 대립을 보이고 있다. 미국의 내정간섭과 인권문제 제기에 불만을 토로하는 러시아 정부이지만, 협조가 필요한 분야에서는 지속적인 관계 개선을 유지하고 있다.[19]

다음은 대 유럽 외교정책이다. 지리적, 역사 문화적으로 가장 근접한 위치에 있는 양자는 비교적 원만한 관계를 유지하고 있다. 특히 주권국가 연합체인 EU는 러시아 최고의 경제 파트너이자,[20] 다방향 세계를 기반으

19) 양국의 갈등은 CIA의 민간사찰(2013년 8월 스노우든 망명 허용 사건), 트럼프 선거전 개입과 같은 비군사적인 분야까지 확대되고 있지만, 아프가니스탄 문제의 협동작전, 비자발급 요건 완화, 군비통제 회담 등은 적극적으로 협조하고 있다.

20) 러시아-EU 관계는 석유수출의 80%, 가스 70%, 석탄 50%를 차지하고 있으며, 외국인 직접투자의 3/4이 EU국가들이다.

EU–러시아 정상회담

로 하는 외교정책의 포괄적 원칙과도 일치하고 있다. 특히 에너지 협력 사안은 양자간 관계 조망의 유용한 프리즘이 되고 있다. 정치적 변수에 따라 가격협상이 이뤄지기 때문이다. 하지만 러-EU 정상회담은 그다지 생산성이 높지 못하고 오히려 전략적 불편함이 노정된다. 오히려 네트워크 외교(독일, 프랑스)를 통한 쌍방향 관계가 더 효율적으로 작용한다. 유일하게 영국과의 관계는 다소 불편한 관계가 지속되고 있다.[21]

그 다음은 동유럽 국가들과의 외교관계이다. 이 지역은 한때 소련의 위성국가로 혈맹관계였지만, 이미 '중부유럽'으로서 그 정체성을 찾아가고 있다. 1990년대의 민족 갈등으로(코소보 사태, 세르비아 폭격 등) 많은 국가들이 체제이행기의 곤욕을 겪었다. 자유주의와 공산주의 노선이 교차하는 가운데 경제적 실패와 그 회복도가 다양한 만큼, 경제 원조를 퍼붓는 서유럽 국가들의 영향을 많이 받는다. 특히 서방은 이 지역의 나토 가입을 차례로 진행시킴으로써,[22] 과거 러시아가 구축했던 장벽을 거꾸로 이용하고 있다. 이에 대해 러시아 국가두마는 서방이 러시아의 약화와 고립을 초래한다며 노골적으로 반대한다. 하지만 푸틴은 "러시아도 유럽 국가이자 유럽문화의 일부인 만큼, 나토는 적이 아니라 평화를 위한 동반자 관계"

---

21) 최근 10년 동안 영국 사법부의 비협조적 태도는 양국의 비즈니스 관계에도 악영향을 미치고 있다. 특히 2008년 그루지야와의 전쟁 때 영국은 러시아를 규탄하고 외무장관이 그루지야 난민수용소도 방문하였다.

22) 1999년 폴란드, 체코, 헝가리를 필두로, 2004년에는 발트 3국, 슬로바키아, 슬로베니아, 2007년 EU 가입과 함께 불가리아, 루마니아, 2009년에는 크로아티아, 알바니아, 마케도니아들이 속속 가입하였다.

임을 역설하면서 유화적인 태도를 견지한다.

푸틴의 유화정책은 동유럽뿐만 아니라 **독립국가연합**(CIS)에게도 적용된다. 근린(近隣)외교의 표상이 되고 있는 이 지역은 러시아에게 지정학적 군사적으로 매우 중요한 이웃이다. 경제적 기반 설비의 유사성과 재외 러시아인을 고려할 때, 러시아는 이 지역에 대해 정치경제적 영향력을 유지 강화하려 한다. 하지만 CIS 체제 구성국들 간의 다른 목표와 정체성은 GUAM 창설에서 보다시피, 복잡한 역학관계를 내포하고 있다.[23] 2000년에 결성된 '유라시아 경제공동체'는 뉴 관세동맹(2009)으로 발전하고, '집단안보 조약기구'와 함께 경제협력과 군사동맹을 동시에 달성하려 한다.[24] 2012년에는 '유라시아연합' 설립이 주창되면서 EU에 버금가는 자유경제 구역과 화폐동맹까지 협의되고 있다.

2004년 우크라이나 오렌지 혁명

CIS의 여타 국가와 달리 러시아-우크라이나 관계는 최악의 상태에 처해 있다. 동슬라브족 형제이자 경쟁자인 양국의 갈등은 구원(舊怨)에서 비롯된다. 지면 관계상 역사적 해석은 차치하고, 21세기에 벌어진 사건만 간략히 보자. 소연방이 해체된(1991) 후, 우크라이나 정정은 친러파와 친서방파로 나누

23) 러시아에 맞서는 CIS 국가들은 '원만한 이혼'은 성사되었지만, 각자 다른 특성으로 인해 쌍방향 합의의 네트워크가 중요하게 작용한다. 그 대표적인 예로 그루지야의 남오세티아와 압하지아 공격(2008), 우크라이나 크림반도의 분쟁(2014) 등을 들 수 있다. 그 전조는 1998년에 창설된 GUAM인데, 그루지야, 우크라이나, 아르메니아, 몰다비아의 첫 글자를 딴 동맹체로서 우크라이나가 주도하면서 러시아를 견제하려는 공동체이다.

24) 유라시아 경제공동체는 러시아, 벨로루스, 카자흐스탄이 시작하여 키르키스스탄, 타지키스탄이 합세했으며, 2003년 창설된 집단안보 조약기구(CSTO)에는 아르메니아도 포함되어 있다.

어져 정치사회적 혼란이 가중되었다. 친러파 쿠츠마 대통령의 개혁 드라이브 정책이 효과를 얻지 못하자, 2004년의 대선에서는 서방의 지지를 받는 야당의 유셴코가 유리한 고지를 점하였다. 하지만 부정선거 의혹이 제기되면서 NGO와 학생단체가 나서 10월 '오렌지 혁명'을 주도하고, 재투표를(12.26.) 통해 유셴코가 승리하였다. 이로써 동서 지역주의 갈등이 첨예화되고, 러시아와의 관계는 소원해졌다.[25]

그러나 2009년 대선에서 친러파 야누코비치가 당선되면서 양국관계는 호전된다. 하지만 서방과의 경색 국면이 이어지면서 경제 난국을 해결하기 위해, EU와의 협력과 지원협상을 중단한다는 발표가 나왔다.(2013. 11.) 이에 친서방주의자들의 반정부 데모가 유로마이단 광장에서 연일 이어졌고, 서방의 압력에 따라 의회는 강경 입장을 취하였다. 정부는 시위법 처리에 의해 폭력시위로 간주했고 평화시위는 유혈사태로까지 확산되었다. 마침내 대통령 탄핵이 통과하자(2014. 2. 22.), 러시아인 주민이 60%가 넘는 크림공화국은 분리 독립을 요구하면서 주민투표를 실시하였다. 압도적 찬성이(96.6%) 선포되자, 푸틴은 즉각 양원 결의를 거쳐 크림의 합병 비준을 발표하였다.(3.17.) 이러한 전격적인 크림의 병합이 성사되자, 동부의 돈바스 지역도 주민투표를 실시하는 등, 우크라이나는 내분에 빠져들게 되었다. 이 사태를 두고 벌인 서방과 러시아의 줄다리기는 엄청난 파장을 야기하였다.

2013년 유로마이단 시위

마지막으로 아시아 국가들에 대한 러시아의 입장이다. 사회주의권 내

25) 키예프를 중심으로 동쪽은 역사-민족적으로 친 러시아적 경향, 서쪽은 역사-문화적으로 친 서방적 경향을 띠고 있기에, 국민투표에서 매번 지역적으로 표가 분리되며, 지역적 갈등은 우리나라의 지방색보다 더 심각한 상황에 처해 있다.

의 패권 장악을 위해 대립각을 세우던 중국과 러시아는 21세기 들어 매우 가까워졌다. 러시아는 중국의 발전 모델을 매력적으로 여기면서도, 제조업의 급성장으로 인한 위협적 요소도 파악하고 있다. 바로 미래의 잠재적 동맹국인 동시에 적국인 셈이다. 중국은 BRICS 중 가장 중요한 파트너로서 러시아의 무기시장이자 에너지 수요처이다. 2010년 개통된 러-중 석유 수송관은 최대 생산자와 소비자를 이어준 것이다. 메드베데프의 해외 첫 순방에 이어 2013~14년 푸틴과 시진핑의 교차방문으로 30개의 경제협의를 체결하는 등 양국은 '신밀월기'를 맞고 있다. 심지어 단순한 경제교류에서 발전하여, 상하이협력기구(SCO)를 중심으로 서방 견제용 합동 군사 작전도 수행하고 있다.[26]

북방영토 4개 도서

한편 일본과 러시아는 다소 미묘한 관계를 보이고 있다. '불가근 불가원' 원칙하에 양측은 일정한 거리를 두고 외교행보를 벌인다. 역사적으로 해석과 입장의 차이가 다른 북방영토 4개 도서를 둘러싼 분쟁이 오늘날까지도 이어지기 때문이다.[27] 러시아는 태평양-아시아 국가들과 협력기반을 구축

26) SCO는 1996년 중국 주도로 상하이에서 5개국(중국, 러시아, 카자흐스탄, 타지키스탄, 키르기스스탄)이 아프가니스탄 접경의 안보보장을 위해 모인 것이 시초이며, 2001년 정상회담에서는 우즈베키스탄도 가담하여 회원국 상호간의 신뢰와 우호증진을 위해 각 분야별로 협력관계를 구축하고 있다.

27) 쿠릴남도 4개 도서는 러일전쟁을 종료한 포츠머드 조약부터(1905) 2차 세계대전을 마무리한 샌프란시스코 조약(1951)에 이르기까지 많은 변동이 있어왔다. 최근 일본은 '북방영토 해결촉진 특별법'을 제정하여(2010.4.) 남쪽 2개만이라도 어떻게 해보려 하지만, 온건한 메드베데프조차도 그해 11월 쿠나시르 섬의 해군기지를 방문하여 세를 과시하였다.

하여 경제적, 군사안보적 차원의 공동 대응을 기약한다. 일본도 그 범주에 포함되어 있지만, 미국과의 혈맹관계인 만큼 러시아가 의도한대로 되지만은 않고 있다. 일본은 영토문제 해결이 없는 한 적극적인 경제협력도 꺼려한다. 하지만 최근 일본의 독자적 행보는 러시아에 대해 화해의 손짓을 많이 하고 있으나 아직 실효성은 떨어지고 있다.[28]

한반도에 대한 러시아의 정책은 철저히 '등거리 외교'를 하고 있다. 한-러관계의 변천사를 보더라도 남한은 경제적 전략적으로 중요한 지역이고, 통일문제에 대해서는 철저히 중립정책을 유지하고 있다. 북한은 안보적 지정학적인 중요성을 가지고 있기에 전략적으로 보조를 맞추면서, 북핵문제에서 배제되지 않기 위해 6자회담을 강조한다. 러시아에게 있어 한반도는 아태지역으로의 진출을 위한 교두보이다. 또한 시베리아-극동지역 개발 프로그램의 실행 여부에 주요 변수로 작용하고 있다. 더 나아가 아태지역 다자기구에 참여하여, 투명하고 동등한 안보협력 시스템을 구축해야만 이 지역에서의 주도권 확보가 가능할 것이다.

[과제 & 토론]

1. 최근 3년간 일어난 러시아의 정치적 행위와 그에 대한 평가를 조사, 발표하시오.
2. 국가주의로의 회귀가 국민복지 증진에 도움될 것인가?
3. 현재 시점에서 러시아 대외정책의 실상과 국제무대에서의 위상이 어떠한가?

V

러시아 정교회

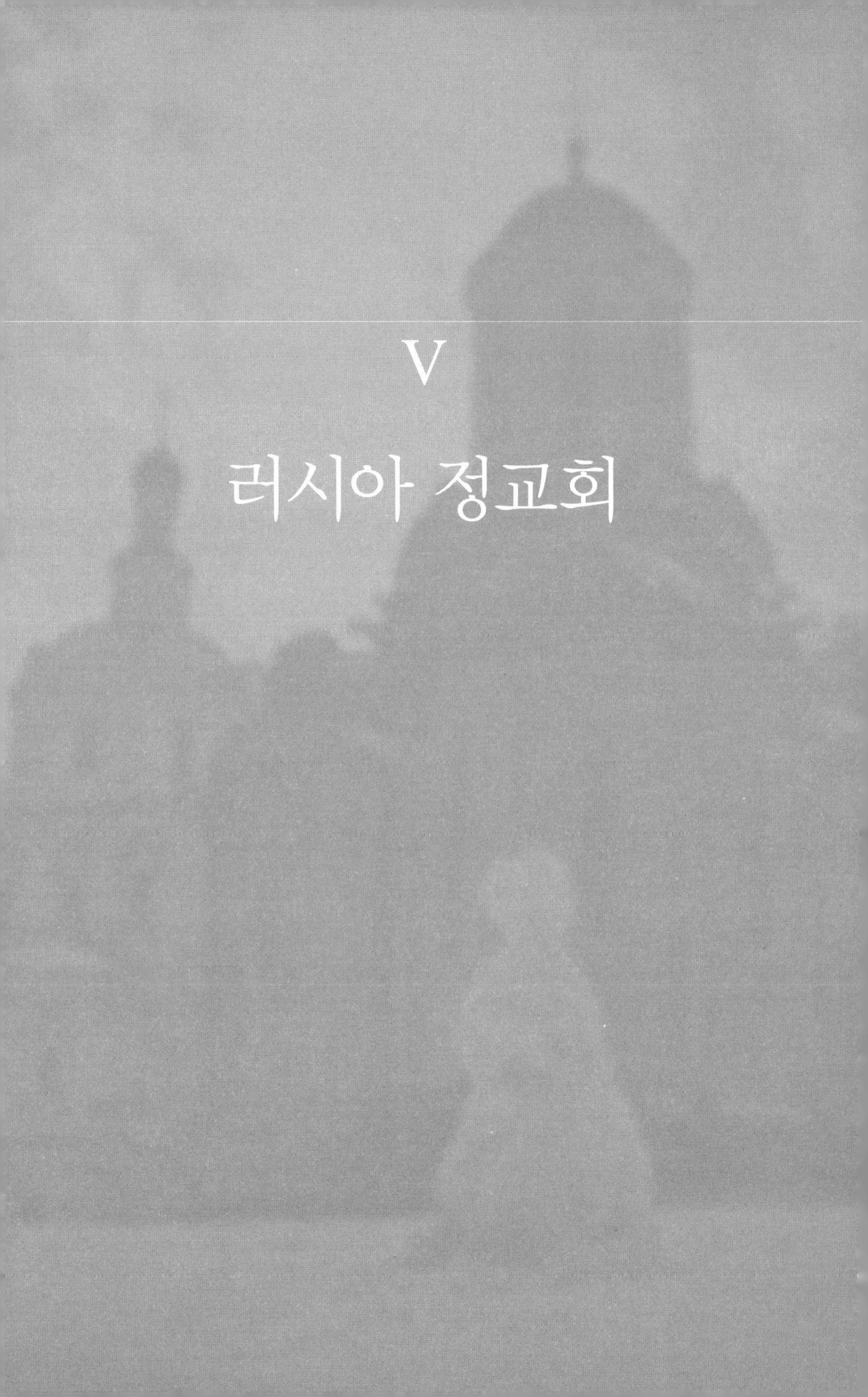

1. 기독교 수용

1) 수용의 배경

이교도 최고의 신 페룬

기독교를 수용하기 이전 동슬라브족은 자연신, 애니미즘, 조상신들을 모시는 다신교 민족이었다. 특히 천둥과 번개의 신 페룬(雷神)은 특별한 숭상을 받았다. 주로 머리가 은발이고 황금색 수염을 붙인 나무로 된 페룬 신을 섬기기 위해 『원초연대기』에는 소년이나 소녀를 산 제물로 바쳤다고 기록되어 있다. 그러나 이들의 이교 신앙에는 정교한 조직이나 제도적 발전이 없었다. 조직화된 사제계급이나 제대로 모습을 갖춘 사원도 없던 루시인들로서는 큰 갈등 없이 기독교를 국교로 채택할 수 있었던 것이다.

키예프 루시의 기독교 수용은 광범위한 역사적 배경과 맞물려 있다. 10세기에 이르면 유럽 도처에서 이교는 사양길에 접어들고 폴란드, 덴마크, 노르웨이, 헝가리 왕들이 이미 지난 세기에 모두 기독교로 개종하였다. 상업국가로서 중계무역에 종사하고 있던 키예프 루시의 공후 블라디미르(980~1015)는 주위의 기독교 국가들을 의식하지 않을 수 없었다. 국가의 위상을 높이고 야만족이란 오명을 씻어버리기 위해서는 이교도에서 탈피해야 할 필요가 있었다. 또한 국제세력 판도에서 다른 세력과의 규합이 필요할 때 종교적 불일치가 가져오는 불리함도 대두되었다. 블라디미르는 자신의 정치적 또는 상업상의 야심을 채우기 위해서는 주변국의 본을 따르는 것이 유리함을 느끼고 있었던 것이다.

국제적 위신을 획득해야 한다는 대외적 차원 외에 루시 민족의 대내적 단결을 위해서도 국교는 필요하였다. 바랴그족의 무사집단과 농경민족인 슬라브족간의 지배-피지배 관계는 보호와 조공이란 상호보완의 정치적 관계에만 머무를 수 없었다. 보다 긴밀한 정신적 유대관계를 통한 국가적 통합이 요구되었던 것이다. 또한 공후 가문내의 결속을 다지기 위해서도 통일된 종교가 필요하였다. 이는 바랴그족의 형제상속 전통을 이어받은 지배층간의 불화를 없애주고 형제애를 고취시키려는 목적이었다고 볼 수 있다.

블라디미르 공후가 기독교를 택한 데에는 그의 할머니 올가(945~964)의 영향도 있었다. 드레블랸 족에게 공물을 거두다 죽임을 당한 남편 이고리 공의 원수를 처절하게 갚은 올가 여공은 콘스탄티노플을 방문하면서 개인적으로 기독교로 개종한 것이다. 물론 그녀의 개종이 이교도 루시 인에게 영향을 미쳤다거나 손자를 교화시킨 흔적은 어디에도 없다. 그러나 블라디미르가 기독교의 그늘 속에서 성장하였음은 짐작할 수 있다. 어쨌든 문화적 교차로에 놓여 있던 키예프는 동방의 이슬람교나 유태교가 아니라, 서방의 기독교를 수용함으로써 기독교 문화의 동쪽 날개가 되었던 것이다.

성 블라디미르 대공

2) 세례 과정

루시가 세례를 받게 된 과정은 먼저 블라디미르 대공이 기독교, 이슬람교, 유대교 중에서 기독교를 선택한 데에서 비롯되었다. 이교도였던 키예프 공후에게 주변국의 불가리아인, 프랑크인, 유태인, 비잔틴 인들이 자신들의 종교를 전수하기 위해 루시로 들어와 권유했을 때, 대공이 그 설명을 열심히 들었다는 기록은 그가 그들의 다신교를 단념할 용의를 충분히 갖고 있었다고 볼 수 있다.

흑해 북부에서 중앙아시아에 걸쳐 퍼져 있던 불가리아인의 이슬람교는 술을 금하기 때문에 음주를 좋아하던 루시 인들에게 맞지 않았다. 로마 총교구에서 파견된 프랑크인은 자신들의 기독교(가톨릭) 교리를 산뜻하게 설명했지만 블라디미르는 따분하기만 했다. 유태교의 설명을 들은 블라디미르는 신에 의해 이 땅에서 버림받은 것 같은 사람들의 신앙을 받아들일 수는 없다고 생각하였다. 마지막으로 대공을 알현한 콘스탄티노플의 사신은 사후세계에 관한 얘기를 들려주면서 관심을 끌었다.[1] 그러나 블라디미르는 종교를 선택하는 데 신중하였기에 주변국 사신들의 말만 듣지는 않았다. 그는 각 나라에서 신을 어떻게 모시고 기도하는가를 알아보기 위해 각 지역으로 **사절단**을 파견하였다.

각지를 방문한 사절단에게 가장 인상 깊었던 곳은 콘스탄티노플의 성 마리아 성당에서 거행된 예배였다. 비잔틴 인들이 루시의 사절단을 위해

1) 비잔틴 정교의 사신은 창세기부터 그리스도 시대까지 인간의 구원에 대해 시종 설명하고 최후의 심판이 그려진 그림을 보여 주었다. 거기에는 그리스도를 중심으로 우측에는 신의 나라로 들어간 자들의 행복한 모습이 있었고, 좌측에는 지옥에 떨어진 자들의 일그러진 형상이 그려져 있었다. 사신은 블라디미르에게 세례를 받아 우측에 들어갈 수 있도록 하라고 권유하였다. 다른 종교의 대표자들이 설명하지 않았던 종말에 관한 얘기는 블라디미르의 관심을 충분히 끌었고, 러시아인들의 종말론에 대한 관심이 후세에 갈수록 지대했음은 이와 결코 무관하지 않다.

콘스탄티노플의 정교 성당

특별 미사를 올리기도 전에 사절단은 돔 식의 웅장한 지붕과 기둥이 하나도 없는 마리아 성당의 장대한 모습에 놀랄 뿐이었다. 하늘나라를 구체화시켰던 이 성당의 모습을 비롯하여 여기서 행해지는 훌륭한 성가와 기도의식 및 성상 등은 전성기 비잔틴의 건축과 미술, 음악과 문학의 결정판이었다. 예배에 사용되는 금이나 은으로 된 장식물, 벽면 가득히 메운 모자이크와 이콘(聖畵像), 엄청난 수량의 촛대에서 나오는 은은한 빛 속에서 진행되는 의식은 가히 보는 이들을 압도시키고도 남을 정도였다. 향이 피워지고 성가가 울리며 엄숙한 예배가 진행되는 가운데, 초대된 사절단의 감흥은 블라디미르 대공에게 천국에 다녀온 것으로 전달되었다.

블라디미르가 사절단의 말에 깊이 감동했음은 물론이지만, 직접 세례를 받게 된 계기는 그 후 988년 크림 반도를 원정했을 때였다. 비잔틴 황제는 자신의 자리를 엿보던 자들과 대항하기 위하여, 당시 오카 강의 하류에서부터 카르파트 산맥, 드네프르 강까지 세력을 확장시키고 있던 블라디미르에게 자신을 도와준다면 누이를 아내로 주겠다고 약속한 바 있었다. 비잔틴 제국과 혼약을 맺는다는 것은 더없는 영광이었기에 블라디미르는 기꺼이 원군을 파병하였다. 그 덕분에 황제는 정적들을 물리치고 평화를 찾았지만, 막상 누이를 이국땅에 보내려 하니 내키지 않았다. 황실내에 그런 전례가 없었을 뿐만 아니라, 누이인 안나도 시집갈 마음이 없다고 하여 약속을 지키지 않았던 것이다.

그러자 블라디미르는 보복 조치로서 비잔틴 제국의 크림 반도 관구를 원정하기에 이르렀다. 크림의 켈손 마을이 점령당했다는 소식을 접한 비잔틴 황제는 이교도에게 누이를 시집보낼 수 없으니 먼저 세례를 받으라고 전하였다. 블라디미르는 안나를 곧장 보내준다면 세례를 받겠노라고 응답하였다. 황제는 할 수 없이 안나를 설득하여 신부와 함께 크림으로 사절단을 보냈다.

연대기에는 블라디미르가 안나를 기다리는 동안 눈병에 걸려 눈이 보이지 않았다고 기록하여, 이 일을 신의 뜻이라고 표현했다. 우여곡절 끝에 자신의 곁으로 온 아내를 볼 수 없었던 블라디미르 대공은 몹시 낙담하였지만, "세례를 받으면 속히 나을 것"이라는 안나의 말에 따라 블라디미르는 마을 중심의 시장에 있던 성당에서 켈손의 주교로부터 세례를 받았다. 그랬더니 눈병은 씻은 듯이 나았고, 이를 본 측근 사람들은 매우 감동하여 자신들도 세례 받고 싶다고 청원하였다. 세례를 받음으로써 말 그대로 '눈을 뜬(開眼)' 블라디미르는 켈손 성당에 있던 성상과 성물(聖物)들을 가지고 키예프로 돌아왔다.

키예프 사람들은 비잔틴 제국의 황녀를 데리고 온 블라디미르를 환영하면서 지금까지의 관습들을 내버려도 좋다고 표하였다. 이에 대공은 산 사람을 제물로 바치던 페룬이 우상을 드네프르 강에 던져버리고, 자신이 거느리던 많은 아내와 첩들을 해방시켜 주었다. 키예프 인들은 명령을 받을 필요도 없이 자신들의 대공이 좋다고 판단한 것이기 때문에 믿음이 있었다. 그래서 그들은 자발적으로 드네프르 강에 뛰어들어 켈손에서 온 주교나 신부들로부터 세례를 받았다. 곧 이어 루시 땅 각지의 마을 사람들도 세례를 받고 교회를 세우기 시작했다.

블라디미르의 세례는 그의 행동을 근본적으로 변화시켰다. 음식과 술을 좋아하던 호전적인 대공은 절제와 자기 통제를 통해 인생의 새로운 즐거움을 발견하였다. 그는 강력하고 관대한 기질로 고아와 가난한 자, 병자들을 도우면서 배고픈 자와 고통 받는 자들을 위해 궁정의 문을 열어 놓았다. 뿐만 아니라 노인과 병자를 위한 수용소를 세웠고, 생명의 고귀함을 깨닫고 죄인에 대한 사형제를 폐지시켰다. 또 포교와 성직자 양성을 위해 대공은 젊은이들을 모아 공부시켰다. 연대기에는 어머니들이 아이를 울면서 보냈다고 하는 기록이 있으니 아마 대공은 젊은이들을 크림 반도의 주교구에 학습하러 보낸 것으로 추측할 수 있다. 안나를 아내(公妃)로 맞이한 블라디미르 대공은 그 예우로 크림 반도를 돌려주고 비잔틴과 동맹 관계도 맺었다.

2. 러시아 정교의 특성

1) 비잔틴과의 관계

비잔틴 제국과 러시아는 블라디미르 대공과 루시 인들의 세례에 의해 시작된 계약 덕분에 암묵적인 부자(父子)관계로 바뀌었다. 이는 서로의 관계를 단순한 역학관계로 이해해서는 안된다는 것을 의미한다. 블라디미르는 세례 받을 때 비잔틴 황제와 같은 세례명인 바실리우스로 명명되었다. 통치자간의 부자관계는 교회관계에도 그대로 옮겨졌다. 콘스탄티노플의 교회관구와 루시의 세례에 의해 생긴 교회관구의 관계도 후자가 전자에 단순히 속해 있는 것이 아니다. 기독교 전통을 따르는 **모녀관계**로 볼 수 있었던 것이다.

물론 천년 이상의 역사 전통을 가진 비잔틴과 이제 막 탄생한 루시가 전적으로 동등한 관계를 유지할 수는 없었다. 정치·외교 면에서 주종 관계를 크게 강조한 사례도 있지만 대개의 경우 부자 관계는 지속되었다. 비잔틴 제국이 외교적 종속 관계나 정치기구를 강요하지 않은 이유는 우선 양자 간의 정신성이나 문화적인 교류를 중시했다는 점이다. 또 지리적으로 떨어져 있다는 점도 정치나 외교 면에서 비잔틴 제국으로부터의 압력을 완화시킬 수 있었다. 그러나 중요한 점은 비잔틴 제국이 정신적인 부자 관계를 인정하여 정치적으로 주종 관계를 일방적으로 강요하지 않았다는 것이다. 그것은 비잔틴 제국이 당사자끼리의 의사를 존중하고 합의

하에 행정이나 외교정책을 실행한다고 하는 전통적인 기독교적 시너지 개념[2]에 기초한 정치 이념을 갖고 있었기 때문이다.

이교도 루시가 성스러운 루시로 전환한 것은 그들의 선하고 아름다운 감수성이 유일신과 교제할 수 있는 매체가 되기 시작했음을 의미한다. 그래서 때로는 번개신 페룬이 구약성서의 예언자 일리야로 변한 것처럼 보이기도 한다. 교리상 정교는 성서를 배우고 해석하여 신앙에 이르게 되면 착한 것이고, 과거에 사람들이 전통으로 계승해온 것을 기독교와 관련 없다고 하여 버리라고 하는 비현실적인 입장이 아니다. 지적으로 금욕적인 기독교의 이미지는 전혀 본래의 것이 아니다. 러시아가 수용한 정교에서 배움이란 단순히 머리로만 익히는 것이 아니라, 마음과 몸을 포함한 총체적인 행위이다.

비잔틴 정교의 성화상

문제는 사느냐, 죽느냐가 아니라 죽은 것을 어떻게 부활시켜 놓는가에 있었다. 사람의 욕심에 관해 말하자면, 누구라도 할 수 없을 것 같은 양자택일의 금욕을 설교하는 것이 아니다. 세상만사 중에서 선한 것을 발견해냄으로써 욕심으로부터 해방될 수 있다고 설교하는 것이다. 이를 위해 정교는 욕심으로부터 해방되고 선을 발견하기 위한 장소를 교회에서 찾았다. 정교회의 벽면을 덮은 모자이크나 프레스코[3] 이콘의 역할 역시 선을 추구하기 위한 것이었다. 교회 내부를

2) 시너지(合意) 개념에 따르면, 서로 납득되지 않을 경우 주종관계에 있어도 합의에 달할 때까지 갈등이 지속된다. 대신 양자가 부자관계에 있다면 갈등 속에서도 서로에 대한 애정과 존경이 요구됨에 따라, 자식은 어버이로부터 배우는 것을 잊지 않고 어버이는 자식에게 가르치기를 계속한다.

3) 모자이크는 나무, 돌, 색유리 따위의 조각을 붙여서 모양이나 그림을 이룬 건물이나 기구의 장식이고, 프레스코는 벽이나 천장 따위에 칠한 회반죽이 마르기 전에 그린 수채화를 뜻한다.

장식한 이콘의 제작기술도 비잔틴으로부터 전수되었다. 신앙의 전달은 생활의 전달과 같다고 간주하여 일상 모두가 이를 위해 이용되고 건축술이나 미술도 그 전달과정에 포함되었다. 물론 이때 교회 달력에 따라 행해지는 연중 예배의식도 그대로 전수되었으며, 예배 때 필수품인 여러 성경책들도 키릴 문자를 통해 많이 번역되었다.[4]

비잔틴이라고 하는 어버이는 루시라고 하는 충실한 자식에게 가진 것을 모두 주었지만, 하나만은 주지 않았다. 그것은 비잔틴 제국 사람들이 고대로부터 계승해온 살아 있는 그리스 고전이라는 보물이었다. 줄 기회가 없었다고 할 수도 있지만, 비잔틴 측에서는 줄 마음이 없었으며, 루시 역시 그것을 요구하지도 않았다.

유럽인들이 이슬람-아랍으로부터 북아프리카를 경유하여 간접적으로 수입한 그리스 고전을 루시 인은 왜 직접 비잔틴으로부터 전수받지 않았을까? 우선 루시가 비잔틴과 교류하면서도 그리스어 독해 공부에 신경 쓰지 않았음을 들 수 있다. 루시가 세례를 받으면서 비잔틴과의 왕래가 잦아졌는데도 그리스 고전을 읽어야겠다는 생각은 하지 않았다. 생각이 있었다 하더라도 사전이 없던 당시로서는 감히 고전을 읽을 용기가 생기지 않았을 것이다. 그래서 그리스에 관한 내용은 번역되어 있는 책들(精神書)로 만족해야 했고, 그리스어 습득은 의사 전달 수준의 구어체에 그치고 말았던 것이다.

이보다 더 근원적인 것은 비잔틴 제국내의 지성과 정신성간의 문제에서 비롯된다. 비잔틴 제국 안에서는 그리스 고전 사상이 주축이 된 지성의 영역은 '외적 지혜', 수도 정신을 중시하는 신학 사상 영역은 '내적 지혜'라고 각각 불렸다. 두 영역 간에는 분명한 경계가 있었다. 유럽이 그리

4) 키릴 문자가 언제 보급되었는지 정확한 연대는 알 수 없으나 기독교가 공인화되기(988) 이전부터 교회슬라브어의 불가리아형 키릴 문자로 번역된 외경들이 루시 땅에 퍼져 있었기에 루시인들이 성경을 접하는 것이 생소한 일은 아니었다.

스 고전과 만났을 때, 철학이 대표하는 지성과 신학이 대표하는 정신성을 혼합하는 일은 생각할 수 없었다. '외적 지혜'는 비잔틴의 큰 자랑거리로서, 그리스 고전에 대한 이해도가 사람의 교양을 측정하는 지표가 되기도 했다. 사회적 지위가 높을수록 수준 높은 교양이 요구되었고 이는 고전의 소양과 직결되었다.

그러나 비잔틴 인들은 궁극적으로 인간이 필요로 하는 것은 '외적 지혜'가 아니라, '내적 지혜'라 불리는 정신성이라 여겼다. 이런 연유로 비잔틴 제국은 그리스 고전의 루시 소개를 의도적으로 피하였다 하겠다. 새로운 민족이 커가는 데 정신성 확립이 최우선이라고 비잔틴 지식인들은 생각했기 때문이다. 그래서 키릴 문자가 전수되면서 번역된 서적들도 그리스 정교의 정신성을 가르치는 데 일관했던 것이다. 덕분에 고대러시아 정교회 신부들은 글을 읽지도 못하면서 민중을 교화할 수 있었다.

2) 러시아적 특징

러시아 정교회의 예배모습

기독교에 관한 러시아인들의 태도는 비잔틴보다는 덜 철학적이고, 라틴보다는 덜 제도적이다. 키예프 공국의 성격상 정치적 필요에 의해 수용된 종교인만큼, 러시아 정교에서 지적·문화적 진보는 지연되고, 의식의 화려함과 장중함에 치우친 감동적 요소가 강조되었다. 원래부터 루시 인들은 자연의 아름다움, 인간의 용기나 사랑, 음악과 예술 등에 아주 자연스럽게 감동(умиление)을 잘 하는 민족이었다. 아름다움을 접할 때 우밀레니예를 느끼지 못하면, 산송장으로 취급받던 그들로서는 비잔틴 교회 의식의 장중·화려함에 매료될 수밖에 없었다.

종교적 논쟁보다 감정적인 성정(性情)에 신앙의 초점을 맞춘 루시 인은 비잔틴의 교회의식을 그대로 전해 받았다. 예수의 탄생, 사망, 부활과 같은 중요한 사건들이 서유럽과 비교가 안 될 정도로 강조된 그리스 정교의 의식미는 루시 땅에 들어오면서 더욱 극적으로 변하였다. 교회는 이름만 신의 집이 아니라, 실제로 신이 거하시는 장소로 신성시 되었다. 의식 중에는 악기를 사용하지 않고 신이 부여한 가장 아름다운 소리인 인간의 목소리만으로 음악이 표현된다. 의자도 없고 신자들은 예배시간 내내 서있다.[5]

루시 인은 비잔틴의 이콘을 더욱 발전시켰다. 서유럽 사람들의 눈으로 보면, 예수나 마리아, 성인들의 그림을 중시하는 것이 우상숭배로 보였지만, 정교인의 관점에서는 이콘을 숭배한 것이 아니라 공경한 것이었다. 이들은 이콘을 통해 참된 숭배의 길을 걸어 신에게 다가갈 수 있는 것으로 생각하였다. 특히 루시 인들에게 있어 이콘은 글을 모르는 무지한 농민들을 포교하고 신앙심을 길러주는 하나의 수단이기도 했다. 그랬기에 루시의 이콘은 비잔틴 것보다 더 인간적인 얼굴을 하고 있으며, 세월이 조금 지나면서 의상도 농민들이 입고 있는 일상복의 모습을 많이 찾아볼 수 있다.

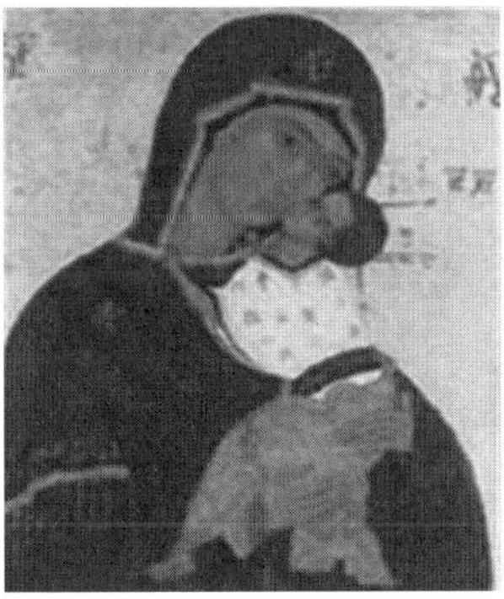
블라디미르 성모상

이러한 측면은 기독교 진리에 새롭고도 깊은 통찰력을 담아 주었다. 비잔틴 의식대로 기독교를 수용한 루시 인은 곧 그들 나름의 독자적인 방식에 따라 기독교를 해석하기 시작하였다. 비잔틴 사람들이 예수의 신

5) 보통 하느님을 숭배하는 마음에서, 또는 십자가에 못 박혀 죽은 예수의 아픔을 기리는 뜻에서 신자들은 몇 시간씩이나 선 채로 예배를 거행한다. 다른 기독교에 비해 성직자의 역할이 미미한 반면 평신도들이 종교 의식을 주도하고 있다.

성(神性)을 중시한 반면, 루시 인은 예수의 인성(人性), 즉 신성포기적 측면을 강조하였다.[6] 인간으로서의 예수가 가진 청빈, 사랑, 다정다감, 연민을 본받는 게 바로 구원에 이르는 길이라고 인식했던 것이다.이는 곧 천국과 지상의 지배자인 하느님보다 기독교 안의 자기비하적 요소, 즉 겸허한 예수의 성품과 희생에 대한 믿음이 더 컸음을 의미하였다.

정교회 앞의 토템이즘

러시아 정신계의 또 다른 특징은 자연에 대한 강렬한 사랑이다. 천지창조를 이룬 신에 대한 경배는 모든 기독교인에게 공통된 사항이지만 루시 인은 자연 속에서 신의 사랑에 대한 특별한 증거를 발견하였다. 이러한 신에 대한 찬미와 더불어 기독교의 여러 측면을 일찍 깨달았던 상류층과 달리 농민들은 여전히 민간신앙에 머물러 있었다. 이른바 이중신앙 형태가 오래 동안 지속된 것이다. 루시의 개종은 극적으로 비교적 고통 없이 이루어졌다. 하지만 기독교는 인민들에 대해 표면적인 지배력밖에 지니지 못했다. 인민들은 자신의 진정한 신념과 일상의 관습에서는 여전히 이교도로 남아 있으면서, 이전의 미신들을 기독교 속에 흡수시켰던 것이다.

6) 러시아 정교의 신성포기적 측면을 몸소 실천에 옮긴 대표적 인물이 러시아 최초의 수도원장 성 테오도시우스이다. 그는 귀족 출신으로 재산도 많은 청년이었지만 자기의 모든 특권을 팽개치고 남루한 농민의 옷을 입고 노동의 길을 택하였다. 그 후 그는 키예프의 동굴수도원에 가서 불쌍하고 가난한 사람을 돌보면서 허약한 수도사를 대신해 중노동도 마다하지 않았다. 수도원장으로서 그는 동료 수도사들의 정진생활을 돕고 참된 겸양과 하해 같은 부드러움을 몸소 실천하였다. "너희 가운데 우두머리가 되고자 하는 자는 하인이 되라"고 한 예수의 겸양을 본받아 그는 언제나 맨 아랫자리에 앉았다. 테오도시우스는 평생 청빈생활을 통해 쉴 새 없이 노동하고 학대를 기꺼이 인내하면서 금욕주의의 길을 걸었던 것이다.

러시아 정교를 서방의 가톨릭이나 개신교와 완전히 구분 짓는 것은 소보르노스찌(соборность) 개념이다. 19C 전반 대표적인 슬라브주의자였던 호먀코프는 교회생활에 있어 '자유와 통일'이란 결합하기 어려운 두 원리를 연구하면서 이 개념을 만들어냈다. "권위 만능의 가톨릭에는 통일은 있으나 자유가 없으며, 개신교는 통일 없는 자유만이 있다."고 말한 그는 러시아 정교만이 진정한 자유 속에 통일을 지향하는 것으로 파악하였다. 신과 신인(神人)인 예수 그리스도, 그리고 신의 진리를 공통적으로 사랑한다는 기초 위에서 많은 사람들이 통일되는 것이 바로 '소보르노스찌'의 의미이다.

한편 러시아 정교에는 종말론적 성격이 강하게 나타난다. 세기말 러시아의 유명한 사상가 베르쟈예프는 러시아인에 대한 자신의 견해를 밝히는 글에서, "러시아인들은 문화의 중간 영역에 관심이 없으며, 러시아의 사상은 화려하게 꽃핀 문화나 강력한 국가에 대한 사상이 아니고, 종말론적인 신의 나라에 대한 사상이다."고 표현하였다.[7] 러시아 정교가 종말론과 신의 왕국, 즉 초지상적인 절대선을 지향하고 있다고 이해한 베르쟈예프의 견해는 올바른 것이다. 정교의 이러한 성격은 연중 교회생활 속에 선명하게 표현되는데, 모든 행사 중에 부활절을 가장 성대하게 치른다. 그것은 바로 죽음을 이기고 신의 왕국에서 새로운 생명을 얻은 그리스도를 찬미하기 때문이다.

러시아 교회의 지붕이 돔형인 것은 처음부터 비잔틴 제국의 건축양식을 도입했기 때문이다. 최초에는 비잔틴 성당의 지붕과 다를 바 없었지만, 꽤 일찍부터 북쪽 교회들이 양파 모양을 나타내기 시작하였다. 눈이 많은

---

7) 그에 따르면 러시아 정교는 문화를 정당화하지 않으며, 인간이 이 세상에서 창조한 모든 것들에 대하여 허무주의적인 반응을 보이게 되었다. 따라서 정교는 기독교의 다른 어떤 것보다 종말론적 측면이 강하게 표현되어 있고, 러시아인들은 묵시론자들 아니면 허무주의자들이다.

러시아의 어니언-돔 교회지붕

나라임을 고려해볼 때, 적설량의 무게로부터 돔을 보호하려는 목적으로 모양을 완곡하게 만들었다고도 할 수 있다. 이런 맥락에서 어니언-돔 모양은 이슬람 사원의 지붕과도 다르며, 몽고족의 텐트 지붕 모양을 본 따 변형되었다고 하는 설도 설득력이 부족하다.

속세를 떠나 이러한 절대가치를 지향한 러시아인들로서는 정부의 온갖 탄압과 박해도 참아낼 수 있었다. "오늘은 아니지만 내일이 오면 신이 우리를 불러 주실 것"으로 믿었던 러시아인들의 생각은 성직자들의 국가-교회 관에도 그대로 나타났다. 일반적으로 동방교회는 비잔틴의 전통에 따라 '황제교황주의 Caesaropapism' 속성에 따르고 있다. 교회와 국가 간의 엄격한 분리가 없던 비잔틴으로서는 황제가 종교회의를 소집하고 결의사항을 실행할 의무가 있었다.[8] 그러나 러시아의 교회는 엄연한 독립기구로서 국가와 상호 긴밀한 협조관계를 통해 공존해 왔다. 따라서 교권은 속권을 넘보지 않았으며 국가는 교회를 보호해 주는 차원에서 장악할 수 있었다. 이는 다음에 나오는 교회의 발전과정에서 쉽게 알 수 있을 것이다.

8) 엄밀히 말하자면 비잔틴조차도 종교적인 내용을 지시하는 것은 황제의 권한 밖의 일이었음을 볼 때 교회가 국가에 '종속'된 것은 아니다. 즉 황제교황주의란 교회와 국가의 '통제자'로서 황제가 종교적인 사항에 대한 감독권을 행사하는 것으로 이해되어야 할 것이다.

3. 정교회의 발전과정

1) 초기 교회

성스러운 루시는 세례를 받은 뒤 곧 키예프를 비롯한 각지에 교회를 세우기 시작하였다. 빠른 속도로 전파된 교회건립과 예배의식은 루시 문화와 향후 역사에 많은 영향을 미치게 되었다. 비잔틴 제국뿐만 아니라 인접한 그루지야 등으로부터도 교회 건축을 위한 기술자들이 초빙되어 천년 가까이 축적된 기술들을 아낌없이 발휘하였다. 성경 번역을 위해 사용된 키릴 문자의 보급은 문맹을 깨치고 야만적인 관습을 교화시키는 역할을 다하였다. 교회법 또한 교회와 관련된 사람들은 물론 일반 민중들에게도 도덕과 종교적 계율의 지침을 정해 주었다. 교회는 종교적 기능 외에 자선과 병자 치료, 여행자들에게 숙박을 제공해주는 등 사회적 기능도 발휘하였다.

초기의 목조교회

반면 그리스 정교를 수용함으로써 서방의 발달한 가톨릭 문화와 단절되는 결과도 가져 왔다. 라틴어를 강제로 사용했던 서방교회와 달리 각 지방어를 허용한 동방교회의 속성상, 러시아 교회도 슬라브어를 사용함으로써 그리스의 고전문화를 접하지 못했던 것이다. 그러나 한편으로는 이러한 단절이 러시아의 독창적 문화를 빨리 창달하는 데 기여하기도 했다. 정교회의 원심적 특성에 따라 러시아 교회도 그리스 정교회로부터 독립할 준비를 하였다.

타타르족에 의해 키예프가 멸망한 뒤 모녀지간이었던 양국의 교회 관계도 바뀌었다. 콘스탄티노플의 총주교(патриарх)가 임명하고 러시아를 관장하던 대주교(митрополит)가 그리스인에서 러시아인으로 바뀐 것이 바로 이 때였다. 이는 폐허가 된 루시 땅으로 가려는 그리스인 성직자가 없었기 때문이다.[9] 러시아 성직자들은 몽고로부터 유일하게 면세 혜택과 함께 신분상의 보호를 받고 있었다. 그들은 민족단결을 위해 활동하던 공후들을 지원해 주면서 러시아 교회가 민족 부흥의 중심지로 되게끔 했다.

러시아 교회가 독립적이며 자치적인 교회로 그 위상을 확립해 나간 것은 1448년부터였다. 1439년 플로렌스 종교회의에서 그리스 정교회 성직자들이 투르크의 위협을 고려하여 로마의 지원을 받고자 가톨릭과 통합하기로 결정한 내용을 모스크바 대주교 이시도르가 동의하였다. 그러나 로마 교황의 권위를 인정하는 종교회의의 결정에 반대하던 루시 인들은 모스크바로 돌아온 대주교를 체포하였고, 결국 그는 1448년 러시아를 떠나버렸다. 이 때 모스크바의 대공 바실리 2세가 주교회의를 소집하여 독자적으로 랴잔의 주교 요나를 대주교로 선출하였던 것이다.

모스크바의 문장

1453년 콘스탄티노플이 오스만 투르크에게 멸망당하자, 모스크바 대주교는 더 이상 콘스탄티노플로 갈 필요가 없었다. 이반 3세는 1472년 비잔틴의 황녀 소피아와 결혼하고 비잔틴의 쌍두 독수리를 모스크바의 문장으로 채택함에 따라 동방교회의 정통 계승자임을 선포하였다. 이에 수도승 필로페이가 주창한 '제

9) 최초의 러시아인 대주교 키릴은 1242년부터 39년간 루시 땅 전역을 돌아다니면서 루시 인들을 위로하고 가르쳤으며, 아울러 성직자들을 서품하고 교회를 재건하였다.

3로마설'은 러시아인의 종교적 자긍심을 한층 드높여 주었다. 제1로마와 제2로마(콘스탄티노플)는 그들의 이단성 때문에 야만인들에게 정복당하였고, 이제 기독교 세계의 수도(로마)가 모스크바로 옮겨졌음을 설파했던 것이다.

속권과 교권의 긴밀한 제휴를 강조하던 양자의 관계는 16세기 초 '소유파'와 '비소유파'의 논쟁에서 힘의 균형이 점차 속권 쪽으로 기울어졌다. 수도원의 토지소유 문제가 논쟁의 초점이었다. 비소유파는 수도원의 재산 소유는 타락이며, 수도사의 의무는 세상사와 단절하고 영적인 일에 전념하는 데 있다고 주장하였다. 그러나 소유파는 교회가 종교적 의무 외에도 빈민구제를 비롯한 사회적 의무를 다해야 하는데, 재산과 국가의 도움 없이는 효율적으로 수행할 수 없다는 것이었다. 더 나아가 소유파는 교회와 국가 간의 긴밀한 협력을 강조한 반면, 비소유파는 이단에 대한 탄압과 같은 교회문제에 대한 국가의 관여를 적극 거부하였다.[10]

이 논쟁은 1503년, 1504년 연이어 개최된 교회회의 결과 소유파의 승리로 끝났다. 엄청난 부와 광범위한 특권을 가진 '나라 안의 나라'였던 교회세력이 국가-교회간의 제휴관계를 정당화시켜 주었다. 그러면서도 교권은 속권을 넘보지 않고, 오히려 속권의 영적 권위를 위해 신의 사자로서 대관식에서 군주의 머리에 관을 얹어 주었던 것이다. 동란시대(1598~1613)를 지나면서 국가 존망의 위기를 넘기고 새로운 왕조가 출범하도록 앞장선 것도 교회였다. 심지어 로마노프 왕조의 초대 짜리로 선출된 16세 소년 미하일의 아버지 필라레트 총주교는 스스로 대군주의 칭호로 아들과 공동통치를 할 정도였다.

10) 수도사 닐 소르스키로 대표되는 비소유파는 성직자 본연의 임무에 충실할 것을 강조한 반면, 볼로칼람스크 수도원장 요셉이 주도한 소유파는 보다 현실적이고 실용적인 입장을 천명하였다. 심지어 소유파는 전제군주를 옹호하여 교회행정에서 군주의 지도적 역할을 허용할 정도였다.

그러나 아이러니한 현상은 교권 우월론을 제시한 총주교 니콘에 의해 추진된 교회개혁이다. 이는 교회분리를 야기하고 차후 교회가 국가에 예속당하는 결과를 가져왔다. 1654년 알렉세이 황제의 전폭적 지지 하에 소집된 교회회의는, 모든 교회 서적을 그리스어 원본으로부터 다시 번역하고 예배의식도 통일시키자는 총주교의 제안을 가결시켰다. 신자들은 두 손가락이 아닌 세 손가락으로 성호를 그어야 했고, 일부 기도문과 성가의 텍스트도 바뀌었다. 이에 사제장 아바쿰을 비롯한 '구교도'들은 개혁을 반대하고 전통적인 의식을 고수하는 운동을 벌여 나갔다. 결국 양자의 투쟁 양상은 황제가 개입한 종교회의에서 개혁파의 승리로 끝나고, 파문당한 구교도들은 국가의 처벌 대상이 되고 말았다.

이렇듯 초기 교회의 특성은 국가-교회간의 상호보완적 관계에서 공존관계, 주도적 관계를 거쳐 국가의 보호를 받는 단계로 들어갔다. 그렇지만 황제는 교회 위에 군림한 것이 아니라, 어디까지나 교회의 보호 의무를 가진 '정교회의 군주'로서 자리를 지켰다. 짜리가 교회생활에 어느 정도 영향을 미쳤어도 총주교를 선출하던 교회회의에 의해 다스려진 교회는 내부적으로 완전한 자유를 누렸던 것이다.

2) 표트르 대제의 교회개혁

1721년 표트르가 공포한 교회법은 국가-교회 관계를 바꾸어 놓았다. 초기 교회가 어느 정도 '대등한 협력' 관계를 유지한 반면, 교회가 행정적으로 국가의 통제를 받는 '종속적인 형태의 동맹' 관계로 변한 것이다. 표트르의 교회개혁은 서구화 정책의 일환으로 강력한 국가를 만들려는 차원에서 해석할 수 있다. 북방전쟁을 수행하면서 자원과 인력을 효율적으로 동원해야 했던 그로서는 교회의 간섭 배제는 물론, 교회 재산까지도 그가

운용할 수 있어야 했다.

당시 수도원들은 많은 재산과 농노를 소유하였고, 또 왕족이나 귀족들은 서로 다투어가며 재물을 기증하기도 했다. 정교회 교단은 교회분열에 의해 다소 약화되긴 했지만, 여전히 상당한 권력을 누리고 있었다. 표트르가 즉위했을 때만 해도 교단은 행정, 사법, 재무부서를 갖고 있었고, 교구의 방대한 영지에 살고 있는 인민에게 세금까지 부과하였다. 또한 인민들의 결혼, 이혼, 유산 등에 관한 문제는 물론, 부부싸움, 간음, 부자간의 갈등, 승려와 신자간의 불화문제에 이르기까지 모두 관장하고 있었다. 국가부강을 꿈꾸고 있던 표트르는 막강한 권한을 보유한 교회의 기능과 역할이 못마땅했다. 교회란 근본적으로 국가의 한 기관이 되어야 한다고 여기고 있었던 것이다.

그러던 와중 1700년 10월 아드리안 총주교가 갑자기 사망하였다. 당시 표트르는 나르바 전투에 여념이 없을 때라 총주교의 후임을 생각할 겨를도 없었다. 황제의 최고 권위에 도전하지 않을 사람으로서, 교회의 구조나 행정면에서 자신의 개혁을 지지해줄 수 있는 사람을 물색하였으나 마땅한 인물을 찾을 수 없었다. 그렇다고 총주교의 임명을 무기한 연기할 수만은 없고 거기에 따른 혼란이 예견되기도 했다. 잠정적인 절충안으로 교구청은 계속 유지하되 총주교 직위는 당분간 공석으로 두었다. 다만 교회지도를 위해 대주교 서리직으로 당시 키예프시의 신학교 교수이자 소피아 대성당의 설교를 담당하고 있던 야보르스키를 임명하였다.

이때 표트르는 총주교의 권한을 총주교 서리에게 전부다 허용하지 않았음은 물론이다. 러시아 수도원의 방대했던 지도적 역할을 제한하여 수도원의 행정업무를 새로 생긴 정부관청인 종무원으로 이관시켰다.[11] 총주

11) 종무청은 평민출신 귀족인 이반 무신-뿌쉬낀에 의해 관리되었으며, 수도원이 갖고 있던 모든 재산도 수도승들이 보다 종교에 전념할 수 있도록 종무청이 관리하게끔 하였다. 병역 기피를 위해 수도승을 지망하던 자들이 많았던 종래의 제도도 개편하

교의 권한이었던 교회재산의 실질적 관리 및 교회영지에 사는 농노들에게 부가하는 세금징수권도 종무원이 관할하게 했다. 교회 수입의 대부분은 국가 재정으로 직접 흡수되었고, 심지어 교회 종사자들조차 국가의 녹을 받는 관리가 되었다.

그러나 총주교 서리는 황제의 의도를 적극 추종하지 않았으므로, 표트르는 러시아 교회를 개혁하기 위한 새 인물을 물색하였다. 새로 발탁된 인물 역시 키예프 출신으로서 야보르스키보다는 훨씬 젊고 세련되었으며 정력적인 페오판 프로코포비치였다. 그는 행정가이자 개혁가이며, 열변가이자 선동가로서 표트르의 교회개혁 구상에 아주 합당한 사람이었다.[12]

유럽 여행 중 표트르는 구교와 신교의 행정체제를 눈여겨보았다. 신교를 신봉하는 국가에서는 교회업무가 회의체기구(종교회의나 행정위원회)에 의해 운영되고 있었다. 이러한 통제체제를 러시아 정교회에 도입하고 개혁을 암시하는 교회헌장을 프로코포비치에게 명하여 만들도록 하였다(1718). 마침내 여러 달의 노고 끝에 초안이 완성되고, 표트르가 직접 교정과 수정을 가한 후 러시아 정교회의 새로운 행정제도가 선포되었다. 이 과정에서 표트르에게 중요했던 것은 총주교로 상징되는 교회의 권위가 아니라, 교회에 대한 군주의 통치였다. 그는 영국교회를 보고 느꼈던 절대왕정제의 국가-교회 관계를 러시아에도 실현시키고자 했던 것이다.

<1721년 교회법>은 황제의 포고령으로 선포되었고, 이에 종래의 모스크바 교회는 많은 변모를 겪었다. 기존의 성직자들은 황제를 반기독교인으로 몰아붙였지만, 무지와 미신이 만연하던 교구민들에게는 신선한 자

여 이제 성직을 원하는 자는 황제의 재가를 얻어야만 하였다.

12) 1716년 황제의 부름을 받고 페테르부르크로 간 그는 교회를 국가에 예속시키려는 표트르의 계획을 적극 지지하였다. "교인의 양심을 희생시키면서까지 국가를 위해 충성을 다한 인물"로 평을 받은 그는, 사실 교회의 권위를 국가의 권위에 예속시키고 최고 권력은 신에 의해 황제에게 주어진 것이라고 주장하였다.

극을 안겨다 주었다.[13] 이 교회법의 가장 큰 특징은 교회를 통치하던 기구인 총주교제가 폐지되고, 대신 '신성종무원'이란 새로운 기구로 대체되었다는 점이다.[14] 결국 표트르는 '한 사람(총주교)의 결정보다 평의회에서 보다 나은 진리를 찾을 수 있다'는 명분하에 교회를 군주의 부속기구로 전락시키고 말았다. 사실상 신성종무원이 교회의 일상적인 업무는 물론, 모든 정신 분야까지도 일괄 책임지고 관장하게끔 되었던 것이다.

신성종무원 회의

이제 더 이상 교회는 정부로부터 독립된 단체가 아니었다. 교회행정기구는 정부의 한 부서가 되었으며, 교리를 제외한 교회의 모든 업무가 황제의 통치하에 운용되었다. 새로 임명되는 사제들은 황제 앞에서 충성 맹약을 하였다. 그 대가로 국가는 러시아 정교를 영원히 국교로 인정하고 보호해준다는 무언의 약속을 하였다. 이리하여 표트르는 교회기구를 국가의 한 행정부서로 편입시킴으로써 그가 의도했던 목적을 달성하였다. 황제가 통치하는 국가에서 오로지 군주만이 모든 힘을 집결시킬 수 있는 전제권력을 보유해야 하며, 여기에 거역할 만한 모든 위험요소는 다 제거되어야 한다는 것이다. 이에 교회는 자치권을 상실함과 동시에 국가권력에 더욱 종속되는 결과를 가져왔고, 과거 전통과도 결정적으로 단절되고 말았다.

13) 새로운 교회법의 서두에는 "배움의 등불이 없을 때 교회가 잘 되어간다고 기대하기란 불가능할 것이다."라고 밝히면서, 주교들은 사제를 교육시킬 학교를 설립해야 하며, 사제들 또한 역사, 정치, 지리, 물리, 체육 및 수학을 의무적으로 공부해야 한다고 명기되었다.

14) Святейший правительствующий синод는 1명의 원장과 2명의 부원장 및 8명의 위원으로 구성되었으며, 정부의 각 부처보다는 상위로서 원로원과 동격의 지위를 부여받았다.

3) 19C 러시아의 교회

표트르 대제의 교회법 개정으로 19C 교회는 '국가교회'로서의 자리매김을 확실히 하였다. 교회행정을 담당하던 신성종무원장은 황제의 대신 자격으로 각료회의에 참여하였다. 이로써 교회의 국가 예속은 기정사실로 되었으며 니콜라이 1세의 1833년 법전에 그 지위가 명시되었다. 신성종무원 자체도 중앙 행정부서답게 산하기구가 확대되었다. 교회행정을 정규화하기 위해 '종무국'이 창설되었고, 각급 교회의 재정과 재산을 책임지고 있던 경제위원회가 '경제국'으로 승격되었다. 그 후 세속교육을 맡던 교회학교위원회가 폐지되고, 종무원장의 직할로 '교회학교국'이 설립되었다. 이제 러시아 정교회는 행정부의 한 부서로서 중앙집권적이며 관료적인 국가기구로 변모하였다. 교회행정 역시 세속인이 주도함으로써 교회는 국가에 완전히 예속되게 이르렀다.

1833년 법전에 의하면 전제정부에 충성을 다할 경우 타종교에 대한 신앙의 자유가 허용되어 있었다. 하지만 종교적 관용의 한계가 명시되어, 사실상 정교회의 특권적인 지위가 보장되었다. 법전은 비기독교 신앙인들이 기독교로 개종하는 것을 금하지 않았지만, 정교를 포기하거나 비정교 기독교 종파가 비기독교로 개종하는 것은 절대 금지하였다. 구교도들이 정교회 성직자들에게 도전하는 일은 특별히 금지되었으며, 정교회 신자들은 정례적인 모임을 통해 정교도임을 확인받아야 했다. 이와 더불어 우바로프 문교대신에 의해 주창된 관제국민주의—정교, 전제정, 민족성— 이데올로기에 따라 정교는 체제옹호 수단의 연결고리가 되었다.

페테르부르크의 이삭 성당

제정시대 교회와 국가의 협력은 특히 농민관계에서 두드러지게 나타났다. 18세기 후반 푸가초프의 난이 발생했을 때, 정부의 칙령을 읽어준 사제들은 반란은 곧 "인간의 죄에 대한 하느님의 징벌"이며, 반란에 가담하는 자는 저주받을 것임을 설파하였다. 이에 대부분의 교구 사제들은 정부와 종무원의 지시에 순종하였고, 농민들과 노동자들의 동태나 반란군의 이동 상태를 당국에 보고하기도 했다. 1861년 농노해방을 전후하여 그 동맹관계는 재확인되었다. 점증하는 농민소요에 불안을 느낀 정부는 인민들을 진정시키기 위해 교회에 도움을 청하였다. 심지어 농노해방에 즈음한 선언문도 대주교의 도움을 받아 작성하여 귀족과 농민 어느 누구에게도 반감을 갖지 않도록 했던 것이다.

양자의 협력관계가 최절정에 이른 것은 포베도노스테프가 신성종무원을 맡았던 기간이었다(1880~1905). 민법교수이자 원로원 의원이며, 짜리의 가정교사였던 종무원장은 전제정치의 확고한 지지자였다. 그는 러시아에서 교회와 국가는 분리될 수 없는 하나의 연맹을 형성해야 하며, 국가가 교회를 보호하고 물적 토대를 확보해 주면 교회는 현존질서에 순응하고 국가의 지시에 따라야 할 것임을 강조하였다. 이를 위해 그는 두 가지 방향으로 정책을 추진하였다. 먼저 초등학교의 교회 주관으로서, 종무원이 운영하는 학교에 상당한 재원을 할당하였다.[15] 또 다른 정책은 정교회의 선교활동 강화였다. 이는 짜리 정부의 러시아화 정책과 결부되어 내부로는 구교도의 탄압, 외부로는 타종파의 정교 개종을 목적으로 하였다. 결국 19C 말 고양되던 혁명운동에 맞설 수 있는 가장 신뢰할 만한 집단으로 인정받은 교회는, 초등교육을 관장하고 사회적인 힘을 길러나가도록 정부로부터 지원받았던 것이다.

15) 1884년 6월 "교구학교에 관한 법령"을 통해 종무원이 운영하는 교구학교—여기서는 읽기와 쓰기, 셈하기 외에 성경과 교회슬라브어 및 교회음악도 가르쳤다—의 확산과 유지를 위해 상당한 투자를 아끼지 않았다.

반면 교회 내에서 정부로부터 독립하여 독자적인 체제, 즉 총주교제의 부활을 기도한 움직임도 있었다. 교회의 개혁과 쇄신을 위한 노력이 대개혁 시기 이후부터 끊임없이 계속되었다. 하지만 교회의 지나친 '근대화'를 꺼려하는 고위 성직자들의 반발과 근본적인 재정문제의 난관에 부딪쳐 실행되지 못했다. 1905년 혁명의 물결은 교회개혁의 열병을 부추겼다. 신성종무원의 위상은 흔들렸고, 총주교제의 부활을 주장하는 목소리가 높아졌다. 이에 짜리정은 '교회회의'를 개최하여 개혁을 약속하였지만 끝내 이행하지 않았다. 그럼에도 불구하고 교회는 변함없이 '조국을 위해' 정부 시책을 옹호하였고, 혁명으로 짜리정이 몰락할 때까지 교회-국가간의 협력관계를 유지하였다.

[과제 & 토론]

1. 현대 러시아에 정교회 외에 어떤 종교가 있으며, 국민들의 인식도는 어떠한지 조사, 발표하시오.
2. 소비에트 시대에 러시아 정교회는 어떤 상황에 처했으며, 어떻게 명맥을 유지했나?
3. 러시아 정교회가 국가종교로 인정받는 게 정당한 것인가?

VI

모스크바와 문물

1. 모스크바 국가의 성장

1) 모스크바의 성장배경

모스크바란 이름이 최초로 등장한 것은 한 연대기의 1147년 항목에서이다. 수즈달의 군주 유리 돌고루키가 우크라이나 동부 공국의 동맹자 스뱌토슬라프 공에게 "형제여, 내게로, 모스크바로 오시오."라는 전문을 보냈다는 기록이다. 그 후 1156년 항목에서 돌고루키는 "모스크바 요새의 토대를 쌓았다."는 기록이 나온다. 이는 그가 도시의 방벽을 세워 요새 도시로서의 면모를 갖추어 나갔음을 의미한다. 결국 키예프 공국이 몰락의 길을 걸어가고 있을 12C 중반이 되어서야 그 형태를 갖추었던 모스크바가, 어떻게 키예프의 후예로 성장할 수 있었을까?

우선 지리학적 원인론을 살펴볼 수 있다. 모스크바 영토는 대러시아 민족의 거주지 한 가운데에 위치하고 있어 사방으로 확대해 나갈 가능성이 컸다. 다른 공국에 비해 북동부에 치우쳐 있던 까닭에 타타르 족의 참화로부터 다소 덜 피해 받았고, 남쪽의 삼림이 자연 방책으로서의 경계 역할을 해주었다. 또한 오카 강, 볼가 강, 돈 강, 드네프르 강으로 연결될 수 있는 모스크바 강의 수로가 운송기지로서 발달할 수 있는 여건을 마련해 주었다.

이는 경제적 관점에서 모스크바가 성장할 수 있었던 요인과 맞물려 있다. 무역로의 교차점에 있던 모스크바가 키예프 공국의 상업적 성격을 이어 받아 북부와 남부를 이어 주는 대상로 역할을 다하였다. 또한 모스크바

이반 칼리타

군주들이 일찍부터 농업을 발달시켜 경제적 안정을 이룬데다 미개척지의 식민화 지원에 성공하였다. 북부 삼림지대의 미개척지에 주민들을 이주 정착시켜 모스크바 영역에 편입시킨 것은 영토 확장에 크게 기여하였다.

그러나 무엇보다 **통치자들의 역량** 문제를 고려치 않으면 안된다. 다른 분령지와 달리 처음부터 장자상속제를 확립한 모스크바 공후가문은 대내적 안정과 영토 확장에 주력을 기울일 수 있었다. 특히 트베리의 반란을 타타르 군대와 연대하여 진압하고 야를릭을 획득한 이반 1세(Иван Калита, 1325~40)는 '전 루시를 지배하는' 대공의 칭호를 하사받았다. 그의 별칭 '돈주머니'답게 칼리타는 킵차크 칸에게 갖다 주는 공물을 일부 착복하여 모스크바의 부와 영토를 늘여갔다. 황금으로 루시에게 평화를 가져다주었던 칼리타에 비해, 그의 손자 드미트리(Дмитрий Донской, 1359~89)는 돈강의 쿨리코보 벌판에서 몽고 침략자들에 대항하는 민족 투쟁을 지도함으로써, 주변 루시 민족과 평화적 합병을 유도해 나갔다. 이렇듯 모스크바의 초기 군주들은 외교가와 전사로서 뿐만 아니라 지주와 사업가로 활동—심지어 무력 탈취나 구매—하면서까지 국가를 키웠다.

드미트리 돈스코이

마지막으로 **교회의 역할** 또한 무시할 수 없다. 러시아 교회의 요람이던 키예프의 몰락 후, 그에 대신할 만한 도시를 찾던 교회 수장들이 모스크바를 선택한 것이다. 1326년 표트르 수좌대주교가 모스크바에 머물던 중 사망하였다. 이반 칼리타가 신임 계승자 테오그노스트에게 우스펜스키 사원과 저택을 지어줌으로써, 수좌대주교는 블라디미르에서 모스크바로 아예 옮겨 앉았다. 루시의 부흥에 관심을 갖고 인민들과 지배층의 다리 역할을 자임해 오던 교회의 수장이다. 그런 인물이 모스크바를 루시 해방의 진정한 중심지로 인정하여 거주하기 시작했다는 사실은, 모스크바가 루시 인의 정신적 중심지로 거듭 났음을 의미하였다.

이렇게 15C 중반 바실리 2세 때가 되면 14C 초와 비교하여 30배나 영토확장이 이루어질 정도로 모스크바 공국은 급속도로 성장하였다. 하지만 결론적으로 언급될 수 있는 내용이지만, 중앙집권국가 형성에 대한 평가는 여러 가지로 나누어진다. 혁명 이전 민족주의 사가 대부분은 모스크바의 성장에 대해 외부의 침략을 물리치고 민족적 통일을 이루어야 했던 필연적인 업적으로 찬미한다. 클류쳅스키 또한 "위대한 러시아 국민성의 정치적 완성이며, 민족적 차원의 독립 투쟁"으로 간주하였다. 이에 비해 소비에트 사가들은 좀 더 냉철하게 역사발전의 정당성을 제기한다. 그들은 노동의 사회적 분화, 수공업 및 상품 생산관계의 변화에 따른 내적 필연성이며, 상부구조의 변화는 봉건주의에서 새로운 지배체제(전제정)를 야기했다고 한다.

반면 폴란드인, 리투아니아인, 혹은 민족주의적 우크라이나인들—한 마디로 대러시아 민족에게 상대적 피해의식을 갖고 있는 민족들—의 입장은 다르다. 러시아 내에서 모스크바의 성장에 대해 다른 주장을 하는 프레스냐코프 같은 학자의 주장을 옹호한다. 이들은 '러시아 통합'이란 무엇보다 다양한 비러시아계 민족들에 대한 모스크바 군주들의 교묘한 침략의 결과로 본다. 이로 인해 그들의 자유가 박탈당하고 모스크바 전제정치에 복속 당하게 되었다고 한다. 포크롭스키도 국가통일 과정에서 지배층이 이익을 취하기 위해 노동 대중에게 무거운 부담을 지운 결과로 간주한다. 더 심하게 말하면 '매판자본국가'의 성격을 띠고 있는 것이 모스크바라 하지만, 그에 대한 진실 여부는 문화적 제양상을 살펴보고 판단해야 할 것이다.

2) 모스크바의 정치-사회문화

이반 3세(대제)

루시 땅이 분령지 시대에 종지부를 찍고 모스크바 러시아로 돌입한 것은 이반 3세(Иван Великий, 1462~1505) 때이다. 돌다리도 두드려서 건널 정도의 신중한 성격이었던 이반 대제는 전쟁과 외교술을 동원하여 치세 40여 년 동안 3배의 영토 확장을 이루었다. 전 루시의 통일을 방해하던 노브고로드 대공국을 복속시키고(1478),[1] 킵차크한국의 아흐마트를 물리치고 카잔을 해방시킴으로써(1480) 명실공이 전 루시의 군주로 부상하였다.

그러면서도 문화적 자신감과 국제적 합법성이 결여된 것을 인지한 이반은 국내외적으로 많은 노력을 기울였다. 그 일환으로 오스만 투르크에게 멸망당한 비잔틴 제국의 마지막 황제 조카딸인 소피야와 결혼하고(1472), 비잔틴의 상징인 쌍두 독수리를 러시아 문장으로 채택하여 기독교 국가의 공식 계승자임을 선포하였다. 또한 '신에 의해 선택된 군주'란 의미로 스스로 '짜리 Царь'라 칭하면서 전제군주로 대관식을 거행하기도 했다. 뿐만 아니라 외국사절단을 모스크바로 초대하여 성대한 의식과 융성한 대접을 베풀었으며, 도처에 사원을 건립하여 루시의 부흥을 기도하였다.

이반 3세는 **중앙집권 강화**를 위해 몇몇 조치를 취하였다. 모스크바의 중앙집권화는 사라이 칸의 강약에 따라 적절히 대처하는 모스크바 군주의 세습적 소유권을 정점으로 구성된 미묘한 권력균형 체제이다. 피정복

---

1) 대상업국이었던 노브고로드가 모스크바에게 멸망당한 이유로는 '한자동맹'과 무역으로 생계를 잇고 곡물을 직접 생산하지 못했던 노브고로드의 실정을 안 이반 3세의 봉쇄작전 성공, 그리고 내부의 빈부격차—즉 상인과 귀족계급이 권력과 부를 독점—및 베체(민회)의 무질서한 정책결정으로 인한 노브고로드의 지배세력 약화를 꼽을 수 있다.

지를 종신과 장교들에게 봉토로 나누어주고 충성과 복종을 요구한 것이다. 농노제의 기틀을 만들었다고 평가받는 1497년 법전[2]에 의해 이반 3세는 군주의 정치적·법적 지위를 높여 나갔다. 게다가 전통적인 세습영지를 통해 모스크바의 왕자들이 영토 확장을 해 나감으로써, 통치권과 절대 소유권이 합치된 왕실 소유지가 확보되어 갔다. R.파이프스의 표현에 따르면, 소위 '가산제(家産制) 국가 Patrimonial State'가 확립되었던 것이다.

방대한 국가 업무를 조정하기 위해 이반 3세는 최초의 중앙정부기구를 만들었다. 물론 '이즈바'라고 하는 이 기구는 명확한 중앙집권식이 아니라 지방통치를 위한 임시방편적 기구에 지나지 않았지만, 징세와 법 집행을 위한 관료기구로 활동하였다. 예를 들면 봉토관리 이즈바, 사냥매 관리 이즈바, 시베리아 담당 이즈바.... 등이 있었다. 그러나 아직 군주가 명실상부한 중앙집권기구를 거느리기에는 역량이 부족하였다. 중앙권력을 강화하려는 군주와 기득권을 빼앗기지 않으려는 대귀족 간의 알력이 점증하고 있었던 것이다.

원래 공후들의 협의체에서 발달한 **귀족회의**는 15C 초부터 군주의 상설 자문기관이 되었다. 그 구성원은 모스크바 가문을 섬기던 대귀족, 다른 공국에서 흡수된 류리계 왕자들, 리투아니아 타타르 계의 왕자들 중 투항한 자, 모스크바의 궁정관리, 귀족 보좌관들로 이루어졌다. 귀족회의의 역할은 최고 권력의 핵심적인 한 부분으로서 제반 국사, 즉 국내정치, 행정조직, 종교문제, 법령제정 등을 토론·심의하는 협의기관이었다. 원래 군주의 권한을 제한할 권리는 없었으나, 복잡한 혼척관계를 이용하여 대귀족들은 왕권을 규제하려 했고, 실제 왕의 궐위 때는 공동 통치까지 하였다.

---

2) 모스크바 국가의 틀을 제공한 법전(Судебник)으로서 신분에 대한 규정 및 봉토와 세금 거출을 명시하고 있다. 이 법에 따라 귀족들의 재산 보호를 위해 농민들은 가을걷이를 마친 '성 유리의 날' 전후 2주일에 한하여 이주가 허용됨으로써(그것도 지주와 촌락공동체에 진 모든 빚을 청산한 뒤라야 가능) 농민들에 대한 법적 규제가 이루어졌다.

이러한 대귀족의 횡포는 이반 3세가 사망하고 그의 아들 바실리 3세(1505~33)가 세 살짜리 황태자 이반 4세(1533~84)를 남기고 죽은 뒤 극에 달하였다. 권력 강화를 위한 대귀족들의 궁중암투를 보고 성장한 어린 이반은 조숙했던 관계로 귀족에 대한 적개심과 더불어 정서적 불안정이 가중되었다. 이반이 17세가 된 1547년 공식 짜리로 등극하면서 그의 치세 후반에 '뇌제'(그로즈느이)라 불릴 정도로 정치문화는 상당한 변화를 겪어야 했다.

이반 4세(뇌제)

이반 4세는 대귀족 세력을 누르기 위해 선발된 인민의회를 발족시켰다. 마카리 대주교를 중심으로 이반의 친구 쿠릅스키 공, 궁정귀족 아다쉐프 등이 짜리의 명을 받들어 귀족회의에 대한 견제기구로 만든 것이다. 그 목적은 모든 귀족과 성직자들 간에 문제되는 이해관계를 절충하고 중앙집권화 방향으로 조절하기 위한 것이었다.

선발된 인민의회가 시도한 개혁은 우선 중앙행정기구의 개편이었다. 이즈바를 프리카스(省)로 대체하여 단순한 역할과 기능들을 발전시켰다. 17C에는 50개에 달할 정도로 비대해져 많은 업무가 중복되기도 했지만, 초기에는 상호감독과 견제를 유지하려는 차원에서 군주의 권한을 강화시켜 주었다. 이 기구 덕분에 중앙의 관료제뿐만 아니라 허약한 지방 조직도 정비되었다. 그동안 중앙에서 파견된 지방 행정관의 수탈과 부패의 온상지가 되었던 식읍제를 폐지하고, 새로운 지방 행정 체제—시, 군, 향—를 구축하여 군 단위의 지방 주민이 지방 관리를 직접 선출하는 자치제를 시행하였다. 이는 주민들의 자발적인 납세 효과로 자동적인 중앙집권을 기대하였으나 실패하고 말았다.

더 나아가 이반 4세는 인민의회와 더불어 군제와 교회도 개혁하였다. 그동안 전쟁 때마다 수시로 소집되었던 군대를 중상층의 납세의무를 토대로 최초의 상비군 소총부대와 포병을 창설하였다. 또한 1551년에 발표된 '100항 조례'는 부패되어 가는 성직자의 도덕적 교육적 계율을 정한 것으로서, 국가 및 사회와 관련된 교회의 권한을 통제할 방편이었다. 이 규정에 따라 교회 고유의 업무는 많이 통제되었지만, 짜리가 의도한 교회의 토지소유 제한은 실천되지 못하였다. 그러나 군주의 개혁정책을 뒷받침해주던 선발된 인민의회는 대귀족과 고위 성직자의 불만을 야기해 결국 해산되고 만다.[3]

이반 뇌제는 군주의 권한을 강화시키는 일환으로 국민회의도 자주 이용하였다.[4] 서구의 신분제 의회에 해당하는 국민회의는 짜리가 각 신분의 대표자를 임명하여 소집한 왕의 보좌기관이었다. 즉 짜리가 중요한 국사를 '온 나라와 더불어' 의논하고 결정하고 싶을 때 소집한 비정규적인 전국 규모의 집회였던 것이다. 그 구성원과 수자는 매회 마다 일정치 않았지만, 대개 성직자, 정부관료, 봉직귀족, 상인 및 수공업자 대표들이 200~500명 정도 참가하였고 농민이 참석한 때도 있다. 대표적으로 1613년 동란시대를 마감하고 미하일 로마노프 왕조가 선출된 국민회의에 농민 대표가 가담한 경우를 들 수 있다.

결국 짜리는 대귀족의 횡포를 막기 위해 여러 가지 보완책을 강구하였던 것이다. 국민회의 역시 기본적으로 군주의 명령이 전 국민의 동의하에 수행됨을 만천하에 알려주는 보조기구에 지나지 않았다. 그러면서도 나라가 위급할 시 국민회의는 인민의 대표기구로서 그 역량을 충분히 발휘하였으니, 그 나름대로의 권한과 중요성을 인정해야 할 것이다. 그러나 문제는 국민회의가 17C 중반 이후 짜리의 권한을 통제하려는 움직임을 보

3) 1558년부터 對리보니아 전쟁이 장기화됨에 따라 이반 4세의 개혁의지가 시들해졌고, 결정적으로 1560년 사랑하던 아내 아나스타샤의 죽음이 '선발된 인민의회(Избранная рада)'와 관련 있다는 주변의 모함을 듣고 짜리는 인민의회를 해산시켰다.

4) 짜리는 공식 대관식을 가진 2년 뒤 1549년에 최초로 국민회의(Земский собор)를 소집하였고, 그 이전에는 1471년 이반 3세에 의해 소집된 회합이 최초의 기록으로 남아 있다.

였을 때 더 이상 자주 소집되지 않았음을 상기해야 한다.

모스크바 러시아의 정치문화는 전제지배체제를 확고히 하기 위한 하나의 수단이었고, 이는 곧 **농노제**의 강화 과정과 맞물려 있다. 1497년 수제브니크에 의해 농민의 자유로운 이주가 금지된 이후 사실상 농민은 농노화 되었다. 모스크바의 군주는 신흥 귀족들에게 봉토를 주면서 노동력 또한 같이 제공해 주어야 했기 때문에 농민들은 농지에 얽매일 수밖에 없었다. 16C 당시 세금 납부에 대한 최종 책임은 귀족에게 있었으므로, 도망 농민들을 강제로 소환할 수 있는 권리까지 귀족에게 부여되었다. 즉 러시아의 농노제는 지주와 농민의 자발적 계약관계가 아니라 정부의 강제적인 규제조치로 고착되어 갔던 것이다.

이러한 강압적인 농노제는 <1649년 법전>[5]에 의해 완전히 자리 잡게 되었다. 이 법에 의거하여 농민들의 이주는 완전 금지되었고, 사유지 농민들과 그 자손들 모두는 농노로 취급받았다. 도망 농노에 대해서는 언제든지 형벌을 가할 수 있고 도망 농노의 은닉자는 처벌받았다. 그 이후 1861년 공식적으로 농노해방령이 발표될 때까지 러시아의 농민들은 '한 번 농노이면 영원한 농노'로 대우받았다. 농민들은 과세 부담이 적은 지역(즉 봉토보다는 세습영지나 수도원 토지)에서 살기를 희망하였으나, 합법적으로 이주할 수 있는 길이 막히게 되자 농민공동체를 탈주하는 자들이 늘어났다. 이들은 국가의 영향력이 미치지 않는 국경 변방의 자유집단인 카자크 마을로 도망하였고, 나중에 전국적인 규모의 농민반란에 주역도 맡았다.[6]

---

5) 전 25章으로 구성된 이 대법전(Уложение)은 당시의 현행법과 이전에 존재하던 여타 지방법을 집대성한 것으로 국민회의가 로마노프 왕조의 정당성을 인정해준 것이라 볼 수 있으며, 1833년 니콜라이 1세가 '러시아제국 헌법'을 집대성하기까지 러시아 국가의 母法 역할을 하였다.

6) 스텐카 라진의 반란(1667~71), 그로부터 1세기 뒤 푸가초프의 반란(1773~75)은 대표적이며, 크고 작은 농민반란은 카자크(казаки)들의 반정부, 반귀족적 태도의 표출이었다.

결국 농노제는 군주정과 중앙집권화의 강화를 위해 귀족 우대정책에 대한 희생양으로서 농민들의 노예화가 진행된 결과였다. 상대적 박탈감 속에 살아온 러시아 농민들은 그들의 독자적 문화 창달은커녕 문화적 소외감 속에 살아야 했다. 그래도 18C에 비하면 아직까지 모스크바 시대는 민중들을 위한 사원이 많이 건립되고, 귀족과 더불어 살아간 농민들의 모습을 찾아 볼 수 있다. 이러한 내용을 다음의 역사적 유산에서 찾아보기로 하자.

2. 모스크바의 문물

1) 크레믈리와 역사적 유산

크레믈리(кремль)란 말은 일종의 고유명사처럼 통용되고 있다. 그러나 원래 이 단어는 보통명사로서 러시아 각지, 예컨대 트베리, 프스코프, 심지어 작은 도시에도 크레믈리는 존재한다. 사전적 의미는 '고대 러시아 도시 내부의 요새, 성벽'이라고 풀이되어 있다. 역사적으로는 1315년 트베리 요새가 크레믈리라 불린 것이 최초이고, 각 도시마다 유사한 형태의 성곽이 비슷하게 불리고 있었다. 물론 그 이전에는 요새를 의미하는 말로 고로드(город)—현대 러시아어에서는 도시란 뜻이지만—란 단어가 사용되었다.

크레믈리의 어원은 역사학자 이반 자벨린에 따르면 '크렘(кремь)'이란 단어에서 생겨났으며, 이는 북방 러시아어 방언으로서 '송림' 또는 띠로 덮힌 습지 가운데의 숲을 의미한다고 한다. 유명한 언어학자 달(В.Л.Даль)의 사전에도 그러한 설명을 뒷받침할 수 있는 용례를 볼 수 있다. 한편 그리스어의 '크레므노스'—강에 연한 절벽을 의미—에서 온 것이 아닌가라는 설도 있다. 988년 루시가 기독교로 개종한 이래 그리스 정교의 성직자들이 루시 각지의 도시를 방문하여 강에 연한 험한 절

크레믈리 성벽과 레닌 묘

벽 위에 교회를 건립해 갔다. 이러한 배경 하에 러시아어 가운데 많은 그리스어들이 편입되었다.[7]

모스크바에 그리스 성직자들이 나타난 것은 1329년의 일이고 그 중에는 그리스인 부주교(府主教) 베오그노스의 모습도 있었다. 그리고 2년 뒤인 1331년에 요새의 이름으로서 '크레므니크'가 등장하였다. 물론 이 그리스어 풍의 명칭은 그리스 신학서로 교육을 받던 일부 사람들 사이에서 통용된 말이고, 대다수 일반 민중들은 15세기가 되어서도 옛날식으로 요새를 '고로드'라 부르고 있었다. 결론적으로 본다면 어느 설이 옳은가 뒷받침해 줄 수 있는 확실한 근거는 없다. 그러나 크레믈리의 역사는 민중들의 삶과 함께 발전해 왔다는 사실은 분명하다.

1156년 트베리 연대기에 의하면 모스크바의 크레믈리에 처음으로 목조성벽이 건립되었다. 그 면적은 오늘날 그것과 비교해 훨씬 작은 것이었다. 물론 그 주위에는 많은 마을이나 취락이 산재해 있었다. 크레믈리는 인민들에게 있어 행정 경제의 중심일 뿐만 아니라, 외적을 방어해주는 확실한 보호처였다. 사실 13C의 모스크바 사람들은 유목민의 침입과 약탈로부터 공포에 떨고 있었던 만큼, 크레믈리를 지키고 튼튼하게 하려는 의지가 누구보다 강하였다.

14C에 들어 모스크바 크레믈리 내의 건축공사가 대규모로 이루어졌다. 하얀 석재에 의한 사원들이나 공후들의 대저택이 계속 지어지고, 부주교의 사택과 많은 귀족들의 집도 세워졌다. 이반 칼리타 시대에(1339~40년 5개월) 크레믈리 주변은 떡갈나무로 성벽이 축조되었다. 그 후 1367~68년에 걸쳐 돈스코이가 크레믈리에 석재로 된 성벽과 탑을 세웠다. 이것이 바

7) 예를 들어 끄로바쯔(кровать 침대), 포나르(фонарь 등불) 등 일상생활에 빈번히 사용되는 단어들이 그리스어 기원이다. 그렇게 본다면 크레믈리의 어원이 그리스어라는 설도 그다지 무리는 아니다. 어쨌든 모스크바를 비롯한 각 도시의 요새와 대사원은 강에 연한 험한 절벽 위에 건립되어 있기 때문이다.

로 블라디미르-수즈달 공국에서 최초로 건립된 석조 요새였다. 이 요새의 대지는 거의 현재 규모에 이를 정도로 북동쪽으로 확장되었다. 당시로서 이는 외적에 대한 최고 수준의 방호요새 역할을 하였다.

돈스코이가 건조한 하얀 크레믈리는 백년 이상 유지되었으나, 외적의 포위와 잦은 화재로 인해 그 성벽이나 탑은 상당히 손실되어 갔다. 그래서 10년에(1485~95) 걸쳐 이반 대제는 대규모 보수 확장 공사를 하였다. 새로운 벽돌로 된 성벽과 탑을 건설하고 그 대지도 북부와 남서부 쪽으로 더 넓혀나갔다. 이 건설에는 러시아 각지의 기술 좋은 장인과 목수들이 투입되었다. 특히 당시 유럽에서 성벽 건축으로 이름 높던 이탈리아인 기술자들이 대거 초빙되기도 하였다.

이 공사 결과 크레믈리 성벽은 오늘날 규모인 전체 길이 2,235m에 달하고 18개의 탑을 갖추게 되었다. 그 외형은 이전과 마찬가지로 불균등한 등변삼각형의 모습이고 각 변의 성벽을 7개의 탑이 지키고 있는 형태이다. 성벽 높이는 5m에서 19m이고, 그 두께는 3.5m부터 6.5m까지 다양하다. 성벽 위에는 총구멍이 열린 1,045개의 끝이 뾰족한 보루가 있다.[8] 그 면적이 겨우 1헥타르였던 작은 목조요새는 약 28헥타르의 넓이를 가진 최고의 요새로 변모하였다. 성벽이 확장되어 간 것과 맞춰 모스크바는 단순한 전략적 요새에서부터 차츰 나라의 핵심인 행정

크레믈리 성벽의 평면도

8) 그 후 19번째 탑은 15C 말 네그린 강에 걸린 트로이츠키 다리를 지키기 위해 세워졌고, 마지막으로 가장 작은 짜리스카야 탑은 1608년에 세워진 것이다. 탑 중에서 가장 견고하고 이름 있는 것들은 스파스카야, 니콜스카야, 우그로바야, 아르세날나야, 트로이츠카야 등등이 있다. 처음 얼마동안 크레믈리의 탑에는 목재첨탑이 붙어 있었으나, 17C가 되어 장식을 가득 단 화려한 모습으로 변하면서 전투적 가치를 상실하였다.

중심지로 발달하였다.[9]

1917년 10월 혁명 후 소련 시대가 되면서부터 또다시 수도로 자리 잡은 모스크바의 크레믈리 성벽과 탑은 여러 번 보수공사를 거쳤다. 혁명 20주년 되던 해 5개의 탑 위에는 원래 있던 녹슬은 제정러시아의 상징인 독수리 대신 루비로 만든 붉은 별이 반짝이게 되었다. 이 붉은 별은 아래서 보면 그다지 크게 보이지 않고 무게도 가벼울 것 같으나, 실제 그 무게는 1톤 정도이고 별의 크기도 3~3.5m가 된다. 붉은 별은 소비에트 정부의 상징이고 스탈린식 건물의 웅장한 치장에 한 몫을 한 장식물이었다.

크레믈리 안으로 들어가면 그 중심이라 할 수 있는 **사원광장**이 펼쳐져 있다. 여기에는 문자 그대로 중세 러시아를 대표하는 우아한 건축물들로 둘러싸여 있기 때문에 그렇게 불린다. 사원광장의 절묘한 앙상블은 약 15C 후반에 만들어진 것이다. 이 광장은 모스크바에서 가장 오래된 광장 중의 하나로서 러시아사의 중요한 여러 사건들과 깊이 결부되어 있다. 이곳에서 러시아 정교의 축일 행사가 화려하게 거행되었고, 역대 황제의 결혼식이나 대관식이 성대하게 치러졌으며, 궁전에서는 외국 사절단을 맞이하는 의식이 개최되었다. 이러한 화려한 기억뿐만 아니라 이곳은 대공이나 황제의 장례식이 거행되고 대사원은 영원한 안식처로 그 역할을 하였다.

물론 이 사원광장의 절묘한 건축 공간을 창조한 것은 모스크바, 블라디미르, 프스코프의 장인들, 더욱이 멀리 이탈리아에서 온 우수한 기술자들의 도움이었다. 그러나 500년이 지난 지금도 앙상블의 힘찬 모습이 보는 이로 하여금 감동을 주는 것은, 아마 인간 본연의 심성이 영원히 절대미를 동경하기 때문일 것이다.

사원광장에 들어서면 제일 먼저 **우스펜스키 사원**의 위용에 압도당할 것이다. 원래 이 자리에는 12C의 목조교회에서부터 14C 전반에 건립된

---

9) 15C에는 이미 명실공히 러시아 국가의 수도로서 문헌에도 "Царствующий град"(통치하는 도읍)로 명명되었다.

우스펜스키 사원

백악교회까지 3개의 교회가 차례로 섰던 곳이다. 1472년 노후화된 교회를 러시아 건축가들이 재건하였으나 2년 후 대지진으로 인해 붕괴되었다. 1년 뒤 외국 기술자의 힘을 빌려 전면적인 복구 작업이 이루어졌을 때, 이반 대제는 아주 구체적인 명을 내렸다. 즉 크레믈리 안에 12C에 건립된 블라디미르의 우스펜스키 사원을 모델로 한 사원을 건립하라는 것이었다. 이에 건축가들은 면밀한 현지 조사를 거쳐 4년 후인 1479년 지금의 화려함과 장엄함을 갖춘 사원을 완성하였다.

이때부터 우스펜스키 사원은 국가의 중심 교회가 되었을 뿐만 아니라, 중세 러시아의 가장 중요한 공공장소로 사용되었다. 1498년부터 이 사원에서 대공들의 결혼식이 행해졌고 1547년부터는 짜리의 대관식, 표트르 이후에는 황제의 대관식이 거행되었다. 외국으로 원정 가는 장군들은 이 사원에서 전승과 무사귀환을 기원하고 축복을 구하였다. 또 이 사원의 지성소(至聖所)에는 국가의 최고 중요한 문서가 보관되었다. 이처럼 우스펜스키 사원은 주요 국가기관의 한 부분으로서 그 역할을 다했던 것이다.

사원광장의 남쪽, 즉 모스크바 강 가까이에는 블라고베쉔스키 사원이 서있다. '受胎告知(Благовещение)'를 뜻하는 이 사원은 역대 러시아 황제의 조상대대 묘소가 있는 곳이기도 하다. 1489년 프스코프의 장인들에 의해 최초로 세워진 사원은 3개의 둥근 지붕을 가진 크지 않은 사원이었다. 그 후 1560년대에 현재와 같은 9개의 둥근 지붕을 가진 우아한 모습으로 다시 만들어졌다. 이반 뇌제를 위해 남쪽에는 흰 돌로 된 높다란 입구 계단이 설계되었

블라고베쉔스키 사원

다. 또 그 북쪽과 남쪽 입구에는 16C 러시아 직인들이 손에 의해 만들어진 섬세한 조각의 원주가 있다. 그러나 무엇보다 이 사원의 미적 가치는 러시아의 이코노스타스(иконостас: 성단 앞에 이콘으로 장식된 휘장)중 최고품이 소장되어 있다는 점이다.

아르한겔스키 사원

수태고지 사원의 반대편에 서 있는 것이 **아르한겔스키 사원**(대천사 사원)이다. 이 사원은 1505~08년에 걸쳐 이탈리아 건축가에 의해 건립되었다. 건축가는 5개의 둥근 지붕을 순 러시아식 전통을 답습하면서도 그 외면에는 르네상스 시대의 베네치아 궁전 건축을 연상케 하는 화려한 장식을 덧붙였다. 사원광장 사원들 중에서 얼핏 보아 가장 화려하고 세부장식이 뛰어나다고 할 수 있다. 정면 입구에는 '루시의 세례'를 테마로 한 벽화가 그려져 있다. 사원 내부도 매우 화려하게 꾸며져 있으면서도 모두 구 러시아의 전통적인 양식을 따르고 있다. 돔을 지탱하는 4개의 기둥에는 러시아 대공들의 모습이 그려져 있다. 이 사원에는 14C초부터 18C초까지 러시아 짜리와 대공들의 납골이 안치되어 있다.

크레믈리의 거의 중앙에 위치해 있는 이반 대제의 종루는 주변의 사원들보다 훨씬 더 높게 하늘을 찌르고 있다. 그 높이가 86m로서 17~19C 동안 모스크바에서 가장 높은 건물이었다. 1505년에 최초로 건립되어 그 후 1532~43년에 걸쳐 증축된 이 건물은 단순한 종루의 역할뿐만 아니라, 망루로서의 역할도 겸하여 모스크바로 쳐들어오는 적군을 일찍 발견할 수 있었다. 이렇게 높이 솟은 종루는 모스크바의 세력을 과시하는 상징물로 작용하였고, 그에 걸맞은 종이나 대포들도 진열되어 있다. 사원광장의 뒤편에 있는 크레믈리 대궁전 역시 모스크바의 위용을 과시하듯 웅장한 모습으로 서있다.

이반 대제의 종루

2) 붉은 광장

크레믈리 앞에 펼쳐져 있는 붉은 광장(Красная площадь)은 오래 전부터 외국인들에게 친숙한 장소이고—소련 시대에도 주요 행사는 모두 여기서 치러졌다— 모스크바의 상징이기도 하다. 붉은 광장의 '붉은'이란 의미가 반공 이데올로기에 물들어 있던 우리의 시각으로는 '빨갱이' 공산당의 종주국을 상징하는 색깔로 여겨질 수도 있다. 그러나 사실 러시아어의 '크라스나야 красная'는 고대 슬라브어로 '아름다운'이란 뜻이다. 따라서 이 광장은 원래 **'아름다운 광장'**이란 의미로 받아들여야 할 것이다.

'붉은' 색깔은 러시아인들에게 가장 친밀한 색채의 하나이다. 언제쯤부터 러시아에서 '붉은'과 '아름다운'이 동일한 어원으로 생겨난 것인지 확실치 않지만, 붉은 것이 아름답다는 생각은 비단 러시아에 한정된 경우가 아닐 것이다. 그렇다 하더라도 러시아어에서 '붉은'이 차지하는 위치는 이상하리만치 러시아인의 생활 속에 깊이 뿌리내리고 있다.[10] 물론 아름답다는 의미 외로도 쓰이지만 어느 것이나 긍정적인 어감을 풍기고 있음을 볼 때, '붉은' 광장은 단순히 색깔만 의미하는 것이 아님을 알 수 있다. 광장을 메우고 있는 다 닳아빠진 회색 돌판은 그 역사가 유구함을 말해준다.[11]

붉은 광장의 기원은 멀리 15C 후반으로 거슬러 올라간다. 당시 크레믈리의 성벽이 축조되었을 때 그 외부가 자유로운 광장으로 생겨난 것이다. 처음에는 토르그(Торг) 광장이라 불렸으니, 이는 매매 또는 장사하는 장소란 뜻이었다. 광장에는 많은 상점이 즐비하게 늘어서 있고 온갖 교환이

10) 예를 들어 '붉은 행렬(결혼행렬)' '붉은 정원, 현관(집의 앞마당, 앞현관)' '붉은 나날(행복한)', '붉은 아가씨(아름다운)' '붉은 이즈바(농가의 좋은 방)' 등등.... 헤아릴 수 없이 많다.

11) 그다지 넓지 않은 붉은 광장의 첫인상은 오히려 왜소하다고까지 느껴진다. 광장이 어디서부터 어디까지를 의미하는지 정확치 않다 보니 그 면적이 정확하게 산출된 것은 없지만, 대략 길이 288m 폭 160m 정도이다.

이루어졌을 것이다. 그러나 이 명칭은 16C에 들어와 광장 남쪽에 있는 트로이츠카야(Троицкая) 교회와 관련되어 트로이츠카야 광장으로 바뀌었다. 대개 모스크바의 시가지 이름은 그 거리에 서 있는 교회나 수도원의 이름을 딴 것이 많기 때문이다. 그러나 이 명칭도 1571년 대화재가 발생한 뒤 포좌르(Пожар 화재) 광장으로 바뀌었다. 현재의 붉은 광장이란 명칭은 겨우 17C 후반에 들어서야 그 이름으로 불리게 된 것이다.

붉은 광장

현재 붉은 광장에는 물이라고는 찾아 볼 수 없지만, 16C초(1508~16)에 방어 목적으로 커다란 해자를 파서 1516년에는 물을 네그린 강으로부터 끌어들여 물이 기득 고여 있었다는 기록이 있다.[12] 이것은 성곽의 외호와 같은 역할을 해 주었던 것이다. 1530년대에는 '로브노예 메스토'(圓壇)라 불리는 원형의 석조로 만들어진 높은 연설대가 있었다. 1549년의 연대기가 이 연단의 기록을 남기고 있는데, 당시에는 여기서 황제의 포고령이 발표되고, 대주교의 연설이나 축복도 행해졌으며, 그 부근에 통나무로 된 사형 집행대도 세워져 있었다. 바로 여기서 그 유명한 스텐카 라진, 푸가초프들이 처형당하였다.

이처럼 도시의 정치적 중심지와 상업지대를 구분해 주던 붉은 광장은 17C후반이 되면서부터 그 모습이 변해갔다. 무질서하게 마구 들어선 온갖 상점들 때문에 광장은 일종의 혼돈상태가 되었기 때문에, 1679년 국가의 명에 의해 상점들이 일소되고 행정건물이 들어섰다. 즉 1697년에는 조

12) 垓字는 주로 중세 이전에 영주의 거처나 성을 방어하기 위해 둘레에 인공적으로 파놓은 도랑을 의미한다. 크레믈리 앞 해자의 깊이는 9.6~12.8m에 이르고 폭은 36m의 규모였다. 그것은 성벽을 따라 길게 파여 있었기 때문에 당연한 일이지만 크레믈리에는 다리들도 놓여 있었다.

역사박물관

폐청이, 1699년에는 지금의 역사박물관이 서있는 장소에 지방관청이 건립되었던 것이다.

18C초부터 이 광장은 모스크바의 문화생활 중심지로 변모해 갔다. 예컨대 스파스카야 관문 부근에는 책방이 나타났고, 러시아 최초의 공중도서관도 세워졌다. 또한 1702년에는 니콜스카야 관문 앞에 표트르 대제의 명에 따라 '희극의 전당'이 세워졌다. 이 전당은 수백 명을 수용하는 극장으로서 주 2회, 월요일과 목요일에 연극이 공연되었다. 공연단은 표트르가 초청한 독일 극단이고 주로 17C의 독일 희곡 외에도 몰리에르나 칼데론의 번역물이 독일어로 상연되었다. 표트르 대제가 이 극장을 세운 목적은 정치적 사건 등을 다룬 연극을 상연함으로써 민중을 계몽하려 했던 것이다.[13]

1755년 개교된 모스크바 대학도 처음에는 붉은 광장의 보건부(Главная аптека) 건물 안에 있었다. 지금은 역사박물관 건물에 그 취지가 기록되어 있는 기념판이 그 흔적을 말해 준다. 표트르의 행정개혁에 따라 보건부로 개칭된(1714.2.) 이전의 보건청은 전국의 약국 감독뿐만 아니라, 전염병 방역대책, 초빙된 외국인 의사 감독 등을 행하고 있었다. 따라서 그 건물이 상당한 권위와 명망이 있었던 만큼, 의학부를 포함한 3개 학부의 초기 모스크바 대학도 그 건물에서 시작되었던 것이다.

1786년에는 광장의 오래된 상점가가 개조되고 크레믈리의 성벽을 따

13) 그러나 독일인 연출가들이 대제의 의향을 무시했기 때문에 성공하지 못했다. 별다른 성과를 거두지 못한 채 1706년 극장은 폐쇄되어 배우들은 흩어졌고, 의상이나 무대 장치 등은 대제의 누이 나탈리아의 궁전으로 운반되었다. 건물 또한 1713년에는 완전히 자취를 감추었다. 표트르의 의도는 좌절되었지만 18C초 붉은 광장에 공연장까지 있었다는 사실은 기억해야 할 것이다.

라 새로운 건물이 생겼다. 1804년 광장은 둥근 돌로 포장되었다. 물론 현재의 석재판은 그 이후의 것이고, 둥근 돌 포장은 아래쪽 시가지 일부에 남아 있다. 1812년 나폴레옹 군의 침공 때 광장의 건물이 모두 파괴된 이후 1814~15년에 걸쳐 새로운 상점가가 재건되었다. 그 후 1817~19년 동안 크레믈리의 성벽을 따라 길게 파여 있던 해자가 메꾸어지고 광장은 한층 더 넓어졌다. 1818년에는 상점가 앞에 국민적 영웅 미닌과 포좌르스키[14]의 기념상이 들어섰다. 물론 이 기념상은 광장의 교통에 방해가 되었던 관계로 1930년에 지금의 위치인 성 바실리 사원 앞으로 옮겨졌다.

국민영웅 미닌과 포좌르스키

붉은 광장이 현재와 같은 모습을 갖추게 된 것은 19C후반에 들어서였다. 1875~81년에 걸쳐 보건부 관청이 있던 자리에 역사박물관이 건립되었다. 19C 말에는 현재의 굼 백화점 전신인 잡화점 건물이 출현하였고, 1892년부터는 광장이 전등으로 조명되기 시작하였다.

14) 동란시기(1598-1613)의 마지막 국면이라 할 수 있는 외국군의 침입시기(1609-13)에 폴란드가 모스크바를 점령하고 스웨덴이 노브고로드를 장악하여 횡포를 부리고 있을 때, 전 국민의 단결을 호소하는 교회의 격문에 따라 몰락 귀족인 Пожарский 공작이 사령관, 백정-상인 출신인 Минин이 총대장으로 활약한 국민군이 모스크바를 위기에서 구하였다.

3) 모스크바 시가지

크레믈리와 붉은 광장을 둘러싸고 있는 모스크바 시내의 가장 중심지는 역사적으로도 그 유서가 깊은 **키타이 고로드**(Китай город)이다. 이 명칭은 크레믈리와 마찬가지로 모스크바에만 있는 이름이 아니라 러시아 다른 도시에도 나타난다. 이것은 도시의 요새 성벽과 마을과의 중간 지역에 붙인 이름이다. '키타이'는 몽고어로 '중간'을 의미하고 '고로드'는 고대러시아어의 '요새'를 의미했기 때문이다. 또 다른 해석은 이탈리아어의 'cita(도시)'에서 유래되었다고 하는 설이다.[15]

키타이 고로드에는 이미 11C에 사람들이 살기 시작했고, 14C에는 직인과 상인의 거리로서 번창하고 있었다. 14C 말 무렵 토담에 둘러싸였고, 1534년에는 호를 파고 나무와 흙으로 만들어진 성벽이 만들어졌다. 이듬해부터 3년에 걸쳐 이 터에 본격적인 석조 성벽이 세워졌다. 15C말이 되자 이 지역에 부유한 상인, 귀족, 성직자들의 저택이 들어서면서 일반 서민들은 더 외곽지대로 쫓겨났으나, 이곳은 여전히 상업 중심지로 남아 있었다. 16C중엽 니콜스카야 거리에는 인쇄국이 세워지고 러시아 최초의 인쇄공들이 거기서 일하였다.

키타이 고로드

상공업 중심지로 발달한 키타이 고로드는 러시아의 문화 발전과도 밀접한 관련이 있다. 러시아 최초의 서적이 여기서

15) 이는 끼따이 고로드의 성벽을 건축한 이탈리아 건축가가 '치따'라 부르던 것이 나중에 '끼따이'로 변했다는 것이다. 이보다 더 재미있는 풀이는 원래 이 성벽이 외적 침입을 막기 위해 광주리에 흙을 담아 만든 울타리이기 때문에 '끼따'라고 하는 광주리의 이름을 따서 붙여졌다는 설도 있다.

인쇄되었고, 최초의 고등교육기관인 슬라브-그리스-라틴 아카데미도 여기서 문을 열었으며, 최초의 인쇄된 신문 '모스크바 베도모스티'도 여기서 발행되었다. 또 러시아 최초의 극장 '희극의 전당'이 여기서 막을 올렸으며, 최초의 대학 모스크바 대학도 이 거리에서 개교하였으니, 그것들 모두는 '모스크바, 키타이 고로드'라는 동일한 번지수를 갖고 있는 셈이다.

사실 모스크바 시가지에는 소비에트 시대의 '세계 제일주의'라는 개발 논리에 따라 역사 유물이 그대로 남아 있는 곳이 거의 없다. 그나마 유일한 것이 키타이 고로드에 있는 레스토랑 'Славянский базар'이다. '슬라브 시장'이란 의미를 가진 이 레스토랑은 1872년 호텔로 개업하여 그 다음해 레스토랑이 들어선 뒤 오늘에 이르고 있다. 물론 혁명 후 호텔은 없어지고 제정시대 최고의 레스토랑은 공산당 중앙위원회 간부들의 전용식당으로 변했다가 1966년부터 다시 개업하였다. 혁명전 이곳에는 러시아 문화사를 장식했던 문인, 예술인들의 투숙 장소였다. 여기에는 아주 비싼 객실이 있어 페테르부르크의 대신들을 비롯해 시베리아의 금광주인, 대지주들이 머물면서 카드놀이나 도박을 즐기기도 하였다.

중심지에서 남쪽으로 모스크바 강과 거의 평행하여 서로 이어져 있는 지역은 옛날 벨리 고로드(Белый город)에 속한다. 이 지명은 16C 후반 하얀 돌로 성벽을 쌓은 데서 유래하며, 목조가옥도 있지만 화려한 석조 교회당이나 대저택이 있었던 곳이다. 지금도 17C의 저택들이 남아있는 비교적 쾌적한 지역이다. 제정시대의 명문 가문들이 살았던 저택들은 지금 박물관이나 기념관으로 남아 있으며 역사적 자료도 소장되어 있다. 예컨대 모스크바의 대표적 건물로 유명한 로푸힌 가는 1817~22년에 걸쳐 농노 출신 건

벨리 고로드

축가에 의해 설립되었는데, 현재는 레프 톨스토이의 기념관으로서 작가의 원고, 개인적 물품들, 초상화, 각종 출판물, 생전의 육성 레코드, 작품 삽화 등 관련 유품들이 보관되어 있다.

일반적으로 이 지역은 18C말부터 19C초에 걸쳐 대저택이나 독립 가옥들이 많이 들어선 곳이다. 이곳만큼 당시의 고전주의식 건물을 한눈에 두루 볼 수 있는 지역을 달리 찾아보기란 힘들 것이다. 이곳을 벗어나면 지금은 완전히 현대식 건물로 들어선 주택지이지만, 과거에는 나무 울타리로 경계가 있던 데레뱐늬 고로드(Деревянный город이)다. 1591년 도시의 외곽에 나무 울타리로 구분하여 가난한 직인이나 인부, 마부, 정원사들이 거주한 통나무집들이 주를 이루었다. 눈 녹은 물과 수렁으로 지저분한 곳인데다 화재가 빈번하게 일어나 항상 재개발의 여지를 많이 안고 있었던 곳이기도 하다.

이처럼 모스크바는 전통과 현대 문명이 공존하는 공간이다. 얼핏 보아 무질서하고 전근대적인 도시로 비춰질지 모르지만, 러시아인의 뿌리가 스며있고 진실과 가정적인 안락함이 담겨 있는 도시이다. 도심의 미로 하나하나에도 모스크비치의 숨결이 묻어 있는 곳인 만큼, 그들의 외양만으로 판단하지 말고 보다 신중한 접근으로 그들의 진면목을 파헤쳐야 할 것이다.

[과제 & 토론]

1. 모스크바 시가지의 명승지와 그 유례를 조사해 보시오.
2. 모스크바 소개 영상물을 보고, 그 소감을 구두로 발표하시오.

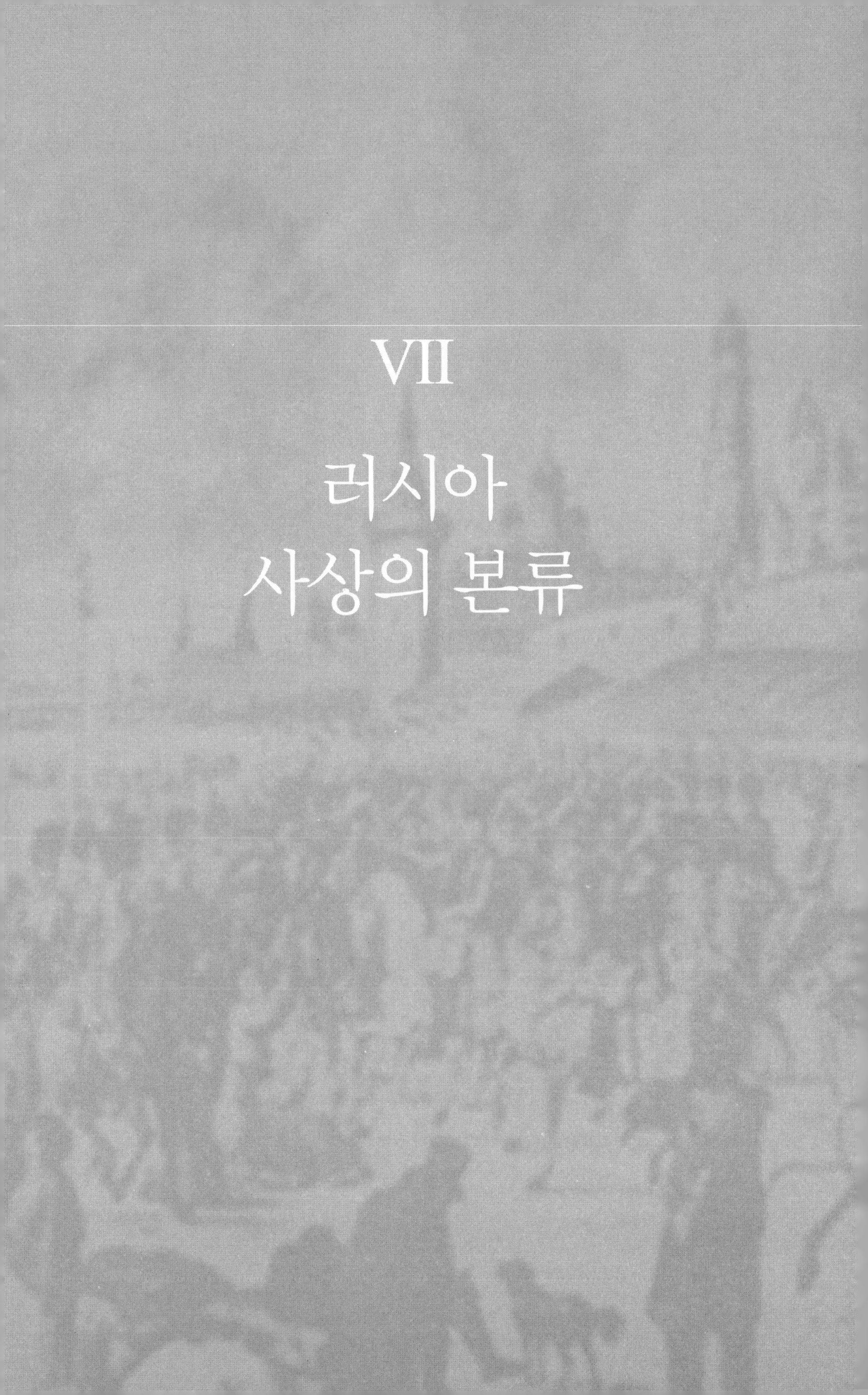

VII

러시아 사상의 본류

1. 아버지세대 지식인

1) 선구적 지식인

러시아 지식인의 탄생은 전제정부의 강압적인 서구화 및 계몽정책의 부산물이었다. 18C의 관료는 국가의 명에 따라 유럽에서 유학하고 돌아와 충직하게 봉직한 자들이 대부분이다. 그 중에서 비판적인 사고로 농노제 사회에 반기를 든 라디쉬체프 같은 인물도 있다. 하지만 개인적 차원에서 벗어나 집단적 항거운동으로 나타난 것은 **데카브리스트**(Декабрист 12월주의자) 봉기였다. 알렉산드르 1세가 나폴레옹을 쫓아 파리로 입성할 때, 그 주역을 맡았던 청년 귀족장교들이 니콜라이가 형의 뒤를 이어 황제로 즉위하던 날(1825.12.14)에 거사를 일으켰던 것이다.

프랑스 계몽사상을 익히고 혁명정신을 직접 접한 일단의 청년귀족들이 돌아와 러시아의 현실을 직시했을 때 자신들의 이상과 너무 차이가 있음을 깨달았다. 1816년 근위대 대령 트루베츠코이의 주도하에 결성된 청년장교단은 러시아 사회의 후진성과 비합리성을 극복하기 위한 개혁의 희망에 대해 토론할 목적으로 '구국연맹'을 조직하였다. 그 뒤 정부의 결사금지령 발표 후 1818년 지하조직으로 '복지연맹'을 결성하였

원로원 광장의 데카브리스트 봉기

다. 한 번 타오른 불꽃은 꺼지지 않아 1821년 장교들 중심으로 두 개의 비밀결사체가 조직되었다. 하나는 페테르부르크의 '북부협회'이고, 또 다른 하나는 우크라이나의 툴친에 본부를 둔 '남부협회'였다.

북부협회는 무라비요프 중심의 근위대 장교들이었다. 이들은 주로 몰락한 대귀족 가문의 후예들로서 고전적 자유주의자들이었고, 그 중에는 시인 르일레프도 포함되어 있었다. 루시 사회의 자유를 동경했던 무라비요프는 귀족정을 이상화시키고 헌법에 바탕을 둔 체제, 곧 입헌군주제의 달성을 주장하였다. 또한 헌법 초안에는 농노제 폐지도 상정되었지만, 어디까지나 귀족의 입장에서, 즉 토지 소유자는 명백히 귀족으로서 농노제 폐지 이후에도 여전히 그 권한을 보유하고 있어야 했다. 그리고 소수민족에게 자치권을 보장하는 미국식의 연방제와 시민의 자유권 보장도 적극 주장하였다. 그러나 이 모든 것이 유력자에 의한 쿠데타로 이루어질 것을 기대한 북부협회의 발상은 18세기적 발상이라 볼 수 있다.

그보다 더 혁신적인 남부협회는 페스텔 대령 중심의 급진주의자들이었다. 페스텔은 군사 쿠데타 후 독재권을 쥔 과도정부가 사회 변혁을 주도해야 하고 궁극적으로는 공화정 체제를 이상으로 삼았다. 농노해방은 전격적으로 무상으로 실시되어야 하고, 토지분배는 공동체 단위의 공동소유와 잉여가치를 축적할 수 있는 개인소유 둘로 나누어져야 했다. 또한 소수민족의 완전 독립을 전제로 강력한 중앙정부 수립을 목표로 한 점에서 북부협회와 크게 다르다. 결국 남부협회는 공리주의적 차원에서 사회를 파악하고 중앙정부의 법령으로 그 실효를 거둘 수 있다는 '자코방'적 신념에 그 기초를 두었던 것이다.

이들 협회는 1825년 11월 아조프 해 연안 타간로그에서 실종된 알렉산드르 1세의 계승자가 즉위하는 날을 거사일로 택하였다. 제위 계승자가 물망에 올라 있던 자유주의자로서 폴란드 대공이던 콘스탄틴이 아니라, 보수반동적인 니콜라이로 결정된 데 대한 불만이자 미래에 대한 우려 때문이었다. 그러나 정작 거사 당일은 모반 일정이 급작스레 정해진 이유도 있겠지만 오합지졸의 목소리에 지나지 않았다.[1] 석양이 짐과 동시에 발포 명령이 내리자 시위군중은 뿔뿔이 흩어지고 대관식이 거행되던 광장은 아수라장으로 변했다. 즉위식 날을 피로 물들인 니콜라이 1세는 철저한 반동정책으로 일관하기로 결심하였고, 주모자들을 직접 심문 처벌하였다.

데카브리스트 봉기는 개인의 무사안일에서 탈피하여 사회변혁을 주도한 최초의 집단적 항거운동이란 점에서 높은 평가를 받는다. 그것도 주동자들이 사회적 신분과 미래가 보장된 귀족 출신의 장교였다는 사실은 향후 지식인들의 흠모 대상이 되었고 19C 러시아 지성계의 향방을 결정지었다. 하지만 그들의 모반은 인민들과 유리된 이상으로 민중의 참여가 없는 귀족들 간의 관심사에 불과했다. 더욱이 교통과 통신의 미발달로 국가 전체에 끼친 영향은 아주 미미하였다.

반란을 진압하고 제위에 오른 니콜라이 1세는 전제군주로서의 역할을 충실히 다할 것을 다짐하고 황제 직할부서를 만들었다. 그 중 제 3부는 비밀경찰 조직으로서 니콜라이 치세를 대변하는 대표적인 부서가 되었다. 이러한 살벌한 감시망을 뚫고 '어둠을 울린 총성'을 발한 자가 바로 **차다예프**(1794~1856)였다. 1836년『망원경』지에 발표한 "철학서한"으로 그는 서구주의자와 슬라브주의자의 지상논쟁을 유발시킨 장본인이 되었다. 그는 이들의 논쟁에 중립적인 위치에 있었지만, 러시아의 과거와 미래에 대한 고뇌를 잘 대변하였다.

표트르 차다예프

1) 심지어 시위대 앞의 장교들은 "За конституцию 헌법을 위하여"라고 소리치는데, 뒤에 있던 군중들은 '헌법'이란 말을 이해하지 못해 "За Константина 콘스탄틴 대공을 위하여"라고 외쳤던 것이다.

차다예프는 부유한 지주의 아들로 모스크바 대학에서 공부하였으나 도중에 군 장교로 자원입대하였다. 나폴레옹 전쟁이 종료된 후 데카브리스트 운동에 참여하던 그는 촉망받던 장교였음에도 불구하고 군직을 사퇴하고 종교작가로서의 활동에 전념하려 했다. 1823년 차다예프는 해외여행을 하면서(이 때문에 그는 데카브리스트 반란에 직접 간여하지 않았다) 유럽의 저명한 철학가들과 만나고 전제정치에 상당한 영향을 미쳤던 로마 가톨릭에 심취하였다. 1826년 러시아로 돌아온 그는 은둔생활을 하면서 자신의 세계관을 철학적으로 다듬는 일에 전념하였다. 그 결실이 1828~31년 동안 불어로 쓴 8편의 "철학서한"이었다. 그중 제 1편이 러시아 편으로서 그의 생존 시에 유일하게 발표되었다.[2]

러시아에 관한 "철학서한" 1편에서 저자는 '신이 러시아를 버렸다'고 주장하였다. 러시아는 동양에도 서양에도 속하지 않으며, 역사적 연속성이 없을 뿐만 아니라 도덕성까지도 결여되어 있다. 타민족의 역사는 해방의 역사인데 반해, 러시아의 역사는 농노제와 전제정의 발달사에 지나지 않는다. 인류의 문화발전에 아무런 기여도 하지 못한 러시아는 과거도 현재도 미래도 찾아볼 수 없다. 러시아는 '사물의 지적인 질서', 즉 서구 가톨릭 사회의 한 공백상태에 지나지 않는 것이다. 바로 그 이유는 민족적 종교적으로 고립되었기 때문이고, 그것을 극복하려면 러시아가 유럽의 모든

2) 계몽주의 철학가들과는 달리 차다예프는 개인적 자유의 열망이 인간에게는 자연스럽지 못한 것이라 생각하였다. 인간의 진정한 목표는 스스로에게 복종하는 것이며, 인간의 행위는 개인을 초월하는 힘에 의해 외부로부터 통제된다. 따라서 인간의 의식과 지식은 사회적이며 초개인적인 원천에서부터 흘러나온다. 그의 역사철학 또한 이러한 정신이 깔려 있다. 인간의 자발적 행동이 역사에서는 별다른 역할을 하지 못한다. 인간은 창조주의 의도를 직시하고 자기 스스로의 의지가 역사를 움직이는 위대하고 자유로운 의지(신의 의지)와 일치할 때 인간은 진정으로 위대하고 자유로워진다. 결국 그는 선험적인 신의 섭리에 따라 보편성을 지향하는 민족이야말로 의미 있는 사회를 창조할 수 있다고 보았던 것이다.

과거 경험을 처음부터 답습해야 한다고 했다.

이렇게 러시아의 존재를 철저하게 부정한 "철학서한"이 게재된 『망원경』지는 정간당하고 편집인은 유배, 검열관은 직위해제 당하였다. 차다예프는 미치광이로 취급받아 가택연금 생활을 하던 중 1837년 "광인의 변명"이란 글을 통해 자신의 러시아 관을 재정립하였다.[3] 그는 "서한"에서 러시아의 역사가 없고 유산이 없는 사실을 비통해 했지만, "변명"에서는 유산이 없다는 사실이 미래에 대한 새로운 설계를 가능케 하는 기회를 제공해줄 것으로 결론 내렸다. 결국 그는 조국에 대한 사랑의 방법이 달랐을 뿐 조국의 영광스런 미래를 추구하였던 것이다.

2) 슬라브주의자

슬라브주의자(Славянофилы)란 용어는 당시 서구주의자에 반대하는 사람들의 전형이라고 느껴졌던 부족적 배타주의를 조롱하는 말로 이용되었다. 그 어원적 의미는 '슬라브족을 사랑하는 사람들'로서 역사적으로 1830년대 말부터 서구주의 경향에 반대하는 보수 귀족계급의 이론가 그룹을 총칭하는 협의의 의미로 사용되기 시작하였다. 더욱이 이 때 '슬라브'는 형제 슬라브족과의 유대감이 아니라, 사회생활과 고대 러시아의 문화 속에 스며있는 민족적인 슬라브 요소를 의미한 것이다.

낭만주의적 지식인이었던 슬라브주의자들은 주로 지주와 귀족 출신이었다. 그들은 아시아도 유럽도 아닌 '러시아적' 우월성을 강조하기 위해

3) 사실 철학서한 제 1편이 완성되고(1829) 발표되기(1836)까지는 몇 년의 공백이 있었는데, 그간 차다예프의 견해에는 약간의 변화가 있었다. 특히 1830년 프랑스 7월 혁명은 유럽에 대한 자신의 믿음을 약화시키고 러시아에 대한 비관적인 견해를 다소 수정하는 충격적인 사건이었다.

정교와 미르(мир 농민공동체)를 옹호하였다. 러시아 정교야말로 진정한 신앙으로 신의 뜻에 부합되며, 미르야말로 개인과 이기주의를 버리고 공동이익 속에 융합하여 사는 도덕성의 원천이라는 것이다. 그들은 서구의 부르주아적 자본주의 문명을 거부하고, 인간들 사이의 통합과 조화를 이상형으로 삼았다. 슬라브주의자는 유럽이 러시아보다 부강하고 근대화 되었다는 점은 인정하지만, 도덕적으로는 러시아가 유럽보다 더 순수하고 덜 부패되었다고 주장하였다. 러시아의 정교정신과 미르에는 사랑 자유 협동이 담겨 있었는데, 이 고귀한 정신을 파괴한 자가 바로 표트르 대제라는 것이다.

대제의 개혁을 모든 역사악의 근원으로 파악한 슬라브주의자에게 표트르는 러시아의 공동체 정신을 파괴했으며, 관습과 전통을 간섭하여 강압적인 관료정치를 초래한 장본인으로 간주되었다. 표트르가 심어놓은 서구의 합리주의 전통이나 법률존중주의가 비판의 무대에 올랐다. 서유럽 국가의 헌법적 장치나 형식주의적 법률은 부정되고, 사형제도나 정부의 사생활 침해, 관료주의 병폐 등이 비난받았다. '정부와 국민 사이의 제일 좋은 관계는 상호 불간섭'으로 정신생활의 자유(양심 언론 출판)가 보장될 것을 주장하였다. 이 때문에 슬라브주의자들 역시 짜리정의 검열과 방해공작에서 벗어날 수가 없었다.

호먀코프

대표적인 슬라브주의자는 호먀꼬프(1804~60)로서 정통 귀족 가문의 어머니로부터 정교신앙을 전수받은 그는 평생 독실한 신앙심을 갖고 있었다. 신학에 깊은 관심을 표명한 그는 교회개념에 관해 중점적으로 연구하였다. 그가 발굴한 러시아 정교정신 중에서 가장 돋보인 것이 단합정신을 의미하는 '소보르노스찌'개념이다.[4]

4) 신학적 개념으로서 소보르노스찌는 러시아정교를 가톨릭의 교황절대주의와 프로테스탄트의 개인주의보다 상위에 위치하고 있다. 유기체적 개념으로 소보르노스찌는

호먀꼬프는 이 소보르노스찌 개념을 이용하여 유럽의 기독교를 비판하였다. 가톨릭은 로마 국가로부터의 법률적 형식주의와 논리적 이성주의를 바탕으로 하기 때문에, 교황에게 무조건 복종하는 '자유 없는 통일'을 강요하고 있다. 이에 반해 개신교는 자유분방한 개인의 존재를 중시하고 타인을 의식하지 않은 채, 하나님에 대한 신앙심만 강조하는 '통일 없는 자유'를 표방하고 있다. 그러나 정교회는 신에 대한 사랑을 바탕으로 한 '자유'와 신을 경배하는 사람들이 상호 사랑하는 '통일'을 이루는 조화로운 '자유 안에서의 통일'을 지향한다는 것이다. 그는 이러한 소보르노스찌가 러시아의 전통적인 미르 속에도 그대로 간직되어 있다고 믿었다.

다음은 젊은 시절 '지혜를 사랑하는 자들'과 교류를 갖고 유럽도 방문한 **키레옙스키**(1806~56)이다. 어릴 때부터 쉘링의 저술을 연구했던 계부 엘라긴의 영향으로 철학에 관심이 많았다. 그는 실연의 상처를 달래기 위해 독일을 여행하면서 헤겔과 그의 제자들과 교류하였다. 귀국한 그는 서구의 문화와 교육에 대한 글을 썼지만 검열에 걸렸다. 그는 육감적인 경험과 이성만을 지식의 원천으로 하는 서구문명에 반대하였다. 모든 정신적인 힘들의 완선한 일치에 바탕을 둔 지식을 요구하면서, 이를 추상적이고 논리적인 사고에 의해 도출된 지식과 구별하려 했던 것이다.

키레옙스키

키레옙스키는 국가와 교회간의 관계를 공동체 개념에서 추론하였다.[5] 인간의 가치를 보호해주는 자유

교회를 가르침이나 권위의 중심지로서가 아니라 '그리스도 속에서 사랑하는 사람들의 회합'으로 파악된다. 그가 연구한 소보르노스찌는 진리라는 공동이해 속에 구원의 길을 공동으로 발견하기 위해 교회를 근간으로 한 자유로운 통일체이며, 그리스도의 사랑에 바탕을 둔 통일체이다. 결국 소보르노스찌를 통해 교회는 외부 권력에 대한 복종이 아니라 유기적 협력관계를 모색해야 한다는 것이다.

5) 그의 저서에서 "국가는 지상의 일시적인 삶을 목적으로 삼는 사회이고, 교회는 천국

로운 개인의 발전은 종교적 원칙들 속에서 건설된 국가에서만 보장될 수 있다. 이러한 내면적 통일성을 상실한 서구문명은 '상호간의 분열'만 조장시킬 뿐 아무런 희망이 없다는 것이다. 그러나 그는 서구문명과의 완전 단절을 주장하지는 않았다. 결국 서구문명은 러시아정교에 입각하여 하나의 사랑으로 합쳐질 것이며, 정교의 교리 속에 담긴 삶의 지침들이 유럽의 계몽주의를 지배할 것으로 전망한 것이다.

1840년대 고전적 슬라브주의는 낭만적 보수주의의 유토피아적 이상과 복고주의에 기반을 둔 것이었다. 지적인 이념으로서 슬라브주의는 러시아의 철학논쟁 수준을 높였고, 사회현실에 대한 문제제기와 비판적 태도를 활성화시켰다. 철학에서 정치로 발전하게 되면서 슬라브주의는 한편으로는 보수적 개혁주의, 또 다른 한편으로는 범슬라브주의라는 두 가지 경향으로 나뉘어졌다. 전자는 차후 60년대 대개혁시대에 정부의 보수적인 입장을 잘 대변하였고, 후자는 19C후반 팽창주의 패권적인 러시아 외교정책에 이념적 바탕을 제공하였다.

3) 서구주의자

러시아 역사해석에 대한 갈림길에서 서구역사의 진행방향이 러시아가 추종해야 할 하나의 모델로 파악한 그룹이 서구주의자(Западники)이다. 이들은 무지와 몽매 속의 러시아가 표트르 개혁에 의해 비로소 '의미 있는 역사'가 시작된 것으로 파악한다. 서구문명의 맥락 안에서 러시아의 사명감을 찾아야 하며, 서구의 정치발전을 기준으로 러시아 체제를 비판하였다. 그러나 서구주의자는 슬라브주의자에 비해 응집력 있는 이데올로

의 영원한 삶을 목적으로 삼는 사회이다. 일시적인 것은 영원한 것을 위해 일해야만 한다. 고로 국가는 교회의 이익 속에서 사회를 다스려야 한다."고 주장한다.

기와 사회철학을 가진 동질적인 운동을 형성하지 못하였다. 그것은 '인격' 문제에 관한 중시도 차이에 기인한 것으로, 온건파(자유주의)와 급진파(민주주의)로 나뉘어졌다.

온건파 서구주의자는 스탄케비치 서클[6]에 참여했던 자들 중 모스크바대 유럽사 교수였던 그라놉스키 중심의 소장학자들이 주류를 이루었다. 그들은 점진적 개혁주의와 대중적 계몽주의를 지향하면서 예술지상주의를 지지하는 다소 이상적인 노선을 취하였다. 반면 급진파는 프랑스 생시몽의 영향으로 무신론자, 자코뱅주의자들로 이루어져 예술도 사회고발적 성격을 띠어야 한다고 주장하였다. 차후 지성사의 흐름은 급진파의 영향을 크게 받았기 때문에 이들을 중심으로 서구주의자들 사상을 짚어 보자.

군의관의 아들로 천부적인 재능을 겸비한 문학비평가 벨린스키(1811~48)는 당시 논쟁에서 서구주의자의 대변자였다.[7] 그는 '문학의 사회성'을 강조하여 정치-사회적 이데올로기를 중시하였다. 문학작품은 사회·역사·사상이란 넓은 시각에서 다루고 대중을 인도해야 할 의무가 있다. 1847년 정신적으로 쇠약해지던 가운데 쓴 "고골에게 보내는 편지"에는 문학의 민족

벨린스키

6) 모스크바 의과대 학생이었던 И.В.Станкевич(1813~40)가 1831년 조직한 모임으로 서구주의자들의 온상이었다. 셸링과 헤겔 철학을 토론하며 문학 음악도 공부한 청년 학도들의 단체인 이 서클에 처음에는 온건파 급진파 모두 같이 활동하였다.

7) 모스크바대 학창시절 스탄케비치 서클에서 셸링과 헤겔 철학을 접한 그는 변증법을 러시아 역사에 적용한 최초의 인물이었다. 1단계인 자연성과 2단계의 보편성이 3단계의 조화롭고 합리적인 현실로 발달한다는 것이다. 러시아 역사에서 이 3단계로 끌어올린 사람이 바로 표트르 대제로서 "대제 이전의 러시아인은 단지 인민(народ)에 지나지 않았으나 대제의 개혁에 따른 변화 덕분에 국민(нация)이 되었다." 따라서 표트르의 개혁은 자연성이라는 고대 러시아의 생태를 전혀 부정하지만, 보편적인 인간 가치란 이름으로 새롭고 의식적인 국민이 탄생하게끔 했다는 것이다.

적 보편적 사명이 잘 담겨 있다.[8] 러시아의 구원은 신비주의나 금욕주의, 애국심 등에 있는 것이 아니라 문명과 교육의 발전, 인간적인 가치에 있는 것이라 하였다.

벨린스키는 유물론자로서 무신론자이고 사회주의자였다. 악과 고뇌에 가득 찬 불완전한 세상을 만든 창조주를 불인정한 그는 세계정신(일반이념, 이상, 신)과 관념론에 반기를 들고 "거부야말로 나의 신이다"는 입장을 천명하였다. 결국 혁명을 통해야만 인간의 인격을 구출할 수 있고, 스스로를 위해 인간의 완전한 복종을 요구하는 사회라는 일반자에게 예속되어야 한다. 벨린스키는 인간 인격의 우월성을 짓밟는 전제정과 농노제에 대해 혹독한 비판을 했으며, 그 타도를 위해 '혁명가는 독재가가 되어도 좋다'고까지 하였다.

게르첸

러시아 사회주의의 아버지라 불리는 게르첸(1812~70)은 명문귀족 가문의 사생아로 모스크바 대학 시절 프랑스와 독일 철학에 심취하였다. 젊은 게르첸이 생시몽 철학에 사로잡힌 것은 철학이 갖는 정치적 측면보다 그것이 내포하는 역사철학, 즉 새로운 종교의 계시라는 측면 때문이었다. 헤겔철학의 영향이 극에 달해 있던 1840년 초, 유형지에서 돌아온 게르첸은 헤겔철학을 외형적으로만 해석할 경우 비인격적이고 잔인한 힘으로서의 역사이성을 숭배할 요소가 있음을 간파하였다. 이에 그는 헤겔철학의 재해석을 통해 독립된 행동과 인격의 자율을 옹호하려 했으며, 행동 자체가 인격임을 깨달았다.[9]

---

8) 이전의 입장을 바꿔『검찰관』과『죽은혼』에서 정교와 짜리정을 정당화한 고골에게 벨린스키는 러시아 작가의 고귀한 사명에 배신한 작가를 힐난하였다.

9) 게르첸의 주장에 따르면 인격은 모든 발전의 수단이 아니라 궁극적인 목표가 되어야 했다. 자연의 일부인 인간은 사고하는 존재일 뿐만 아니라, 감각과 정열과 지각을 겸

서구의 개인주의 문화를 동경했던 게르첸은 국내의 탄압적인 분위기에서 벗어나기 위해 유럽여행을 하였다. 그러나 1848년 유럽혁명은 서구주의자 게르첸으로 하여금 또 다시 회의에 빠지게 만들었다. 개인의 인격해방을 주창하던 혁명정신이 쁘띠 부르주아의 비열함에 왜곡당하고 비참한 환멸 속에 영위되던 서구사회는 게르첸의 이상을 짓밟아 놓았던 것이다. 결국 그는 러시아적 특수성에 관심을 갖고 서구주의와 슬라브주의의 접맥을 위해 망명지 런던에서 『종』이란 잡지를 만들어 조국으로 밀반입시켰다. 나로드니키 사회주의의 터전을 닦은 이 잡지는 아들세대 급진주의자들의 구미에 맞는 양분을 공급해주었다.

러시아 최초의 직업적 혁명가 **바쿠닌**(1814~76)은 아나키즘(무정부주의)의 창시자로 유명하다. 극좌익 혁명사상가이자 감정적인 몽상가 바쿠닌의 사상은 아버지세대의 사상적 특성보다 아들세대의 행동지침으로 더 인기가 높았다. 그는 "파괴에 대한 정열은 창조적 정열"이란 역설로 폭동에 의해 구세계가 타파되고 나면 신세계는 자연이 도래할 것으로 파악하였다. 그의 시각에서 보면 모든 권력은 악이며 죄가 된다. 국가는 '그들'이고 지배계급에 의해 만들어진 억압을 위한 도구로서 우리의 가장 흉악한 적이다. 국가는 범세계적인 인간의 유대관계를 파괴시키는 원흉이기 때문에 파괴되어야 하고, 무조직 상태의 자연적 이치와 힘만이 구원의 수단이라고 간주하였다.

바쿠닌

비한 창조물이다. 그가 제시한 인격에의 이상은 유물론과 관념론의 신테제, 즉 삼라만상은 독특한 자연과 보편성의 영역인 논리와의 합이라는 성격을 띠고 있다. 유물론은 사회를 개인의 추상적인 총합으로, 그리고 인격을 기계적 과정과 물질적 입자의 합으로 본 반면, 관념론은 구체적인 물체나 개별적인 인간을 간과한다. 이 둘을 결합하여 상호 보완해야만 개별과 보편이 조화를 이루는 진정한 타협체가 탄생한다는 것이다.

전투적 무신론자였던 바쿠닌에 의하면 신은 악마이며 인간 권위의 근원과 노예화, 포악함의 원인이 된다. 신의 관념은 인간 이성의 부정 내지는 정의와 자유를 부정하는 실체이다. 모든 종교는 잔인한 것이며 추상적 개념을 위해 삶을 희생한다는 원리를 신성화 시키면서 끝없이 피를 요구하고 있다.[10] 인간이 복종해야 할 법칙은 오직 인간 자신의 법칙이다. 자유가 반대해야 할 것은 종교와 국가에 의해 재연되는 강제와 갖가지 유형의 소외이다. 이를 파괴하기 위해서는 봉기와 테러가 사용되어도 무방하다. 이러한 바쿠닌의 사상은 1870년대 나로드니키의 한 분파에 혁명적 전략으로 파급되어 커다란 파장을 가져왔다. 서구주의 급진파의 사상은 아들 세대 지식인의 사상적 기반을 마련해 주었다.

---

10) 따라서 신의 소멸은 인간의 자유에 필요한 전제조건이다. 바쿠닌이 신의 부정을 요구한 것은 과학의 이름으로서 뿐만 아니라 무엇보다 자유의 이름에서 출발하였다. 개인 자유의 의지가 없는 인간은 사물과 같아 그 책임이 따르지 않으며, 인간은 외적 명령이나 강압이 아니라 자연법칙에 따르는 것이 가장 순리적이다.

2. 아들세대 지식인

1) 라즈노친치와 니힐리즘

1860년대 아들세대의 대표명사인 **라즈노친치**(разночинцы)는 귀족출신 중심의 아버지세대에 비해 '다양한 계급 출신의 사람들'을 의미하였다. 이들은 하급관리와 성직자, 지방교사와 의사들이 해당되었다. 아들세대 지식인이 수적으로 증가하고 뚜렷한 색깔을 띠게 된 것은 다소 경솔하기는 하지만 진취적인 바로 이 집단 때문이었다. 평민출신의 이들은 경제적으로 안정되지 못하고 생활방식도 세련되지 못하였다. 이러한 라즈노친치를 묘사할 때 흔히 사용되는 표현은 '깡마르고 금욕적인, 무례하고 완고한, 안경 끼고 신경질적인' 등등의 말이었다.

사회적 출신이 다르고 교육수준이 차이 났기 때문에 지식인 내부에는 뚜렷한 구분이 생겼다.[11] 근대화에 발맞추어 조성된 지식인의 문화에서 또 다른 변화가 일어났다. 아버지세대와 마찬가지로 아들세대 지식인들도

---

11) 아버지세대 : 사회적 교육적 직업적으로 상층 지식인 / 철학적 관념론자, 탐미주의자 / 이성 자유 민주라는 이상을 도입하려 했던 탁상공론자 / 관념적 이상적인 모든 문화 사회가 활동영역. 아들세대 : 덜 세속적, 덜 세련, 직업적으로 덜 안정된 하층 지식인 / 유물론자, 공리주의자 / 이상향을 실천시키려 했던 행동주의자 / 전문적이고 대개는 더욱 공리적인 인생관.

뛰어난 지식인이 많았는데, 그 교육과 관심이 단지 한 분야에만 집중된 것이 아니라 일반적으로 다양하게 표출되고 있었다. 19C중반의 유럽은 근대화의 기술적 과학적 경제적 양상에 몰두하고 있었다. 서구와 마찬가지로 러시아에서도 그러한 변화의 결과는 더욱 전문적인 교육과 직업에 대한 수요가 증대되었다. 이러한 교육을 받았거나 추구한 아들세대 지식인들은 생활방식에서도 변화를 가져왔다.

라즈노친치는 새롭고 독특한 급진적 양식을 창조하였다. 그 양식은 1860년대 초 대학에 입학한 급진적 신세대의 분위기에 어울리는 것이었다. 대학 내의 공동체적 생활, 학생집회, '두터운 잡지'에 기고하는 풍토, 과학과 유물론의 수용 등으로 그들의 융합은 훨씬 수월해졌다. 그들은 기존의 정치-사회적 질서에 대해 과감한 공격을 퍼부었고 아버지세대 지식인이 쌓아놓은 모든 것을 부정하였다. 아들세대는 평상시의 태도나 의복, 대화까지도 급진적 스타일을 요구하였고, 그것을 마치 자신들의 독트린마냥 중시하였다. 이들이 곧 反문화에 젖은 '니힐리스트'로 대변되었다.

니힐리즘[12]은 아들세대 지식인들의 문화에서 중요한 새로운 요소였다. 그것은 전형적인 러시아적 현상으로서 금욕주의적 문화양태를 의미하였다. 그리고 전통적 권위와 인습에 대한 거부와 더불어, 전통사회의 가치관과 권위로부터 개인을 해방시키려는 운동이었다.[13] 니힐리즘은 계몽주의의 급진적 형태로서 러시아 혼과 의식 발전의 변증법적 귀결이다. 하나의 신앙으로 수용된 니힐리즘은 엄격하고 윤리적이며 가혹하고 배타적인 새로운 정신적 지주로 떠올랐던 것이다.

---

12) Nihilism(нигилизм)은 라틴어의 無를 뜻하는 nihil이 어원이며 '허무주의'라 번역될 수 있다.

13) 니힐리즘은 투르게네프의 소설『아버지와 아들』의 주인공 바자로프에서, 그리고 체르늬쉡스키의 소설『무엇을 할 것인가』의 주인공들에 잘 구현되어 있다. 그들은 평민 출신이라고 하여 세련된 귀족 생활이나 부르주아 생활에서 제외된, 그러면서도 천부적 재능으로 야심 가득 찬 청년들의 전형적인 금욕주의 문화를 나타내준다.

1860년대의 지적인 해방운동으로서 니힐리즘은 정교적 금욕주의 성격을 띠고 있다. 니힐리즘은 신·영혼·정신·이념·가치기준과 최고 가치를 부정하는 종교적 현상으로 인식되어야 한다. 정교 토양에서 성장한 니힐리스트는 정교적인 현세를 거부하고 충실한 삶과 부에 반대하였다. 그들의 목표는 모든 인간을 노예화하고 인간의 행복을 방해하는 것을 분쇄하여 지상의 인간을 해방시키는 것이었다. 자연과학과 경제학을 중시한 니힐리스트는 러시아적 묵시록을 깨뜨리고, 역사의 부정(不正)에 대해 반기를 들어 역사의 밖에서 새로운 삶이 시작되기를 요구하였다. 그들은 스스로 모든 문화의 허식을 벗어던지고 벌거숭이가 되어 어떠한 종류의 속박도 거부하였다.

러시아 민족의 극단성 때문에 러시아 계몽주의자들은 거의 모두 니힐리스트가 되었다. 니힐리스트는 철학적·예술적 창조품이 반드시 사회에 봉사해야 할 것으로 생각하였다. 그들은 미래를 만들려고 노력했으나 그들 자신을 위해서는 아무런 희망도 갖지 않은 희생과 자기포기 정신을 보유하였다. 니힐리스트는 모든 장중한 허식을 타파하고 모든 틀에 박힌 허위를 극복하여 사물의 진상을 밝히고자 했다. 그들은 이성에 근거를 둔 자연 및 물질과학 등을 실제적이고 가치 있는 것으로 인정하였다. 우상파괴, 농노해방, 자유 등이 니힐리스트의 도덕적 힘을 제공해 주었다.

그러나 그들은 인격의 해방을 요구하면서 일체의 신앙이나 추상관념에 대한 반역을 선언하는 모순에 빠졌다. 즉 인격의 질적 내용을 상실한 채, 그들의 내적 생활은 공허해지고 창조와 정신성의 풍요에 대한 인격의 권리를 부정하고 만 것이다. 인격을 실용성에다 예속시킴으로써 인격이 지닌 창조성을 말살시키고 말았다. 공리주의적 도덕 원칙은 인격의 자유를 무시하고, 생활의 충실함이나 폭과 깊이를 늘이기 위한 노력도 옹호하지 않음으로써 反인격적이었다.

니힐리스트는 스스로 '생각하는 현실주의자 Thinking Realist'라 불렀다.

40년대 아버지세대의 관념론자들이 백일몽을 꾸고 나태한 생활을 하면서 이기적인 자기도취에 빠져 있던 '잉여인간'이었음에 비해 그들은 공리주의 원칙하에 행동하는 현실주의자였던 것이다. 그러나 40년대와 60년대 세대 간의 사상적 차이는 단절이라기보다 변증법적 대립관계에 지나지 않는다. 이들 지식인의 갈등은 이념의 차이보다 기질의 차이에 기인하였다. 아버지세대는 무비판적이고 독선적인 아들세대에 대해 우려와 혐오감을 느꼈고, 아들세대는 기성세대의 무기력과 나약함을 경멸했던 것이다. 결국 60년대 니힐리즘은 구체적으로 반정부적 성격을 띤 정치운동이라기보다 기성세대와 사회 전체를 거부하는 문화운동이었다.

2) 니힐리스트의 전형

60년대의 급진적 지식인뿐만 아니라 그 다음 세대 사상가들에게도 가장 큰 영향을 미친 사람은 **체르늬쉡스키**(1828~89)이다. 하급사제 출신이던 그는 정교정신의 토양에서 성장하여 성직자적인 면모도 갖추고 있었다. 그는 매우 박식하여 신학뿐 아니라 프랑스 계몽주의와 유토피아 사회주의, 헤겔 철학과 포이에르바하에 이르기까지 통달한 철학적 유물론자였다. 헤겔의 변증법적 사고를 높이 평가한 그는 이 모든 사상을 발전시켜 러시아판 실증주의를 창조하였다.[14]

체르늬쉡스키

실재로서의 인간 개개인을 중시하고, 개인의 이익을 사회 전체의 복지와 동일시한 '합리적 이기주의'에 입각한 그의 윤리관은 공리주의적 쾌락주의를 추구하였다.

14) 잡지 『현대인』과 『조국수기』에서 평론활동을 하면서 체르늬쉡스키는 『철학과 인류학적 원리』에서 자신의 철학과 윤리관을 정립하였다.

쾌락과 이익과 선을 동일시한 그의 이론은 도의적인 문제를 다루는 데도 과학적 원칙, 특히 인류학적 원칙을 적용하였다. 인민혁명과 사회주의 수립을 주장했다 하여 투옥된 그는 안에서 길이 기억될 소설을 집필하였다. 소설『무엇을 할 것인가』는 새로운 합리주의적 유물론의 견해와 더불어 60년대 니힐리스트들을 이상적인 인간형으로 묘사한 작품이다. 소설의 주인공들은 비합리적 신념이 아니라 합리적 이기주의에 따라 스스로의 행동을 결정하고 사회 인습을 초월하려는 인물이었다.[15]

체르늬쉡스키의 사상 중 '인간 중심적' 주제는 미학이론에 잘 나타나 있다. 그의 미학은 유물론과 인간중심론의 융합이라 볼 수 있다.[16] 그러면서 그는 정상적인 환경 조건에서 생활하는 사람들의 이상만이 인간의 진정한 본질과 조화를 이룬다고 하였다. 그의 미학에서 '자연미의 부활'은 인간에게 있어 '최상의 선, 최상의 존재'는 생활 그 자체라는 명제와 연결된다. 40년대 낭만주의 영향에 반대한 그의 미학은 예술의 사회적 기능을 강조하였다. '미는 생활'이고 진실한 생활은 감성적 지성적 생활이므로, 최고의 이상적인 미는 능력이 충만한 인간이다.

사실 철학사상의 계보로 볼 때 별다른 독창성이 없는 체르늬쉡스키가 급진적 니힐리즘의 이론가로 추앙받는 이유는, 그의 이론이 지닌 내용보다 60년대 러시아라는 정치-사회적 풍토의 특수성에 기인한다. 대개혁의 결과 기대의 상승과 실망 좌절감을 느낀 청년층이 무기력한 기성세대 전

15) 미래의 중대한 사건(혁명)에 대비하기 위해 초인적인 체력을 기르는 주인공 라흐메토프를 중심으로 전개된 이 소설은 공동 선(善)을 위한 그의 헌신적 태도를 높이 평가한다. 금욕주의적 생활, 급진적 사랑과 자유, 여성해방까지 묘사된 이 소설은 니힐리스트들의 교리문답서이자 생활지침서 역할을 다하였다.

16) 그는 여성미에 대한 귀족과 농민의 이상형을 자세히 분석하여 미적인 상상력과 그 정의를 돕는 사회적 환경과의 상관관계를 이해하였다. 그의 지적에 따르면 서민은 튼튼한 육체와 균형 잡힌 발육을 아름다움으로 생각하는 반면, 귀족은 여가생활의 징표가 되고 무능력을 상징하는 창백하고 병약한 여성이 이상형이다.

체에 대한 반발이 팽배해졌을 때 체르늬쉡스키가 그들의 갈등을 해소시켜 주었던 것이다. 더욱이 그는 신념을 위해 투쟁하다 희생된 순교자로 추앙받았다.

도브롤류보프

체르늬쉡스키의 가장 유능한 제자이자 절친한 친구는 **도브롤류보프**(1836~61)였다. 두 사람은 세계관뿐만 아니라 개인적 환경도 비슷하다. 도브롤류보프 역시 지방 사제의 자제로 태어나 신학교에 다녔으며, 진보적인 문학과 비평에 관여하였다. 체르늬쉡스키의 전철을 밟다보니 훨씬 빨리 성장하였지만, 그들의 철학에는 중요한 차이점도 있다. 스승은 헤겔을 공부했지만 제자는 관념론적 철학이 제기하는 문제들에 전혀 관심이 없었으며, 정치적 이슈에 대해서는 스승보다 훨씬 비타협적이었다. 그는 철학과 역사보다는 자연과학을 보다 중시한 철저한 유물론자였다. 열렬한 종교인에서 열렬한 혁명가로 전향한 전형적인 인물로서 혁명열과 행동주의를 고취한 최초의 이론가이기도 했다.

인민에 대한 생각에서 도브롤류보프는 스승보다 더 광신적이었다. 체르늬쉡스키는 인민을 관습에 따라 행동하는 본질적인 보수 세력으로 간주하면서도, 자유주의자와 달리 예외 상황에서는 인민들도 상투적인 과정에서 탈피하여 역사의 창조적인 역할을 수행할 것으로 파악하였다. 더 나아가 도브롤류보프는 일상적인 틀에서 벗어날 수 있는 인민의 능력, 그들의 독특한 자유에 대한 사랑, 숭고한 감정, 무궁무진한 창조력을 강조하여 인민들을 이상화시켰다. 이는 나중에 70년대 인민주의자들의 행동에 이론적 토대를 제공해준 셈이 되었다.

도브롤류보프는 자신의 문학비평 형태를 '현실비평'이라 불렀다. 그는 비평의 기준을 무시하고 이데올로기적인 내용이 아니라 정확한 현실묘사에 높은 평가를 하였다. 그가 작가의 주관적인 판단을 무시한 것은 완전히 객관적이고 절대적인 가치체계가 존재한다는 확고한 신념에서 비롯되었다. 그는 작가가 오로지 '사실'만 보여주기를 원했던 것이다. 이러한 비평정신은 그의 혁명가적 태도에도 그대로 나타났다. 정확한 '사실'을 판단한 후 즉각적인 행동으로 옮기기를 주저하지 않았던 것이다.[17]

도브롤류보프가 사망하고 체르늬쉡스키가 추방된 이후, 러시아 사상계에서 가장 영향력 있던 비평가는 피사레프(1840~68)였다. 몰락귀족 출신인 그는 재능 있는 수필가이자 평론가로 활동하면서 『러시아 말』지의 주간을 맡았다. 그는 위의 두 사람보다 더 전형적인 니힐리스트로 간주된다. 협의의 의미에서 진정한 니힐리스트를 피사레프로 꼽는 것은, 두 사람에 비해 사회사상의 명백한 학파(두 사람은 사회주의로 전환을 요구)를 대표하지 못했기 때문이라 하겠다. 그는 문화와 사회의 비과학적 비실용적 측면을 파괴할 필요성은 역설했지만, 파괴 후 건설되어야 할 모습은 얘기하지 않았던 것이다.

피사레프는 새 시대의 인간상을 '생각하는 현실주의자'로 삼았다. 생각은 이성을 바탕으로 하며, 이성의 명령을 쫓기 위해 모든 기존 권위와 선입견으로부터 해방이 전제되어야 한다. 그는 '바자로프'처럼 개인을 사회와 가정, 그리고 종교에 의해 강요된 비합리적 속박의 끈으로부터 해방시키기 위해서는 자연과학을 대중화해야 한다고 생각하였다. 인간의 창의성과 자율성을 억압하는 요인들을 거부하고 파괴하는 행위 그 자체가 미덕이 될 수 있다고 그는 여겼다. "개인의 자유를 억압하는 모든

피사레프

17) 이러한 그를 투르게네프는 "체르늬쉡스키는 단순한 독사이고, 도브롤류보프는 코브라이다."고 말한 바 있다. 25세의 나이로 요절한 그의 생애는 혁명적 지식인들에게는 커다란 슬픔이었다.

요인을 제거하자"는 모토는 급진적 지식인 사회철학의 공통 목적이었다. 체르늬쉡스키가 경제-사회구조적 측면을 중시한 반면, 피사레프는 도덕·문화적 측면을 강조하였다.

도브롤류보프와 달리 피사레프는 혁명적 민주주의자가 아니었다. 진보를 위한 끈기 있고 체계적인 과업을 비혁명적 방법을 통해 실천하려 했던 것이다. 두 사람 모두 유물론자였지만 역사 해석에 있어서는 관념론자였다. 피사레프의 유물론은 독특한 실증주의적 요소가 있으며 역사학적 관념론은 극단적이다. 동시에 그는 진보를 과학적 지식의 발전과 동일시했다. 엄격하게 검증될 수 있는 과학적 명제를 지지했던 그의 업적 중 가장 중요한 부분은 자연과학에 대한 논문들이다.[18]

체르늬쉡스키의 공리주의, 도브롤류보프의 행동주의, 피사레프의 허무주의, 이 모두는 비판적 사고의 전통 속에서 이룩된 사상이다. 그러나 이러한 사상이 맹목적 희생과 복종을 미덕시하는 러시아정교의 체질과 혼합되었을 때 기이한 결과를 발생시켰다. 체르늬쉡스키의 합리적 이기주의가 비도덕주의로 전락하고, 심미학적 이론(예술의 미가 생활의 미를 능가할 수 없다)이 무식과 무지에 대한 변론으로 둔갑하고 말았다. 그 결과 60년대 급진운동은 타협의 정치전통이 수립될 수 있는 가능성을 앗아가 버리고, 현실과 이상의 괴리는 더욱더 깊어만 갔다.

18) 그는 이것들을 '현실주의'를 보급하는 가장 적절한 도구로 생각하였지만, 아쉽게도 현실의 한계를 뛰어넘지 못해 28세의 나이로 니힐리스트의 최후(익사 자살)를 맞이하였다.

3) 인민주의자

인민주의자들(народники)은 인민에 대한 죄의식과 민중에 대한 신뢰를 정신적 근간으로 하여 1870년대 '인민에게로(브나로드)' 운동을 벌인 대학생에서 유래된다.[19] 인민주의자는 농민공동체(미르)를 생산수단의 공유라는 사회주의 개념으로 파악하여 평등주의와 도덕성 구현의 실체로 생각하였다. 이는 자본주의 사회의 비인간화, 도덕성 파괴, 문명의 피폐와 같은 서구사회에 대한 혐오감에서 비롯되었다. 러시아 사회의 후진성이 사회주의로의 이행에 있어 효율적이기 때문에, 미르는 러시아 미래의 원천이란 믿음 속에 사회주의 노선에 부합되도록 재조직되어야 했다. 브나로드 운동은 바로 이러한 믿음을 실천하기 위한 행동이었던 것이다.

지식인과 민중들 사이가 단절되었다는 죄의식을 가진 '참회하는 귀족'의 후예들이 대대적 운동에 참여한 것은 1873~74년의 '광란의 여름'이었다. 수천 명의 남녀 대학생들이 인민에게 가기로 결심하고 농민들 복장으로, 그 어떤 사전의 합의도 없이 서로 의견도 나누지 않은 채 농민들과 생활하기 위해 삼삼오오 짝을 지어 농촌으로 향하였다.[20] 그러나 수많은 학생들이 경찰에 체포되면서 인민주의 운동은 실패하고 말았다. 농민들은 도시 출신의 젊은이들을 색안경을 끼고 바라보았고, 토지 소유를 갈망하

19) 물론 광의의 의미에서 나로드니키라 함은 인민의 이익을 대변하고 인민에게 신뢰를 한 슬라브주의자, 도스토옙스키, 톨스토이, 게르첸, 바쿠닌을 비롯하여, 러시아가 자본주의 발전단계를 뛰어넘어 사회주의 달성이 가능하다고 믿은 혁명가 모두가 포함된다(종교적 비종교적 사회주의적 나로드니키).

20) 그 중에는 혁명적 이데올로기로 무장한 두 부류가 나뉘어져 있었다. 농민들을 선동하여 자발적이고 즉각적인 폭동을 유도하려 했던 바쿠닌주의자와, 혁명적 선전활동을 통해 농민들을 계몽 교육시켜 사회주의에 대비하려 했던 라브로프주의자였다. 물론 특별한 목적 없이 농민들에게 순수한 봉사활동을 통해 빚을 갚으려 했던 자들도 있었다.

트카쵸프

던 농민들에게 공동소유를 주장하는 사회주의 이상은 수용될 수 없었다. 또한 농민들 사이에는 아직도 아버지 짜리에 대한 신뢰감이 있어 언젠가 '해방자' 짜리가 자신들을 행복하게 해줄 것으로 믿고 있었던 것이다.

인민주의자들은 값비싼 희생을 치르고 도시로 돌아와야 했다. 중앙집권화 된 조직의 필요성을 절감한 그들은 1876년 <토지와 자유>당을 만들었다. 혁명적 지도조직을 확립하고 대중조직 활동을 강화하며 정치투쟁의 필요성에 입각한 것이었다.[21] '강력한 중앙집권적 조직체'란 개념은 트카쵸프(1844~86)에 의해 제시되었다. 이론보다 행동, 경제보다 정치, 무저항보다 폭력을 주장했던 직업혁명가로서의 트카쵸프는 최초의 볼셰비키이자 레닌의 선구자였다.[22]

<토지와 자유>당은 대체로 트카쵸프에 반대하는 입장이었다. 그들은 트카쵸프가 정치적 야망을 위하여 인민의 대의를 배반하고 혁명운동을 더럽히고 있다고 비난하였다. 이러한 분위기 속에서 당은 분열의 조짐을 서서히 드러냈다. 모반가들은 테러와 음모수단을 동원한 극단적인 방법을 더 중시했고, 선동가들은 농민에 대한 이상과 계몽운동을 버리지 않고 더욱 강화해야 한다고 했던 것이다. 1879년 <토지와 자유>당은 공식적으

21) '모반가'와 '선동가'들의 공통된 생각은 "혁명가는 마땅히 인민 속에서, 그리고 인민을 통해서만 활동해야 한다"는 확신이었다. 이때부터 나로드니체스트보(народничество)란 용어가 활발히 사용되었다. 이는 추상적 지성주의와 유토피아주의를 버리고 사회주의 강령을 대중에게 더욱 매력적이고 이해하기 쉽게 보이려는 노력에서 비롯된 것이다.

22) 그에 따르면 인민은 스스로의 노력으로 자신을 해방시킬 능력이 없다. 혁명을 승리로 이끌기 위해서는 인민폭동으로 야기된 혼란 상태를 이용하는 방법을 잘 알고 있는 혁명전위대의 강력한 지도력과 면밀한 계획이 필요하다. 혁명적 소수 엘리트는 폭력으로 짜리정을 타도하여 권력을 인수, 강화시켜 독재기구로 전환하여 모든 사회를 철저하게 변혁시켜 나가야 한다.

로 분열되었다.

바쿠닌과 트카쵸프의 영향으로 급진적 방법을 선호했던 자들은 <인민의지>당을 만들었다. 테러의 합법성과 전제정권 타도를 목표로 했던 이들은 이제 더 이상 인민주의자들이 아니었다. 이미 자본주의 길을 걷고 있는 러시아 농촌에서 미르의 해체 위기를 감지한 그들은, 농민사회주의 개념을 신화일 뿐이라고 인식하였다. 이제 인민의지당원에게는 농민보다 도시 노동자들이 더 성숙한 계급이고 혁명의 주역을 맡게 될 세력이었다. 그들은 도시의 가두투쟁 기치를 내걸고 대학에서 '폭탄 투척수'를 양성하기에 이르렀다. 마침내 1881년 알렉산드르 2세의 암살에 성공하였지만, 그들이 흘린 피의 대가 역시 만만치 않았다.

플레하노프

반면 플레하노프(1856~1918)가 주도하고 베라 자술리치도 가담한 정통 인민주의자들은 <흑토재분배>당을 결성하였다. '검은' 농민들의 소망인 공정한 토지분배라는 이상을 실현시킨다는 의미에서 당의 이름이 결정되었다. 그들은 혁명운동의 사회적 의의를 강조했던 인민주의의 전통을 계승하여 농민공동체의 사회주의화를 목표로 삼았다. 그러나 얼마 되지 않는 당원들은 어떠한 실질적인 혁명세력을 구축하지 못하고, 당수 플레하노프는 망명지에서 이 그룹을 사회민주주의 노선으로 바꾸어 갔다.

'러시아 마르크시즘의 아버지'라 불리는 플레하노프는 1880년 제네바로 망명하여 철저하게 변신하였다. 그는『공산당 선언』을 러시아어로 번역하고 최초의 마르크시스트 그룹인 <노동해방단>을 창설하는 등 마르크시즘 서적을 번역하고 사상을 유포하는데 전념하였다. 공상적인 믿음을 가진 인민주의자를 비판함과 동시에 혁명적 사회주의 정당의 권력탈취 사상에도 반대하였다. 러시아도 서구와 마찬가지로 자본주의 발달 과

정을 거쳐 노동자 계급이 주도한 사회주의로 이행해야 한다는 것이다.[23]

결국 인민주의 운동은 유토피아적 단계에서 정치투쟁의 조직화 단계까지 발전하였다. 사회운동이 정치투쟁으로 변화하면서 인민주의자들은 전제정부로부터 많은 탄압과 고초를 겪어야 했다. 그러면서도 차후 러시아 사회민주주의자와 이념논쟁을 벌이는 가운데 혁명운동의 다른 한 쪽 세력을 형성하였다. 러시아적 니힐리즘에서 발전한 인민주의 역시 극단적인 러시아인 민족성을 그대로 찾아볼 수 있다.

[과제 & 토론]

1. 왜 러시아 사상의 본류는 '급진적'이 될 수밖에 없었나?
2. 사회주의 체제의 달성은 영원한 이상인지, 아닌지? 그 이유와 함께 토론하시오.
3. 레닌이즘에 대해 더 구체적으로 조사, 발표하시오.

---

23) 정통 마르크시스트로서 그는 부르주아 민주혁명을 거쳐 헌정질서 아래 프롤레타리아 사회주의혁명이 수행되어야 함을 주장하였다. 플레하노프는 러시아 특유의 발전 노선을 파악하지 못했지만 러시아 사회운동의 흐름을 바꾸는데 결정적인 역할을 한 것임에는 틀림없다.

VIII

러시아의 대문호

1. 낭만주의와 사실주의

1) 낭만주의

19C전반에 거의 예외 없이 유럽 전역에서 승리의 개가를 올렸던 사조는 낭만주의이다. 18C말부터 19C초에 걸쳐 사회적 모순이 증대하고, 그에 따라 현실에 대한 사회 각계각층의 불만이 고조되면서 나타난 것이다. 서유럽에서 이러한 흐름을 낳게 한 원인 중 하나는 1789년 프랑스 혁명과 계몽주의에 대한 반동이다. 그 기원을 보다 멀리 소급하면 16C 종교개혁운동으로 까지 거슬러 갈 수도 있다. 그와 관련된 성령연구와 문예부흥, 인문주의, 신학문, 민족의식 등이 서로 가미되어 개인주의를 조장하고 감정적 신비주의를 배태시킴으로써 낭만주의가 형성되는 데 일조하였기 때문이다. 그리하여 개인에 대한 관심을 유발시킨 사회사적 흐름과 분위기는 막을 수 없는 필연적인 관성을 동반하게 되었다. 인간의 의식을 부추기기 시작하였고, 이러한 조짐이 제일 먼서 발아되기 시작한 곳은 영국과 독일이었다.

영국 낭만주의는 혁명적이고 사회주의적인 이상으로 가득 찬 셸링의 시와 바이런의 작품 속에 반영되어 있다. 특히 바이런의 시는 진보적인 유럽 낭만주의의 형성과 발전에 지대한 영향을 미쳤다. 그의 자유애호와 반항정신은 진보적인 낭만주의의 힘을 키웠다. 무신론적 사고, 왕권 반대의 기운, 미래지향성, 일체의 노예제도적 현상들에 대한 항의, 개성의 자유에 대한 선전은 바이런 문학의 본질이다. 한편 셸링과 피히테의 관념철학과 연관되어 있는 독일의 낭만주의는 현실적인 사회생활의 적극적인 문제들로부터 예술가와 시인의 사상을 분리시켰다. 그리하여 '예술을 위한 예술'을 유발시켰고, 하이네와 같은 일부 혁명적인 낭만주의자가 등장하기 이전까지는 소극적이고 보수적인 성향을 강하게 띠고 있었다.

러시아의 낭만주의는 서구에 비해 다소 뒤처진 1810년 이후에야 비로소 움직임을 보이기 시작한다. 프랑스 혁명에 의해 프랑스 국민의 의식이 각성되었던 것처럼, 1812년 **조국전쟁**과 이 전쟁에서의 승리는 러시아의 민족적 해방의식을 고양시켰다. 애국적 감정과 민족적 자각심이 고조되었고, 자유를 동경하는 숭고한 마음이 전 국민의 가슴 속에 불타올랐다. 그러나 조국을 위해 피 흘린 병사와 농민들은 전후에도 이전처럼 노예상태로 되돌아가지 않으면 안 되었다. 승리자로서 파리에 입성했던 참전 군인과 관료들은 이러한 러시아의 암담한 현실을 직시하게 되었다. 기본적인 인권조차 인정되지 않는 조국의 현실과 농노의 비참한 상태, 그리고 행정기관의 부패 등에 대해 분노가 일기 시작했다.

이렇게 조국전쟁을 통하여 고무된 민중과 군인들, 귀족사회의 진보적인 그룹에서 나타나기 시작한 반농노제적인 분위기는 부패한 사회현실의 개혁을 추구하였다. 그중 가시적으로 드러난 것이 근위대 청년장교들이 일으킨 데카브리스트 봉기이다. 1825년 **데카브리스트 봉기**는 비록 실패로 끝났지만, 그들의 자유주의적 혁명 이데올로기는 이후 러시아 사회의식의 발전에 커다란 공헌을 한다. 동시에 반농노제적인 여론이 짜리 정부의 근본정책을 무너뜨릴 수 없다는 절망감에서 오는 비관주의가 사회 전반에 만연하게 되었다. 그리고 이는 곧 러시아 낭만주의의 발생과 그

조국전쟁을 그린 낭만주의 작품

특성을 규정하는 하나의 요소가 된 것이다.

이상 살펴본 바와 같이 러시아의 낭만주의는 서유럽 낭만주의의 직접적인 영향을 받았을 뿐만 아니라, 그와는 다른 사회·역사적 배경 하에서 일어났다. 서구에서의 낭만주의는 혁명의 결과와 새로운 자본주의 사회에 대한 환멸을 표현하였다. 하지만 러시아에서의 낭만주의는 알렉산드르 1세 지배 초기에 행해진 자유화정책과 나폴레옹 전에서의 승리를 배경으로 한다. 그에 따라 러시아에 도래할 밝은 기대감이 전후 국내정치의 급속한 반동화의 경향으로 좌절되자, 서구 자유주의 사상에 물든 청년 작가들이 환멸을 느낀 데서부터 출발한 것이다.

현실에 대한 불만, 현실과 이상 사이의 부조화 의식은 언재나 현실타개와 현실도피라는 두 개의 경향으로 나타난다. 러시아 낭만주의 또한 이와 같은 두 방향을 갖고 있었다. 데카브리스트 운동에 참여했던 시인들과 초기의 푸시킨, 그리고 레르몬토프 등은 정치적 자유를 동경하는 노래와 러시아의 현실을 지배하고 있는 농노제와 전제정에 항의하는 글을 썼다. 이에 반에 주콥스키와 기타 시인들은 현실과 거리가 먼 과거와 환상세계를 묘사하였다. 전자를 흔히 '시민적' 혹은 '적극적' 낭만주의로, 그에 반해 후자를 '개인주의적' 혹은 '소극적' 낭만주의로 분류하기도 한다.

일반적으로 낭만주의 작품에는 작가의 개성과 체험이 강하게 반영되고 있으며, 주인공은 흔히 작가의 사상과 감정을 노골적으로 표현한다. 작가는 불만스러운 현실을 만족시켜 줄만한 긍정적인 요소를 현실 속에서는 찾지 못하므로, 자신의 작품 속에 이를 보완하려고 한다. 따라서 공상과 시적 환상이 지금까지의 문학에서는 찾아볼 수 없을 만큼 큰 비중을 지니게 된다. 서사시나 극도 두드러지게 서정적 성격을 띤다. 또한 낭만주의 작가들은 문학을 국민적 문제로 제시하여, 국민정신의 표현방법으로서 구전문학에 깊은 관심을 쏟았다. 이를 이해하는 방법도 두 갈래로 나뉘어졌다. 즉 구전문학 속에 표현된 민중의 자유에 대한 기대와 압제에 대한 반항정신이 중시되거나, 민중생활의 후진성과 정체성이 미화되었던 것이다.

2) 사실주의

유럽 주요 국가의 문학은 19C전반에 사실주의 시대로 접어든다. 사실주의라 함은 인간을 둘러싼 현실의 올바른 묘사이다. 현실을 올바르게 묘사하려는 지향은 예술에 있어서 고유한 것이지, 그 사실성(寫實性)이 사실주의적인 것은 아니다. 고전주의, 감상주의, 낭만주의가 각기 다른 역사적 조건 하에서 일정한 사회적 과제를 가지고 발생하였다. 이와 마찬가지로 사실주의도 19C전반에 성숙된 제 조건, 무엇보다 먼저 자연과 사회와 인간에 대한 지식의 발전이 마련되어 있었다. 게다가 선행한 제 문학 조류에 의한 창작기술의 발달과 현실비판자로서 문학의 사회적 역할이 증대함에 따라 그 발생이 가능하였던 것이다.

사실주의는 낭만주의에 뒤이어 이에 대항하는 입장에서 일어난 문예조류이다. 지금까지의 문학에서는 불가능한 것으로 여겨졌던 현실생활의 정확하고 광범위한 묘사를 보여주었다. 종전의 문학에서는 사회의 온갖 모순에 대한 다각적인 분석도, 사회적 개인적 생활현상에 대한 충분한 이해가 부족하였다. 고전주의 작가들은 주로 인간을 국가에 대한 의무라는 관점에서 묘사하였으며, 개인 생활에는 거의 관심을 기울이지 않았다. 낭만주의 작가들은 개인의 생활과 감정적 면만을 중시함으로써 자주 인간을 사회로부터 단절시켰다. 주인공에게 특별한 감정과 정열을 부여함으로써, 주인공들을 비현실적인 환경 속에 놓아두었던 것이다.

적극적인 측면에서 낭만주의 역시 현실의 부정적인 것에 대해 항의와 투쟁을 지향하였다. 그러나 작가들의 이상이 현실과 일치하지 못했기 때문에, 이를 구현하는 주인공은 추상적 존재가 되어버린다. 주변의 비속한 사회와 대립하게 될 뿐만 아니라, 때로는 인간 일반과 대립하게 된다. 이에 반해 사실주의 문학은 인간이 형성되는 사회적 제 조건을 중시함으로써 인간의 여러 측면을 그리려고 한다.

민중의 삶을 묘사한 사실주의 작품

이러한 사실주의가 러시아에 확립된 시기는 보통 1840년대 후반기로 본다. 『예브게니 오네긴』과 『우리 시대의 영웅』이 문단에 미친 강력한 영향과 함께 고골의 풍자적 사회비판이 러시아에 사실주의가 형성되는 중요한 밑거름이 되었다. 여기에 1830~40년대 지식인 사회가 취한 명백한 이상추구와 러시아 문학이 나아갈 길을 제시한 벨린스키의 막대한 영향력 또한 빼놓을 수 없다. 이렇게 탄생한 러시아 사실주의 문학은 '문학의 국민성'이라는 생각을 그 밑바닥에 깔고 있다. 이는 국민적 의의를 갖는 문제에 대해 국민의 이익을 위해 해명한다는 것이다. 따라서 작가의 사회적 입장은 여러 형태이지만 그들은 국민의 입장에서 가장 중요한 문제, 생활 속의 가장 큰 본질적인 문제를 추출하여 이를 정확하게 묘사하려 했다. 독자로 하여금 현실을 인식하게 하며, 그들을 비판의 길로 인도하는 동시에, 생활에 있어서의 진리 탐구자로 만듦으로써 이상의 길을 제시하고자 했던 것이다.

러시아 사실주의 작가들이 보여준 또 다른 특징은 작품소재를 전적으로 동시대 혹은 거의 동시대의 러시아 현실로부터 취했다는 것이다. 이는 그들이 실제 알고 있는 것만을 말하고자 한 진실한 소망 때문만이 아니라, 19C중반 이후 러시아 소설이 차지했던 사회적인 위치 때문이었다. 소설가들은 국민들의 실제생활에 민감하고 중대하게 반응을 보이도록 기대되었다. 부분적으로는 문학의 다른 분야에 대한 가혹한 검열 때문에, 소설은 1840년대 이후에 널리 관심을 끄는 중요한 사회사상의 대변자가 되었다. 평론가들은 소설가가 작품을 세상에 발표할 때마다 소설이 당시 사회적 문제의 관점에서 보아 분석 숙고할 만한 가치가 있는 내용들을 담아야 한다고 요구했다.

대체로 소설가들은 이러한 의무를 매우 진지하게 이행했으며 적어도 그들의 보다 야심 있는 작품들 속에서는 이 점을 결코 간과하지 않았다. 이러한 '사회적'이고 '시민적'인 색채는 19C중반 유럽 소설의 일반적인 특징이기는 하지만 러시아만큼 명백히 나타난 곳은 찾아보기 어렵다. 이 점은 러시아 소설에 저널리즘적인 성격을 부여하며 러시아 사회사에 대한 실제적인 원천으로서 러시아 소설을 흥미롭게 만든다. 그중에서도 특히 투르게네프가 쓴 일련의 장편소설들이 이러한 의무를 충실히 이행한 것으로 평가받는다. 그때그때 쓰인 시대에 따라 러시아 사회가 처한 중요 문제들에 대해 그 해답을 모색하고 있기 때문이다.

2. 러시아의 대문호

1) 푸시킨(А.С.Пушкин 1799~1837)

푸시킨

알렉산드르 세르게예비치 푸시킨은 러시아 후기 낭만주의 문학의 예술적 완성을 실현함과 동시에 새로운 문학, 즉 러시아 사실주의 문학의 길을 열어놓은 위대한 작가로 평가받는다. 그의 천재성은 나폴레옹 전쟁에 수반된 민족적 자각과 애국적 기운이 고조되는 가운데서 꽃피기 시작하였다. 그래서 그는 이 역사적 시대의 러시아 국민사상과 감정의 최대 표현자로서 국민문학의 창시자가 되었던 것이다. 국민생활과의 밀접한 유대, 시대의 선구적 사상의 반영, 그 내용의 풍부성, 이런 면에서 그를 따를 러시아 시인은 없다.

그가 다루는 범위도 당시 러시아의 모든 계층의 생활과 역사적 사건, 또한 러시아의 소수민족과 서구와 동방의 생활에까지 미치고 있다. 그는 『이고리 원정기』와 라디쉬체프 작품의 전통을 이어받았다. 문학이 사회의 정신적 발전 면에서 중요한 역할을 하는 국민적 사업이라는 것을 자각한 최초의 러시아 작가이기도 하다.

그는 과거 러시아 문학의 성과를 집대성하고 많은 장르에 걸쳐 러시아 문학사에 기념비적인 작품을 남겼다. 푸시킨은 국민적 입장에 입각한 러시아 문학을 확립함과 동시에 로모노소프와 카람진의 언어개혁 사업을 완성하여 국민의 언어가 될 러시아 문어를 확립시켰다. 푸시킨 이후의 작가는 그가 개척한 길을 갈 수밖에 없었다고 투르게네프는 말하였다.

푸시킨 반신상

이 러시아의 국민시인은 모스크바의 유서 깊은 가문에서 태어났다. 그러나 그의 혈관 속에는 러시아인의 피뿐만 아니라 아프리카인의 피도 흐르고 있었다(표트르대제의 총신이었던 에티오피아 인 아브람 한니발이 그의 외증조부였다). 가무잡잡한 얼굴, 두툼한 입술, 곱슬머리, 그리고 무엇보다도 불같은 성격이 이러한 그의 혈통을 말해준다. 귀족의 자제들이 수학했던 짜르스꼬예셀로 리쩨이를 졸업한 뒤에 잠시 외무성에 근무하기도 했다. 학생시절에 이미 그 재능을 인정받아 시인 주콥스키로부터 "패배한 스승이 승리한 제자에게"란 서명이 적힌 시인의 초상화를 선물받기도 하였다. 이 무렵 『자유』, 『차다예프에게』, 『마을』 등의 시에서 데카브리스트 운동에 연결되는 혁명적인 애국주의 사상을 고취하였다. 그 때문에 남러시아로 추방되었지만 유형지에서 쓴 『카프카스의 포로』와 기타 낭만주의적 서사시에서는 봉건적인 현실에 대한 항의와 개성의 자유에 대한 주장이 강력히 표현되어 있다.

그 후 자신의 영지가 있는 미하일롭스키로 옮겨 거의 완전한 고독상태에 빠진다. 그러나 이 시기에 러시아의 농촌과 농민들과 가까워지고 그들의 언어에 귀 기울이기 시작한다. 사실주의적인 작품인 비극 『보리스 고두노프』가 이 무렵에 쓰였다. 데카브리스트 봉기가 일어난 뒤인 1826년 유형에서 풀려나 페테르부르크로 돌아오지만, 그의 작품은 니콜라이 1세와 헌병대장의 직접적인 검열을 받아야만 했다. 그러나 데카브리스트를 동정하고 그들과 자신을 결부시켜 밝은 미래에 대한 기대를 노래하는 한편, 러시아 사회개혁에 대한 계몽의 역할을 자임하기도 하였다. 서사시 『폴타바』에서 계몽군주 표트르 1세에 관심을 표명한 것도 이런 이유에서이다. 동시에 자연발생적인 농민폭동의 생생한 상황을 푸가초프 반란의 역사적 자료를 바탕으로 묘사한 『대위의 딸』에서는 인민의 힘에 깊은 관심을 표시하고 있다.

푸시킨의 수많은 작품 중에서도 가장 중요한 비중을 차지하는 것은 『예브게니 오네긴』이다. 이 운문소설의 주요 테마는 국민생활과 동떨어진 귀족 지식인의 운명에 관한 문제이다. 사건 전개 시기는 1819~25년이다. 당시 높은 이상과 재능을 지니긴 했으나 데카브리스트와 같은 정열과 행동력을 갖지 못한 귀족청년 예브게니 오네긴은 현실 속에서 하등의 목적도 찾지 못하고 방황한다. 상류사회의 허식과 위선에 실망하고 어두운 회의에 빠져있던 중, 순진한 소녀 타치야나를 만나지만 그녀의 사랑을 거부한다. 친구인 렌스끼를 내키지 않은 결투에서 죽이고 정처 없는 방랑길에 나선다. 몇 년 후 모스크바로 돌아와 그곳의 사교계에서 장군의 아내가 되어있는 타치야나를 만나자 열렬한 사랑에 빠진다. 그러나 타치야나는 그에게 애정을 느끼면서도 그의 사랑을 거부한다.

이 작품에는 결말이 없다. 따라서 독자들은 언제까지나 주인공들의 운명을 생각하게 된다. 작자는 그 시대의 가장 본질적인 문제를 넓은 사회적 배경 아래 오네긴과 같은 시대적 인물의 전형을 통해 제시하고 있다. 오네긴의 무책임한 방종과 자아에의 충실함은 필연적으로 미묘하고 자연스럽게 그를 파멸시킨다. 반면 타치야나의 침착한 자기 억제와 체념은 그녀에게 영원히 그녀의 이름과 더불어 연상되는 도덕적인 위대함의 명백

푸시킨 국립박물관

한 영광을 안겨준다. 이 같은 두 남녀의 관계, 특히 소심하고 연약한 남성과 내적으로 강한 힘을 지닌 여성과의 관계는 이후 러시아 소설 속에서 자주 되풀이되지만, 푸시킨의 이 작품이 가장 고전적이라 할 수 있다.

1812년 조국전쟁의 승리와 데카브리스트 사상의 대변자로서의 푸시킨은 동시대의 낭만주의적 문학기운을 러시아 민족과 민족문화 발전에 원동력이 되게 하였다. 1825년 이후 러시아의 미래에 대해 회의를 느낀 시인은 향후 조국의 운명을 염려하면서, 봉건적인 농노제의 병폐와 비인간적인 짜리 정권에 대한 민중적 항거의 실질적인 대변자가 되었다. 이는 곧 시인 푸시킨이 '러시아 국민문학의 아버지', '위대한 국민시인'이라는 후대의 존칭을 얻게 된 근본 바탕이 된다. 동시에 1830년대까지의 낭만주의를 중심으로 혼합된 문학사조를 새로운 한 줄기의 문학, 즉 사실주의 문학으로 흐르게 한 원천이 되었다.

결투에 의한 푸시킨의 아쉬운 죽음(1837)은 단지 위대한 한 시인의 종말일 뿐만 아니라, 인간 의지의 유일한 표상이자 모든 국민을 지탱해 준 주춧돌의 붕괴였다. 러시아 국민들의 놀라움과 울분은 즉시 레르몬토프의 『시인의 죽음』에 반영되었고, 이 작품으로 인해 레르몬토프는 유형에 처해졌다.[1]

---

1) 레르몬토프는 푸시킨의 직접적인 영향을 받은 후계자이다. 27세로 요절한 이 시인은 불운한 성장과정을 겪음으로써 푸시킨과 같은 긍정적이고도 미래지향적이며 밝은 성격을 갖지는 못했다. 그는 모스크바 대학을 중퇴한 후 페테르부르크 근위사관학교를 졸업하고, 군복무 중 세 차례나 카프카스로 추방되었다. 그의 대표작인 산문소설 『우리 시대의 영웅』에서는 영혼의 무한한 역량을 느끼면서도 이 힘의 출구를 발견하지 못한 채 홀로 죽어가는 고고한 인물을 묘사하고 있다. 특히 이 작품은 허탈과 절망에 젖은 1830년대 러시아의 시대적 욕구를 '페초린'이라는 인물을 통해 형상화한 걸작으로 평가받고 있다.

2) 도스토옙스키(Ф.М.Достоевский 1821~1881)

도스토옙스키

인간 혼과 고뇌의 예술적 표현자로서 표도르 미하일로비치 도스토옙스키는 세계문학 속에 비견할 수 없는 지위를 차지하고 있다. 그는 가난한 군의관 가정에서 태어나 페테르부르크 육군공병학교를 졸업하고 관직에 나갔으나 곧 사직하고 창작에 몰두하였다.

그의 초기 작품『가난한 사람들』과『백야』등에서는 도시 뒷골목에 사는 빈민의 심리를 비상할 정도로 예리하게 전개하였다. 그 기조를 이루는 것은 이러한 불행한 사람들에 대한 작가의 인간적 동정이다. 그는 사회주의의 이상을 러시아에 실현시키려는 꿈을 꾸며 페트라쉡스키 서클에[2] 가담했다가 1849년 체포되어 시베리아로 유형 당하였다. 10년간의 유배생활에서 그는 사회주의와 무신론을 버리고 깊은 종교적 인간으로 변해 돌아왔다. 그리하여 모든 생활조건에서 변혁의 의의와 가능성을 부정하고, 인간의 불행 원인과 그로부터의 탈출구를 인간 내부로부터 추구하게 되었다. 이는 곧 종교에 이르는 길을 의미한다.

도스토옙스키는 정교에서 구원의 길을 찾으려 하였다. "인간 고뇌의 원천은 인간의 혼속에 있는 원죄에서 기인된 것으로, 사회제도의 제 조건과는 무관한 것이다. 인간은 무엇보다도 자기 자신과 그리고 자신의 내부에 숨어 있는 악과 죄와 투쟁해야 하며, 자신의 힘으로 도덕적 완성을 이루어야 한다. 인간 구제의 길은 신에게 있다. 사회주의의 본질은 무신론으로 신을 부정함으로써 인간을 구제의 길로부터 봉쇄하는 것이다."라고 그는 말했다.

---

2) 1845~49년 사이에 페트라쉡스키가 리더로 활동했던 비밀결사 조직으로서 당대 사회를 비판하고 농노제를 비난하는 토론을 주로 하다가 당국에 적발되어 주동자들이 사형언도를 받았지만, 극적인 순간에 감형을 받아 시베리아로 유형을 갔다.

고뇌에 찬 모습의 동상

유형 후 도스토옙스키 작품은 현실에 대한 새로운 비판의 길을 떠나 형이상학의 예술표현으로 나타난다. 그리하여 작가의 이름을 영원히 빛나게 한 5편의 장편소설이 우리 앞에 우뚝 솟아오른다. 먼저 『죄와 벌』에서는 반역, 폭력, 혁명을 상징하는 라스콜리니코프의 오만함과 무신론을 소냐의 온순함과 신앙심으로 대립시켜 후자의 승리를 묘사하였다. 라스콜리니코프가 노파 살해의 근거로 삼은 것은 이따금 낭만파에서 비롯된 '나폴레옹 환상'이나 니체의 '초인사상'과 대비되는 '강자의 사상'이었다.[3] 그런데 실제의 범행을 통해서 그에게는 이 사상도 범죄도 지탱해 나갈 수 있는 힘이 없음이 명백해진다. 이 사상을 악착같이 살리려다가 패배하는, 너무나 인간적인 청년이 자기를 발견해 가는 이야기인 셈이다.

『백치』에서는 그야말로 순수한 영혼의 소유자인 믜쉬킨 공작을 중심으로 한 이중의 삼각관계가 종막에 이르러 운명적인 살인으로 이어진다. 라스콜리니코프와 반대로 믜쉬킨 공작은 다른 사람에 대한 공격적인 자기주장이 될 만한 어떤 사상도 갖고 있지 않으며, 오히려 다른 사람에 대한 동정에 의해서 행동한다. 작가는 그를 현대에 있어서 그리스도의 이상을 체현하는 '긍정적인 아름다운 인간'으로서 구상했다. 그러나 그는 정열적인 연인들과의 관계에서 중심에 놓이게 되자, 그 현실에 대해서 너무나 무력한 순수성 때문에 비극적인 파국을 초래하게 된다.

『악령』은 표트르의 혁명사상, 키릴로프의 인신사상, 샤토프의 러시아 메시아니즘 등 동란 속의 현대의 정신을 대표하는 여러 사상의 운명을 상

3) 이 '강한 인간'의 관념은 니체의 '초인사상'과 결부되어 니체로 하여금 "도스토옙스키야말로 내가 배우지 않으면 안 되었던 유일한 심리가"라고 내뱉게 만들었다. 주인공 라스콜리니코프의 이름은 17C중반 교회분열 당시, 개혁 주도세력에 반대한 분리주의자(раскольник)에서 따 왔으며, 기성세대에 반기를 드는 주체를 형상화 한다.

호관련 속에서 묘출했다. 이들 사상을 젊어진 주인공들은 정치적 소란 속에서 서로 관계를 맺으면서 똑같이 파멸의 길로 내닫는다. 이들 사상의 창시자인 스타브로긴을 정신적으로 해체해보면, 그 시대정신의 근본적인 공허함이 나타난다. 또한 인류 다수자의 이름으로, 즉 혁명의 이름으로 수단과 방법을 가리지 않고 국법과 신의 법도를 파괴할 수 있다고 믿는 자들은 곧 악령에 홀린 자로서 자신을 망하게 한다고 하였다.

도스토옙스키 앞에는 세 갈래의 길이 있다: 혁명과 사회주의의 길, 개인주의의 길, 온순함과 무저항의 길. 그는 첫 번째 길을 버리고 세 번째 길을 택하였다. 그래서 혁명과 사회주의, 나아가 서구 자본주의를 악마의 시험이라고 생각하고 격렬하게 공격하였다. 하지만 그는 내심 자신의 기독교적 무저항 정신이 승리하리라고는 믿지 않았다. 오히려 마음속에는 옛날의 혁명정신이 숨어서 부단히 항의의 외침을 질렀다. 그의 작품 속에 나타나고 있는 악마의 친구인 라스콜리니코프와 스타브로긴을 비롯하여 『카라마조프가의 형제들』에 나오는 이반 등의 형상이 작가의 사상을 전달하기 위해 긍정적 인물로 묘사된 소냐, 미쉬킨 공작, 일료샤보다 훨씬 흥미롭고 생기 찬 것도 이와 무관하지 않다.

도스토옙스키 박물관

작가가 죽기 1년 전 완성한 『카라마조프가의 형제들』은 그의 최후를 장식한 대작이다. 이 작품은 카라마조프 가문, 아버지 표도르, 장남 드미트리, 차남 이반, 삼남 알료샤, 그리고 표도르가 백치 여자의 몸에서 얻은 스메르쟈코프 등이 주요 인물로 등장하여 전개되는 갈등어린 이야기이다. 스메르쟈코프가 아버지 표도르를 살해하는 장면을 정점으로 하고 있다. 알료샤를 제외한 모든 인물들이 파멸을 맞게 되고, 이반의 무신론에 대하여 온순한 알료샤의 기독교적인 사랑의 승리를 그려나갔다.

아버지 표도르는 음란과 탐욕의 화신이고, 그 성격의 제요소는 점점 확대되어 아들들에게 계승된다. 드미트리는 강한 생명력과 정열, 성실과 신앙을 갖고 있지만, 억제력과 조화력이 결핍되어 선을 지향하고자 하면서도 가끔 정욕의 악마에 사로잡혀 여자 문제로 아버지와 다툰다. 그 후 존속살해죄로 심문을 받게 되나 자신의 결백을 입증하지 못한다. 그러면서 자신의 고통으로 인류의 고통을 구할 수 있다고 믿으면서, 자기 마음속에 새로운 인간이 탄생됨을 자각하고 죄의 대가를 달게 받는다.

차남 이반은 서구적 합리주의 정신의 소유자로 철저한 무신론자이다. 그의 무신론은 아우 알료샤의 입을 통해 들려준 『대심문관』에 명확히 표현되어 있다. 심문관은 기독교의 교리를 수정한다. 인류를 주인과 노예로 분류하고, 민중은 자유를 바라지 않고 다만 집단적인 신앙과 숭배를 바랄 뿐이라는 확신 아래, 자유라는 무거운 짐에서 민중을 구출하기 위해 강대한 권력국가를 건설한다. 대심문관이 지상에 건설하는 신의 나라 속에서 도스토옙스키는 자신이 나름대로 이해한 사회주의 유토피아를 암시하고 있다. 이반은 이성에 의해 신을 부정하였는데 이성이 결핍된 스메르쟈코프는 이반의 무신론에 영향을 받는다. 그는 신이 존재하지 않는다면 무슨 짓을 해도 좋다는 결론을 유추해 내어, 이반을 향해 부친살해는 이반의 사주로 된 것이라고 말한 후 자살한다. 이반은 스메르쟈코프 속에서 자기 자신을 보고 고뇌 끝에 미쳐버린다.

삼남 알료샤는 기독교적 사랑의 구현이다. 그는 신과 인간을 합치하려고 힘쓰며 육친의 반목을 사랑으로 화해시키려 했다. 그러나 성공하지 못하고 다시 고매한 인간적 조화로 자기 형성의 길을 걸어간다. 작가는 애초에 이 작품을 제 1부로 하고, 13년 후의 알료샤를 주인공으로 하여 제 2부를 구상했지만 죽음으로 뜻을 이루지 못했다.

도스토옙스키의 소설은 등장인물들의 다채로운 운명을 통하여 사회,

민족, 신, 자유, 신앙이라는 근원적인 문제와 관련된 다양한 사상을 설파한 일종의 '사상 소설'이라 하겠다. 그의 소설은 전체가 거대한 이념의 대립을 상징하는 장의 역할을 다하고 있다. 라스콜리니코프로부터 이반 카라마조프에 이르는 니힐리스트, 또는 무신론의 사색적인 주인공들이 주요한 계보를 형성하고 있다. 동시에 이들과 대조적으로 러시아의 종교적 원리를 체현하고 있는 인물들이 등장한다. 작가의 독특한 그리스도 관을 표현하는 믜시낀 공작을 비롯하여, 마카르 노인(『미성년』), 리자베타(『카라마조프가의 형제들』)와 같은 성스러운 백치 등이 바로 그들이다.

이들의 존재가 도스토옙스키의 소설세계를 규명해준다. 신앙과 무신론, 그리스도와 반그리스도, 신과 악마라는 대립되는 두 개의 원리가 서로 싸우는 장이라는 상징적 의미를 나타낸다는 것이다. 한 마디로 말해 작가의 소설은 모두가 비극적인 대립, 죄의 문제, 궁극적 죄로서 무신론의 문제를 상징적으로 취급한 비극적인 '형이상학 소설'이라 하겠다.

3) 톨스토이(Л.Н.Толстой 1828~1910)

톨스토이

러시아 문학이 갖는 교훈적 경향은 레프 니콜라예비치 톨스토이에 이르러 그 정점에 도달한다. 그가『예술이란 무엇인가?』에서 편 견해는 피사레프의 예술활동과 비근한 것이었다. 그러나 스스로가 그 가치를 부인한『전쟁과 평화』와『안나 카레니나』는 세계문학 중 최고의 작품에 속한다. 작가는 자신의 세계관과 예술에서, 특히 종교적 신념과 자신의 인간성과의 모순으로 고민하며 이 모순을 극복하기 위해 생애를 마칠 때까지 영혼 내부에서 격렬한 투쟁을 계속하였다.

러시아 문학사상 이 최대의 구도자적 작가는 명문백작 가문에서 출생하였다. 러시아 사회의 처참한 상태에 깊은 양심의 가책을 느낀 지주는 그들의 특권에 대해서 인민에게 보상할 의무가 있다고 생각하였다.

툴라의 영지 '야스나야 폴랴나'

이를 위한 하나의 수단은 인민을 계몽하는 길이라 생각했다. 자기 소유의 영지인 야스나야 폴랴나에 학교를 세우고 스스로 농민교육에 발 벗고 나서는 동시에 농노해방 운동에도 적극 참여하였다.

톨스토이는 원시적인 간소한 생활원칙을 수립하고 도시문명에 매달린 모든 것을 배척하였다. 자연으로 돌아갈 것을 주창한 루소의 교의는 그의 전 생애를 통해 큰 영향을 미쳤다. 이 사상은 이미『유년시대』를 비롯한 초기의 자연적 경향의 3부작과 유럽문명을 부정한『류쩨른』에서도 보인다.『카자크』와 그 외 작품에서는 생활 최상의 의미는 자연과의 융합에 있다는 사상이 표현되었다. 그러나 『전쟁과 평화』에서 조국전쟁을 중심으로 러시아 사회를 확대 묘사한 서사문학을 완성함으로써, 드디어 러시아의 민족문제를 취급하게 된다.

사색을 즐겨했던 영지의 벤치

『전쟁과 평화』는 톨스토이의 많은 작품 가운데서도 대표작으로 손꼽힌다. 1805년부터 데카브리스트 반란 전야에 이르는 20년간의 역사적, 사회적 사건과 귀족사회의 생활을 그리고 있다. 이 장편은 러시아의 '일리아드' 또는 '오디세이'라 불릴 정도로 거대한 서사시적 작품이다. 그 현실 묘사의 깊이에 있어서 소설이 도달할 수 있는 하나의 극한을 보여주고 있다. 여기에는 대상의 외면적 특징 묘사를 통해 그 내면의 본질에 육박하는 톨스토이의 사실주의적 특성이 가장 잘 나타나 있다. 사건은 모두 자연스런 순서에 의해 움직여지고 한 가지도 예외로 전개되는 것을 볼 수 없다.

이 장편의 중심에는 상층귀족에 속하는 로스토프, 볼콘스키, 베주호프 세 가족의 생활기록으로 짜여있는데, 전편을 통하여 행동하고 있는 것은 인민이다. 나폴레옹 군과 싸워서 조국을 구한 것도 황제나 정부 혹은 사령관이 아니라 러시아 인민이며, 인민이야말로 역사적 과정의 결정적인 힘임을 말하고 있다. 러시아군 사령관인 쿠투조프 역시 인민의 의지와 그들이 해야 할 결정적 역할을 이해하고 다만 예정된 운명의 기회를 기다렸다. 그의 위대함은 애국적인 인민의 의지와 그 큰 힘을 믿고 활약한 데 있다고 할 것이다.

러시아 인민을 대표하여 이 장편의 중심사상을 구현한 인물은, 농민출신의 무정부주의자로서 '악에 대한 무저항'에 투철한 병졸 플라톤 카라타예프이다. 소설의 주인공이며 러시아 귀족의 긍정적인 면을 대표하는 피에르는 병졸 플라톤과 접촉하면서 정신적으로 회생한다. 소설의 마지막 부분에서는 피에르를 비롯한 니콜렌카와 기타 성실한 귀족청년들이 데카브리스트 운동으로 접근하고 있음을 암시하고 있다.

제 2의 대작 『안나 카레니나』 역시 귀족의 가족 연대기라는 측면이 짙게 풍기는 장편이다. 역사소설인 『전쟁과 평화』와 달리 이 소설은 동시대를 묘사한다. 농노해방이 가져온 사회변동, 사법제도 개혁, 지주귀족의 몰락, 슬라브 민족의 해방운동이라는 시사적 문제에서 음악, 교육, 여성해방 문제에 이르기까지 새로운 시대의 온갖 현상이 광범하게 펼쳐져 있다. 그러나 소설의 핵심은 주인공 안나가 펼치는 사랑의 드라마이다. 안나는 사랑 때문에 남편과 아이를 버리지만, 그 사랑을 관철시키지 못하고 자살한다. 그러나 그녀는 신의 벌을 받은 것이 아니라, 위선에 찬 귀족사회와의 투쟁에서 패한 것이다.

안나의 자유로우나 사회에서 수용되지 않는 사랑과 대조적으로 묘사된 것이 목가적인 정원의 풍경 속에서 영위되고 있는 레빈과 키티의 사랑이다. 대조적인 묘사가 톨스토이적인 수법의 특징이지만, 이 소설 전체는 안나와 레빈, 도시와 농촌, 문명과 자연이라는 대비의 바탕 위에 서있다. 작가는 문명에서 비롯되는 것은 부자연스럽고 거짓이며, 농민 자연과 결부된 것은 선이고 진실이라 생각했다. 『전쟁과 평화』에서는 무익한 문명의 부조리에도 불구하고 그래도 세계는 매우 아름답다는 낙천적인 철학이 그 바탕에 깔려 있었다. 그러나 『안나 카레니나』에는 보다 강요적이며 눈에 보이지 않는 도덕철학이 작품 전체에 깔려 있다. 이 철학은 보다 덜 낙관적이고 보다 비극적이다. 이런 분위기는 이야기가 종말에 다가갈수록 더욱 심화되는데, 사실상 작가는 이 작품을 완성하기 이전에 이미 혼란스런 정신적 위기에 접어들고 있었던 것이다.

『안나 카레니나』를 완성한 후 톨스토이의 사상은 대전환되어 농민적 무정부주의, 악에 대한 무저항 정신이 그의 중심사상이 된다. 모든 인간은 나면서부터 선을 지향한다고 생각한 점에서는 사회주의와 일치하나, 인간구원이 사회제도의 개혁에 있다고는 생각하지 않았다. 그는 당시의 전제경찰 국가와 그 사회제도가 일으키는 악에 강력히 항의하고 국가, 사회 및 사유재산 부정론에 동조한다. 하지만 그 극복은 비폭력에 의한 인간의 도덕적 회생으로 달성할 수 있다고 생각하여, 기독교적 인간애와 악에 대한 무저항주의를 주장한다.

톨스토이 박물관 옆의 동상

이후 그는 그때까지 자신이 썼던 모든 작품의 가치를 부정하고, 국민에게 도덕을 가르칠 목적으로 민화(民話)를 쓰기 시작했다. 그렇지만 창작욕이 강했던 그는 이후에도 『이반 일리치의 죽음』, 『크로이체르 소나타』, 『부활』 등의 작품에서 인간이 도덕적으로 회생하는 모습을 그리고 있다.

그는 사회의 모든 부정을 격렬하고도 줄기차게 항의하였다. 황제 암살사건으로 체포된 나로드니키 혁명가들의 사형을 반대하는 『알렉산드르 3세에게 보내는 공개장』에서부터, 제1차 혁명 후 혁명당원의 대량 사형을 항의한 『나는 침묵할 수 없다』에 이르기까지 수십 종의 글에서, 그는 일관되게 비인간적인 권력에 반대하고 러시아 국민의 양심을 대표하였다. 정교회는 그를 파문하였지만 오히려 이 사건은 그의 권위를 높여주는 결과를 초래했을 뿐이다. 정부는 톨스토이의 팸플릿을 갖고 있는 민중을 투옥하고 추방하기는 했지만, 전 세계로부터 추앙받는 작가에게는 손을 대지 못하였다. 일부에서는 톨스토이의 체포를 요구하였지만, 인민들은 '톨스토이를 가둘만한 큰 감옥은 러시아에 없다'고 응답하였다.

만년의 농민복장

그러나 톨스토이 스스로는 제 1차 혁명 후 러시아 사회의 동태 속에서 자기 교의로 해결하지 못할 많은 문제에 직면하였다. 자신의 생활과 주위 인민들 빈곤과의 모순으로 더욱 큰 고민을 느끼게 된 것이다. 재산을 버리고 토지를 농민에게 분배하려는 계획도 가족의 강한 반대로 실현할 수가 없었다. 드디어 생활상의 모든 특권을 버리고 일개 농민으로서 소박한 생활을 위해 가출했으나, 얼마 후 조그마한 시골 정거장에서 객사함으로써 위대한 최후를 마쳤다.

[과제 & 토론]

1. 소개된 대문호 외 러시아 낭만주의와 사실주의 작가들을 찾아 대표작과 작품성향을 조사, 발표하시오.
2. 도스토옙스키와 톨스토이의 작품 성향과 사상을 비교 분석하시오.
3. 20세기 러시아의 대표적인 작가들이 누구인지, 그리고 왜 그들이라 생각하는가?

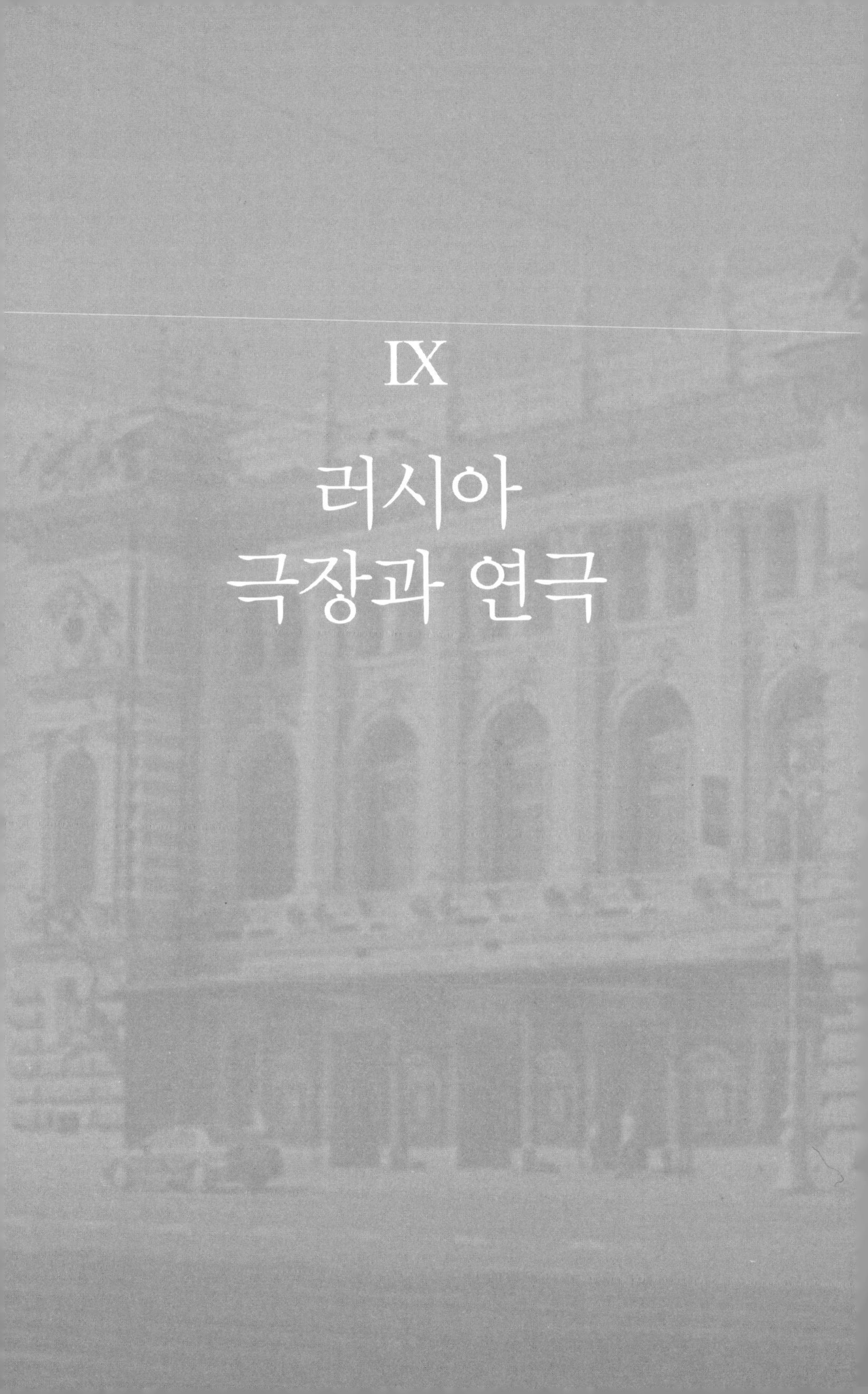

IX
러시아 극장과 연극

1. 극장의 발달

1) 전통적 극장

러시아에서 무대의 역사는 18C부터 시작한다. 신학교에서 개최된 '학교 연극'은 표트르 대제의 개혁을 지지하고 그 반대파를 공격하였다. 또 극장은 궁정부속으로 개설되었다. 1710년대부터는 도시에 아마추어 극단이 생겼다. 그중 가장 유명했던 것이 야로슬라블의 볼호프 극단이었다. 이 극단의 가장 뛰어난 배우는 나중에 페테르부르크로 가 1756년에 창설된 러시아 최초의 상설 직업극장에 들어갔다. 이 극단의 주된 레퍼토리는 고전극의 창시자 수마로코프의 희 비극이었다. 모스크바에서도 1757년 모스크바대 부설극장을 토대로 직업극단이 생겼다.

국립 볼쇼이 극장

제정 러시아는 물론 소비에트 시대를 거쳐 오늘날에도 연극과 음악의 전당으로 이름을 떨치는 곳은 **볼쇼이 극장**(Большой театр)이다.[1] 이 대

---

1) 1776년 3월에 기초를 닦아 1780년 지금의 자리에 건립되어 거리 이름을 따 페트롭스키 극장이라고도 명명되었다. 1805년 화재로 소실된 것을 1825년 복구, 1853년에 또 다시 외벽만 남긴 채 불에 탄 것을 1856년 건축가 니키틴이 재건하였다. 그러다 제2차 세계대전 중 심하게 훼손된 건물이 1943~44년 사이에 벨리카노프 건축가에 의해 지금의 모습으로 복원되었다.

극장은 예나 지금이나 국가문화의 전수 장소로서 그 기능을 다하고 있다. 황제의 축하연이나 공식 축제는 물론, 공산당 전당대회도 개최된 곳이기 때문이다. 18C말부터 19C초에 걸쳐 농노를 배우로 하는 극단이 각지에서 유행하였다. 19C초까지의 극단은 장르상 명확한 구분이 없었다. 똑같은 배우가 드라마, (주로 코믹한) 오페라를 공연하고, 때로는 발레도 추었다. 그 후 드라마 극장과 오페라 발레 극장이 분리되었다.

1824년 완성된 모스크바의 소극장(Малый театр)이 문을 열어 러시아 문화와 사회사에 중요한 역할을 하였다. 모스크바 소극장은 비판적 리얼리즘 연극의 발상지로서 해방운동의 중추적인 역할과 더불어 많은 배우들을 배출시켰다. 한편 페테르부르크에도 1832년 알렉산드린스키 극장이 개관되어 정부의 감시망에도 불구하고 연극문화의 발전에 기여하였다. 소극장에 비해 진보적인 사회계층과의 결합이 약했지만, 알렉산드린스키 극장도 강력한 배우진을 갖춘 채 많은 명무대를 연출하였다.

1856년 황실극장의 독점령이 공포되자, 사설극장은 두 수도에서 설 땅을 잃어버렸다. 유랑극단 신세로 지방으로 돌아다니며 공연한 연극 수준은 보잘 것 없었다. 지방 관료의 감독 하에 지방귀족과 상인과 같은 '높으신 양반'의 취미와 요구에 따라야 공연했으며, 주민들의 기호 또한 저속했고 재정도 불안정하였다. 게다가 사설극장의 흥행주는 우선 수입을 중시하여 관객을 끌어들이기 위해 새로운 연극을 주 5~6회나 했기 때문에 그 수준이 떨어질 수밖에 없었다. 그럼에도 불구하고 국내외 명작을 관객들에게 소개하고 연극을 문화의 진정한 도구, 진보적인 사상을 전달하는 도구로 인식하게끔 하였다.

말리 극장

한편 황실극장의 주된 레퍼토리는 정부를 대변하는 내용물, 외면적 효과를 목표로 한 멜로드라마, 재미나고 우스운 희극 정도였기 때문에 사회 비평가들로부터 많은 비난을 받았다. 이러한 관제공연에 저항했던 연극인들은 집회나 클럽의 모임에서 비밀리에 연극을 공연하였다. 또한 1865년 모스크바에 설립된 예술가협회의 부속극장을 통해 활발한 활동이 지속되었지만, 1881년이 되어서야 수도에서 황실극장의 공연 독점이 폐지되고 진정한 '해방'을 맞게 되었다.

세기말에 들어서 창립된 **모스크바 예술좌**는 러시아 극장사에 혁신적인 사건이었다. 창립 당시는 예 목표가 아직 확립되지 않았고 엄밀하게 규정되지 않았지만, 끊임없는 탐구를 통해 형성되어 갔다. 그래서 이는 '실험극장'이라고도 불렸다. 예술좌의 창립자들은 연극이 가진 사회적 의미를 인식하였으며, 그것은 곧 지대한 영향력을 가진 '강력한 학교'로 간주되었다. 충분한 가치를 갖고 진실로 예술적인 레퍼토리를 확립하는 것이 예술좌 연출가들의 임무였다. 이들은 주로 현대극을 중심으로 관객의 정신적 요구에 답할 것을 사명으로 여겼고, 여기에 체호프, 고리키 등 당대 저명인사들이 대거 참여하였다.

뻬쩨르의 알렉산드린스키 극장

2) 극장의 변모

전통적 극장은 인텔리겐치아의 정치·사회·문화적 회합장소이자, 인민들 대상의 교육 계몽의 장으로 역할을 다하였다. 그러다 스탈린 시대에는 대중 선동과 교화수단으로 극장이 이용되면서 예술의 대중화를 위한 기반이 마련되었다. 해빙기에는 비공식 문화를 주도하는 비판적 지식인 예술가들과 진실에 목마른 관객들의 소통장소로도 활용되었다. 소위 극장과 관객간의 신

극장입구 길거리의 공연 포스터

리가 구축되기 시작했던 것이다.

페레스트로이카를 기치로 내걸었던 고르바초프 시절에 '극장운영과 창작지침에 대한 새로운 결의안'이 발표되었다. 이는 공연예술 개혁의 시발점이 되었다. 여태까지 당 문화부에서 주요 운영진을 직접 임명하던 제도가 선거로 선출되고, 각 극장의 예술위원회로 자율권이 이양되었다. 1991년 소연방의 해체와 시장경제 체제의 도입은 문화계의 본격적인 재편을 예고하였다.

포스트 소비에트 시대의 자유는 아카데미 인민극장을 사설극장으로 변모시켰다. 자유로운 분위기는 예술적 자유를 구가하도록 만들었던 반면, 각 주체들은 경제적 독립이라는 난제도 감수해야 했다. 검열과 이데올로기의 고통이 예술성과 상업주의의 갈림길이란 고민으로 변하였다. 극도의 혼란시기를 겪으면서도 연극과 공연 분야는 다른 대중문화 장르에 비해 비교적 혜택을 많이 받았다. 극장에 대한 국가지원금이나 보조금은 유지되었고, 신설 스튜디오 극장에 대해서도 최소한의 보조금이 제공되었다. 하지만 전반적으로 공연계는 생존문제에 직면할 수밖에 없었다.

민주 러시아 시대에 들면서 새로운 형태의 극장이 출현한다. 극장의 재정지원 방안으로 건물임대료의 무상화, 소득세 면제, 공간 활용을 통한 자영업 허용 등의 조치가 취해진다. 이는 러시아 문화예술의 인프라 수준을 반영하는 지표가 된다. 하지만 민주화의 부작용으로 내부갈등이 표면화 되면서 극장은 또 다른 위기를 맞이했다. 극장 경영방식이 변하면서 '레퍼토리' 극장이 역사적 전통을 고려한 관객 지향적인 '엔터프라이즈' 극장으로 탈바꿈한 것이다.

기존의 고질적 병폐가 문제점으로 부각되었다. 예술 감독의 독주, 극장소속 배우의 한계, 신참배우의 기회불균등, 지원금 낭비, 비즈니스 마인드 부족 등으로 대안 마련이 시급하였다. 일종의 '프로듀서' 극장이 등장하여, 이제는 예술 감독이 아닌 프로듀서가 중심이 된다.[2] 새로운 시스템 하에서 능력 있는 젊은 연출가들이 많은 기회를 제공받게 된다. 이는 경쟁력 있는 작품들을 배양하기에 유용하지만, 흥행위주의 공연에 매달리면서 인기 배우들에 대한 의존도가 높아지고, 배우와 연출가간의 연대감이 약화되고 있다. 결국 러시아 연극의 전통이라 할 수 있는 '연극-집, 연극-학교' 개념이 상실되어버린 것이다.

개혁과 개방의 영향으로 러시아 극단과 연출가들이 해외로 많이 진출하였다. '영화는 복제예술이지만, 연극은 삶의 모델을 생산한다.'는 명분은 이들의 자긍심을 고취시켰다. 소련 시절에는 일부 허용되어 KGB의 감시 하에 볼쇼이와 마린스키를 비롯한 유명 극장들에게만 기회가 주어졌다. 그러나 해외공연의 기회가 대폭 확대되면서 공 적 교류는 물론 개인적 차원의 교류도 가능해졌다. 해외진출의 활발한 기회가 제공되면서 각 극장들은 공연은 물론 연출가와 배우, 스텝들까지도 상호 교환한다. 그러나 폐쇄적인 극장운영 방식으로 국가지원금이나 후원금 사용의 관리가 체계화되지 못하고 있다. 따라서 극장 내 경영감독 역할이 부각되고 있지만, 여전히 예술감독의 막강한 권한 하에 사적관계에 따라 운영되는 모습을 볼 수 있다.

삐쩨르의 마린스키 극장

오늘날에는 다양한 형태의 후원자 그룹이 형성되어 있다. 국내외 유명기업들에서 예술 애호가에 이르기까지 극장은 각계각층의 지원을 받는

2) 기획공연을 위해 배우가 초빙되고, 국가지원금이 없는 상태에서 후원금과 공연수익금으로 극장을 꾸려 나가다보니 서구식 기업형 극장으로 변모하고 있다.

다.[3] 러시아에 진출한 해외기업은 문화마케팅 차원에서 공연단체 및 예술학교에 대한 지원을 가세한다. 이에 질세라 러시아 기업들도 극장 및 극단 후원에 적극 참여한다. 이는 공연문화가 낳는 파급효과에 대한 높은 기대가 반영된 것이다. 하지만 어느 사회나 볼 수 있는 '부익부 빈익빈' 현상이 가속화되어, 유명 극장이나 연출가들 중심으로 지원이 몰리는 편중현상도 심각하다.

러시아 극장계는 제2의 전성기를 맞고 있다. 새천년에 들어 성공리에 치러낸 '국제연극 올림피아드'는 변화의 큰 경험과 자신감을 불어넣어 주었다. 세계적 규모의 행사들과 문화센터, 아트센터의 건립은 국가지원금이 증액되고 각종 후원 덕분에 가능했다. 오늘날 러시아 극장은 여러 난제들이 해결되지 않고 있음에도[4] 이전에 없는 호황을 맞고 있는 셈이다.

모스크바의 메이에르 홀드 아트센터

3) 한국의 삼성은 1992년부터 극심한 경영난을 겪던 볼쇼이 극장을 대규모 지원함으로써, 모스크바 인들에게 '국민기업'으로까지 칭송받고 매출도 상승하였다.

4) 예를 들어 예술성과 상업성의 갈등, 개혁과 보수의 조화, 레퍼토리 극장 對 엔터프라이즈 극장의 공존, 연극-학교 및 예술의 대중화를 위한 실천 모델 모색 등이다.

2. 연극의 발전

1) 19세기 전반

19C전반의 러시아 연극계는 정치-사회적 분위기에 따라 상당히 복잡한 변화를 거쳤다. 19C초의 연극계에는 감상주의적인 극작품이 주류를 이루었다. 감상주의의 대표 작가이자 셰익스피어와 레싱의 작품을 번역하고 연극평론가이기도 했던 카람진은 연극 미학의 발전에 많이 기여하였다. 감상주의의 영향은 『아테네의 오이디푸스』, 『드미트리 돈스코이』를 쓴 오제로프(В.А.Озеров)에게도 강하게 미쳤다. 그의 희곡이 인기가 있었던 것은 새로운 방식, 그리고 등장인물의 정신세계에 몰입하려는 노력뿐만 아니라, 당시 사회의 애국적인 분위기에 편승했기 때문이다.

풍자희극으로 유명한 크릴로프(И.А.Крылов)는 1800년 파벨 1세의 정치를 예리하게 풍자한 희비극 『무위도식자』를 썼지만, 공연은 물론 출판도 금지되었다. 그는 귀족과 지주사회의 '프랑스 병'을 통렬하게 풍자하는 한편, 공감이 가는 민중의 유형을 묘사하였다. 애국주의와 민주적 정신으로 일관된 그의 희극은 사실주의 연극을 향한 커다란 진전이었고, 그리보예도프와 고골의 희극과 연결되었다.

러시아 문화의 각 분야에 커다란 영향을 주었던 데카브리스트의 사상은 연극계에서도 뚜렷이 나타났다. 데카브리스트들은 연극이 대중에게 주는 효과를 보고 연극을 도덕적 정치적 계몽을 위한 수단으로 사용하였

『보리스 고두노프』의 한 장면

다. 이들은 혁명적 낭만주의, 시민적 영웅주의, 개인의 자유 확립을 원칙으로 하는 새로운 희곡양식을 창조하려고 노력했다. 물론 그들의 작품이 바로 무대에 올라가지는 못했지만, 그들의 새로운 착상은 연극발달에 두드러진 영향을 미쳤다. 1825년 푸시킨이 쓴 비극『보리스 고두노프』는 데카브리스트의 해방사상과 밀접한 관계가 있다. 근대사에 가장 극적인 시대의 하나를 희곡 형식으로 표현한 이 작품은 민중이 주역을 맡고 미래에 대한 정확한 예견을 시도한 것이었다.[5]

니콜라이 1세의 반동정책은 연극계에도 어김없이 적용되어 엄격한 검열제가 실행되었다. 황실극장의 독점적 지위확보와 더불어 자유주의적이고 진보적인 희곡은 공연되지 못하였다. 사상이 없는 단순한 오락물만 흥행의 대상이 되었던 것이다. 그러나 이러한 열악한 환경 속에서 꽃을 피운 것이 러시아 사회의 자각을 배경으로 한 사실주의 연극이다.

민주적이고 사실적인 연극이 확립되는 데 큰 역할을 한 자는 문학평론가 벨린스키(В.Г.Белинский)이다. 그는 연극을 '사회의 개화와 시대정신'의 충실한 산물이자 지표이며, 또 인간의 혼을 정화하는 깊은 즐거움의 샘이라고 생각하였다. 그는 젊었을 때부터 '선과 악을 가진 러시아 전체'의 과거와 현재를, 그리고 그 '강한 생명의 약동'을 표현하는 국민연극의 확립

5) 이 당시 활약했던 유명한 배우는 세묘노바(Е.С.Семёнова)였다. 그녀가 맡았던 역은 오제로프 희곡의 배역이 많다. '혼신을 다해 배역을 소화한' 그녀는 성실함과 영감, 격렬한 감정의 표현에 뛰어났다. 그녀의 상대역은 야코블레프(А.С.Яковлев)로서 세묘노바보다 약 10년 먼저 등단하여 비극과 감상적인 극에 출연하였다. 그의 연기는 섬세한 감정표현과 낭만적이며 격렬한 행동에 탁월하여, 오제로프 희곡의 애국자 역은 관객을 열광시켰다.

을 꿈꾸었다. 그는 변함없이 연극은 나라의 생활을 기반으로 하여 민중의 현실을 반영하는 거울로서 발전해야 한다고 주장하였다. 이러한 입장에서 그는 고골, 푸시킨, 그리보예도프의 희곡을 높이 평가하고 진실성 없는 반동적인 희곡을 강하게 비판하였다.

이러한 의미에서 고골의 『검찰관』은 사실적인 연극미학을 한 단계 높은 수준으로 끌어올렸다. 이 작품은 농노제와 관료제에 대한 통렬한 풍자이다. 그 구성과 인물의 전형화와 표현력, 대사의 진실성과 풍성함, 탁월한 유머 등의 측면에서 완벽한 수준이다. 고골은 사회의 우스꽝스런 면을 웃어넘기지 않고 그 상처와 병, 내부의 심각한 부패를 묘사하는데 뛰어났다. 사회생활을 충실히 반영한 희곡을 통해 많은 것을 세상에 알려주려 했던 것이다. 그는 주인공의 형상을 일반적인 성격으로서가 아니라, 생명력이 넘치며 민족성이 녹아있는 인물로 묘사하는 것이 중요하다 생각하였다.

배우 쉬체프킨

유명한 명배우 쉬체프킨(М.С.Щепкин)이 고골의 주인공 역을 훌륭히 소화해냈다. 농노출신인 그는 1805년부터 무대에 섰다. 약 20년 동안 농노극단의 일원으로 지방 도시를 순회하며 연극이론과 연기를 연마하였다. 그 후 죽을 때까지(1863) 40여 년간 모스크바 소극장에서 오로지 무대예술에 전념하였다. 철저한 사실적 연기를 통해 무대에서의 비판적 사실주의를 확립한 쉬체프킨은 극장에서 최초의 '非극장적' 배우로 인정받았다. 그는 진보적 사상을 가지고 농노제를 증오하며 개인의 권리를 수호한 진정한 시민배우였다.

당대 유명한 문필가와 학자들과의 교유는 쉬체프킨의 자유사상을 더욱 심화시켜 주었다. 벨린스키는 그의 연기를 '창조적이고 천재적인 연기'로 평가하고 배역의 창조 기능은 극작가에 버금간다고 했다. 현실을 충실하게 표현하는 솔직하고 자연스런 그의 연기는 관객을 사로잡았던 것이다.

알렉산드린스키 극장의 활동에 새로운 한 페이지를 장식했고, 러시아 연극사에 눈부신 흔적을 남긴 사람은 마르틔노프(А.Е.Мартынов)이다. 이 천재적인 배우는 1836년 이래 무권리와 착취제도에 억눌린 서민을 소재로 하여 휴머니즘에 기초한 주제를 페테르부르크 무대에서 표현하였다. 그는 서정성과 미묘한 심리묘사에 기초한 비범한 연기를 구사하여, 연극을 높은 예술성의 경지로 끌어올렸다. 그는 데뷔 때부터 희극의 명배우로 인기를 끌었는데, 그의 웃음 속에는 비애와 동정이 깔려 있었다. 오스트롭스키의 희곡 『뇌우』에서 열연한 찌온 역은 최고의 연기가로 절찬 받았고, 진보적인 문학가들로부터 많은 사랑을 받았다.

2) 연극의 신시대

1853년부터 상연되기 시작한 오스트롭스키(А.Н.Островский)의 희곡은 러시아 연극의 발전에 신시대를 열었다. 폰비진, 그리보에도프, 푸시킨, 고골리의 계승자였던 오스트롭스키는 연극사에 그 크기를 알 수 없을 정도로 지대한 공헌을 했다. 그는 40년이란 길지 않은 전 생애를 연극과 극작에 바쳤는데, 이 기간 동안 사회적·예술적으로 훌륭한 의미가 있는 약 50편의 희곡을 썼다.[6]

오스트롭스키

니콜라이 1세 시대 공연물의 대부분을 차지하고 있던 외국 번안물이나 번역된 멜로드라마는 오스트롭스키의 출현과 함께, 그리고 사회전반의 신시대 개시와 함께 서서히 밀려났다. 형식이 뚜렷하고 깊이 있는 내용을 가지며, 러시아 현대생활을 다면적으로 반영한 그의 작품을

6)『가난은 죄가 아니다』,『수입 있는 지위』,『뇌우』,『불타는 마음』,『현자의 허점』,『숲』,『이리와 양』,『지참금 없는 처녀』,『천재와 숭배자』,『죄없는 죄인』 등이 대표작이다.

선두로 한 창작 희극과 드라마는 수준 높은 관객을 끌어들였다. 이 작품들은 러시아 생활과 유리되어 예술적인 만족을 주지 못하는 고전희곡에 염증을 느끼고 있던 진보적인 배우들의 마음을 사로잡았다.

오스트롭스키는 현실을 넓고 정확하게 포착하여, 전제정과 농노제 러시아의 상인과 지주귀족의 생활인 '어둠의 왕국'을 묘사하였다. 역사의 날카로운 관찰자로서 그는 오래된 생활양식의 붕괴와 부르주아 관계의 발전을 그렸다. 농노해방 이전에는 가부장제적 농노제 단계의 '어둠의 왕국'과 싸웠다. 그 후에는 새롭게 생긴 자본주의에 영악하게 순응하는 새로운 유형의 실업가나 탐욕가들을 묘사하였다. 동시에 그는 몰락해가는 귀족을 계속 치열하게 폭로하고 조소하였다. 한편 이러한 유형의 인간들과는 대조적으로 가치 있는 생활을 찾고 억압과 폭력, 금력에 맞서 싸우는 평범하면서도 성실하고 정직하며 순수한 사람들을 애정 있게 묘사하였다.

이리하여 강력한 극작품을 옹호한 러시아의 연극은 전형적인 성격에 생활을 반영하는 사실주의 연극으로서 확립되어 갔다. 살티코프-쉬체드린, 알렉세이 톨스토이, 레프 톨스토이를 거쳐 **체호프**(А.П.Чехов)에 이르러 러시아 극작계는 그 절정을 이룬다. 체호프의 희곡은 80년대부터 20C 초에 걸친 러시아 인텔리겐치아의 일반적인 정신적 체험과 그를 통해 바라본 과도기의 전체적인 생활상이 반영되어 있다.[7] 외면적인 효과의 배제, 강한 생명력, 섬세한 서정성, 내면적인 음악성, 심오한 내용, 희비극적인 것의 혼합, 생활에 대한 맑고 풍성한 갈망, 소시민 근성과 속물근성 사이에 있는 갈등을 거침없이 드러내는 비범한 능력, 이러한 것들이 지금도 영향을 주고 있는 체호프 극작술의 특징이다.

모스크바 예술좌의 창립 후 10년간 상연된 작품의 1/4 이상이 체호프

---

7) 또한 그것은 인류 공통의 보편적인 의미를 가지고 있다. "무대에서의 모든 것은 생활처럼 복잡하게, 그리고 동시에 간단하게"라고 체호프는 말한 것이다.

의 희곡일 정도로 그는 인기가 있었다. 체호프의 희곡세계는 종래의 주연 배우 중심으로 드라마가 진행되어 클라이맥스와 대단원으로 끝을 맺는 구성에 익숙해져 있던 배우들로서는 표현할 수 없는 복잡 미묘함을 전제로 하고 있었다. 극의 대본 속에 담긴 하나의 텍스트를 배우가 주체적으로 읽어서 등장인물을 연기하는 것이 아니라, 스스로의 체험을 필요로 하는 '신기술'을 요구했던 것이다. 이러한 새로운 시도가 연극계의 맥을 이어 '심리주의적 자연주의'에 반발하고 소비에트 전위극을 낳는 계기가 되었다.

러시아의 연극은 그 어떤 장르보다 인민들과 가장 밀접한 연관을 맺고 발전하였다. 진보적 극작가의 작품이 명배우의 연기를 통해 무대에 올랐을 때, 자신들의 일상생활 그 자체를 보는 것 같던 인민들은 열광 속에 빠졌다. 이러한 관객을 위해 19C 인텔리겐치아들은 서슴없이 자신들의 정열을 창작에 열중했던 것이다. 물론 귀족과 관료를 위한 관변연극도 있었지만, 결국 문화의 유산으로 남는 것은 암울한 사회를 비판하고 울분에 빠진 인민을 대변한 작품들이었다.

3) 오늘날 연극

소비에트 시대의 연극 성향은 일정한 원칙이 있었다. 보편적 인류애를 담은 러시아 고전, 세계 고전, 사회주의 리얼리즘 작품으로 그 순서가 정해져 있었다. 이는 레퍼토리 선정에 대한 당국의 검열과 통제가 있었기 때문이다. 하지만 검열의 폐지와 표현의 자유가 도래하자 전대미문의 변화가 초래되고, 이는 레퍼토리 구성에도 반영되었다. 새로운 시대에는 역사적 폭로, 현실비판, 퇴폐음란물, 사회악 등의 소위 '블랙테마'가 모든 주제로 등장하였다. 결국 레퍼토리 선정의 자유는 상업성의 폐해 아래 공연물의 질적 저하와 창작의욕 상실이라는 난제를 야기했다. 가장 저급한 문화와 최고급 예술이 충돌, 공존하는 셈이다.

극장 내부의 모습

주체들의 복권과 모더니즘의 부활도 중요한 변수로 작용했다. 소비에트 시대 때 방명했던 작가, 연출가, 배우들이 복권되고, 1920년대에 자취를 감춘 모더니즘이 살아나자 더욱 다양한 상황이 연출되었다. 특히 고전의 무대화는 원작의 보편적 가치를 계승하고, 새로운 무대언어를 갖게 됨에 따라 획기적 변화를 초래했다. 이는 동시대 관객에게 진지하고 친근하게 다가가는 창조적 작업으로서, 고전을 단순 재현하는 것이 아니라 재창조를 하고 있다. 오늘날 러시아의 연극무대는 고전작품들의 경연장을 방불케 한다.[8] 이는 러시아뿐 아니라 전 세계적 현상으로서, 수준 높은 고정 관객층의 지지와 국내외 다양한 후원단체의 도움에 힘입은 것이다.

고전에 대한 높은 선호도는 연극이 단순한 볼거리가 아님을 시사한다. 능동적으로 사고하고 참여케 만드는 연극 본래의 전통이 아직 유지되고 있음을 의미하는 것이다. 관객이 선호하는 레퍼토리도 고전극이 60%를 차지한다. 그 기준은 배우(54%), 연출가나 제작자(30%) 순으로서, 오랜 기간 다져온 관객층이 두텁고 안정적임을 보여준다. 관객은 공연물의 직접적 소비자일 뿐만 아니라, 무대작품을 만들어가는 공동의 창조자이자 생산자로 인정받고 있다.[9]

---

8) 2000년 이후 월평균 극장 레퍼토리의 60~70% 이상이 푸시킨, 고골, 오스트롭스키, 도스토옙스키, 체호프, 셰익스피어, 몰리에르 등 국내외 고전작가들의 작품이 차지한다.

9) 1990년대 중반 문화(문학) 예술계가 전반적 위기를 겪고 있던 시절에도, 연극의 경우는 고정 관객이 40% 가까이 되는 판이한 양상을 보였다.

그러나 해결해야 할 연극계의 문제들도 산적해 있다. 지나치게 비싼 공연료로 인해 제한된 관객의 독점물이란 비판을 받는다. 특히 유명 극장의 페스티벌 수상작이니 해외 뮤지컬 같은 공연은, 외국 관광객을 주로 상대하다 보니 암표상도 득세하고 있다. 이를 해결하기 위해 마린스키 극장은 내외국인 가격차별을 두어 이중가격제를 실행한다. 하지만 내국인에게는 소량이 할당되어 상대적으로 더 불리하게 작용되기도 한다. 또한 유명 연출가들은 해외공연에만 치중하여 국내보다 순회공연에 더 투자하는 불균형도 보이고 있다.

무엇보다 관객층의 양극화는 현대사회의 병폐를 그대로 반영한다. 소위 '명품관객'은 유명 공연이나 비싼 좌석만 찾아 극장을 선택 받은 자들의 전유물로 간주한다. 특히 브랜드화 된 극장은 부정기적 관객을 유치하여, 극장의 열기를 가열시키고 관객들의 소외현상도 부채질한다. 주제 또한 무겁고 진지한 내용보다는, 가볍고 오락적인 걸 선호하여 그 값어치를 떨어뜨리고 있다. 결국 연극이란 창작활동일 뿐만 아니라, 소비자를 위한 문화상품이란 평범한 진실이 망각되어 가는 것이다.

3. 유명 극작가

1) 고골(Н.В.Гоголь 1809~52)

산문 분야에서 푸시킨의 직접적인 후계자는 니콜라이 바실리예비치 고골이다.[10] 그렇다고 고골이 푸시킨의 모방자였다는 것은 아니다. 고골 스스로가 '눈물 속의 미소'라고 했던 풍자는 숭고한 이상에 대한 직접적인 호소가 아니라, 추악한 것에 대해 무감각해지려는 독자의 마음에 경종을 울리는 것이다. 푸시킨이 아름답고 시적인 면에 보다 많은 주의를 기울인데 비하여, 고골은 생활 속에서 추악하고 천박하며 우스꽝스런 것들을 예리하게 주목하여 이를 확대 묘사하였다. 고골의 작품이 지니는 의의는 국민의 이익에 반대되는 모든 것을 부정의 색채로 묘사함으로써, 아름다운 것에 대한 긍정과 이상에 대한 동경을 불

고골

10) 그는 이 시인에 대한 회상록에서 "푸시킨의 조언이 없었더라면, 나는 무엇 하나 고찰해 낼 수 없었고 쓸 수도 없었을 것이다"고 말하고, 『검찰관』과 『죽은 혼』의 주제도 푸시킨으로부터 얻은 것이라고 말하였다. 고골은 푸시킨보다 10년 아래로, 그가 고향 우크라이나로부터 페테르부르크로 나왔을 때는 이미 푸시킨 시대의 사람들이 누리던 정치적 자유의 이상은 사회에서 사라진 후였다. "국민들에게서 정신적 광채란 찾아볼 수 없고 모든 사람들이 각자의 근무처와 관청에 대한 이야기만 할 뿐입니다."라고 어머니에게 보낸 편지에서 그는 쓰고 있다.

러일으킨 것이다.

고골은 어머니가 보내준 돈으로 외국여행을 떠났지만 도중에 마음이 바뀌어 귀국하였다. 그 후 관청에 근무하기도 하고 미술학교에 다니기도 했으며 여학교 역사교사가 되기도 하였으나, 모두 오래 있지는 못하였다. 이 동안 우크라이나의 민간전승에서 취재한 낭만주의적 단편『지칸카 근교의 야화』를 발표하여 푸시킨의 극찬을 받았고 일반에게도 호평을 받았다. 그러나 문학에 전념하지 않고 1834년에는 역사학자가 되는 것이 자기 사명이라고 생각하여, 페테르부르크 대학 역사학 조교수가 되었으나 인기가 없었다.

제 2작품집『미르고로드』덕분에 그는 작가로서의 기반을 굳혔다. 여기에는 중세 우크라이나 카자크들의 용감하고 거친 생활과 투쟁을 월터 스코트 풍으로 쓴『대장 불리바』외 다수의 작품들이 수록되어 있다.[11] 작품집『아라베스끼』에는 페테르부르크 시민생활을 쓰디쓴 풍자로 묘사하였다. 페테르부르크 소설 계열에 속하는『외투』는 가난한 말단관리가 겨우 마련한 외투를 노상강도에게 빼앗긴 후 절망한 나머지— 죽어서 망령이 된다는 이야기이다. 이 작품은 권리가 없고 수모당하는 이들에 대한 독자들의 세찬 동정을 불러일으켜 러시아 문학의 민주화에 큰 공헌을 하였다. 훗날 도스토옙스키는 "우리 모두는 그의『외투』로부터 출발하였다"고 말하였다.

고골은 소설 외에 희곡도 썼는데『검찰관』은 그의 대표작으로 러시아 희곡의 걸작으로 꼽힌다. 사건의 줄거리는 어느 지방도시에 검찰관이 찾아올 것이라는 소식을 알리는 데서 시작된다. 시장을 비롯하여 평소 부정한 짓을 밥 먹듯이 하고 지냈던 관리들이 전전긍긍하던 끝에 빈털터리인

---

11) 우크라이나 전설에서 취재한 한 청년의 비극을 전해주는『땅귀신 비이』, 무위도식하는 지주생활의 어리석음을 비난한『옛 기질의 지주들』및 기타 당시의 생활에서 취재한 작품들이 많다.

흘레스타코프를 검찰관으로 오인하기에 이른다. 영문도 모르는 채 각별한 대접을 받은 흘레스타코프는 이 기회를 이용하여 관리들을 실컷 농락하다가 도망쳐 버리지만, 그 직후에 그가 남긴 편지에서 진상이 밝혀진다. 모두가 아연실색하는 가운데 진짜 검찰관이 도착했다는 소식이 전해진다.

작가는 이 희곡에 대해 "내가 알고 있는 러시아의 모든 죄악상을 한데 묶어서 폭소를 자아내게 할 결심이었나."고 발하였다. 여기에 묘사된 것은 한 지방도시의 추악함 뿐만 아니라 농노제 러시아의 관료기구 전체에 대한 부패상인 것이다. 고골은 이를 반국민적인 권력 상으로 보여주고 러시아가 보다 나은 나라로 나아가길 기대했던 것이다. 관료정치에 대한 사회적 풍자는 커다란 반향을 불러일으켰고, 『검찰관』의 상연은 러시아 연극사상 공전의 성공을 거두었다. 그러나 고골은 그러한 반응을 뒤로하고 마음 편하게 『죽은 혼』을 쓰기 위해 도망치듯 외국으로 떠나버렸다.

고골은 로마에 머물면서 그의 대표작 『죽은 혼』을 집필하였다.[12] 1부는 주인공 치치코프가 죽은 농노를 사들이고자 지주들의 영지를 편력하는 이야기이다. 치치코프는 인구조사 후에도 사망한 농노가 다음 해 인구조사 때까지 남아서 지주의 납세상 부담이 된다는 점에 착안한다. 이러한 농노의 문서를 헐값에 매수하여 저당에 넣고 은행으로부터 대출을 받아내려 하지만 결국 실패한다.

이 작품의 주요내용은 차례차례 등장하는 무지와 탐욕, 횡포와 무기력의 화신과도 같은 지주들의 기괴한 모습이다. 러시아의 오지에 살며 농민을 지배하는 이들은 고골의 붓에 의해 비로소 그 무섭고도 추악한 모습이 폭로되었다. 고골의 예술적 천재는 부정적인 형상 창조에 있어서 어느 누구와도 비교될 수 없는 역량을 발휘하였다. 그는 현실의 비천하고 추악하며 불합리한 것에 익숙해진 인간들 앞에 진실의 모습을 제시하였다. 1840

12) 그는 단테의 『신곡』을 모방하여 3부작을 구상했지만, 오늘날 남아있는 것은 그 '지옥편'에 해당하는 1부와, '연옥편'에 해당하는 2부의 단편들이다.

년대 러시아 문학은 농노제의 죄악을 하나하나 비판하고 드디어는 이러한 제도 전체의 부정으로 이행하였다. 고골의 작품은 문학이 그와 같은 새로운 단계로 이행하고 있음을 의미하였다.

그러나 고골의 생애는 비극적인 것이었다. 그 자신의 사회사상이 보수적이었음에도 말년의 그는 신비주의의 설교자이자 농노제 개혁론자가 된다. 그의 예술가로서의 감각과 사회사상과의 불합리는『죽은 혼』의 창작 과정에서 날카롭고 비극적인 형상을 이룬다. 1부에서 농노제와 전제정 하에서 지주와 관료들의 부정적인 모습을 선명하게 표현한 그가 2부에서는 개심한 치치코프를 비롯하여 새로운 러시아를 건설할 긍정적 인물들을 등장시킨 것이다. 그러나 그가 이상으로 추구하는 인물은 현실생활 속에 없었고 또 그러한 인물이 러시아를 구하는 것도 불가능하였다. 그런 까닭에 그가 현실과 거리가 먼 자신의 이상에 의해 창조한 형상은 생명이 없는 거짓일 수밖에 없었다.

사상과 예술적 감각 사이의 모순은 그의 창작 활동을 비극적 결말로 인도하였다. 결국 극심한 사상적 혼란 속에서 생애 마지막 10년을 바친 제 2부의 원고를 불태우고, 기도와 단식으로 지내다가 숨을 거두었다.

2) 체호프(А.П.Чехов 1860~1904)

체호프

독자들에게 간결하고도 진실한 필치로 체호프는, 남러시아의 아조프해에 접해 있는 타간로그에서 태어났다. 그의 할아버지는 농노였지만 장사로 상당한 부를 축적하여, 그 자신과 가족 모두의 자유를 살 수 있었다. 식료잡화상을 경영하던 부친은 체호프가 16세 때 파산, 미래의 작가만을 고향에 남겨둔 채 온 가족을 데리고 모스크바로 이주하였다. 3년 후 어머니의 간절한 소망에 따라 모스크바 대학 의학부에 입학한 체호프는 이때부터 생활비를 보조하기 위해 당시 유행하던 유머 잡지에 글을 투고하기 시작했다. 1884년 의학부를 졸업한 뒤에도 의사를 본업으로 삼지는 않았지만, 의사로서의 자각과 자부심은 평생 지니고 있었다.

체호프가 투고하기 시작했던 1880년대 초는 러시아 문학의 전환기였다. 도스토옙스키와 투르게네프가 연이어 세상을 뜨고, 톨스토이도 종교 쪽으로 기울어진 상황이었다. 이들의 뒤를 이을 새로운 재능을 기대하고 있던 사람들에게 있어, 유머 잡지로부터의 신인 출현은 너무나 뜻밖의 일이었다. 그러나 이들은 체호프의 재능은 인정하면서도, 그의 작품이 갖는 무경향성과 무사상성에 대해 비판하였다. 이에 대해 체호프는 "사상이 없고 일정한 입장이 없는 창작은 불가능하며, 작품 속에서 일관되게 허위에 항의하는 것은 경향이 아닌가?"라고 반문하면서, "나는 자유로운 예술가가 되고 싶다"고 일축해 버렸다.

체호프는 사실 톨스토이나 도스토옙스키와 같은 방법으로 자신의 작품을 다루지 않았다.[13] 톨스토이주의에 공명했던 짧은 시기를 빼면, 동시대의 지배적 조류에 결코 합류한 적이 없다. 그는 예술 형상이 암시하는 결론은 독자가 자기 자신으로부터 끌어낼 때만이 효과가 한층 더 큰 것이라 여겼다. 또한 묘사는 객관적일수록 인상을 강하게 할 수 있다고 생각했으므로, 톨스토이의 교훈적 태도에도, 도스토옙스키의 강한 자기주장에도 동감할 수 없었던 것이다.

체호프의 문학적 경력은 대략 1886년을 전후로 하여 두 시기로 나눠볼 수 있다. 1886년 이전까지 그는 문학성이 떨어지는 유머잡지들에 여러 가지 필명을 사용하여 소품과 패러디를 투고함으로써 대중적인 인기를 얻었다.[14] 그러나 유머의 테두리에서 벗어나 서서히 인생을 깊이 통찰하는 서정적인 작품도 나타나기 시작했다. 후반에 들어서면 그가 초기부터 관심을 갖고 줄곧 매달려온 인간 사이의 이해 부족이라는 중심 테마에 집중적으로 파고든다. 인간이 안고 있는 고독감과 실망감, 그리고 그들 사이의 어찌할 수 없는 상호 소외와 서로서로를 결코 이해할 수 없다는 사실을 전달하는데 있어서, 그 어떤 작가도 체호프를 능가하지 못했다.

『지루한 이야기』에서 작가는 생활의 보편적인 의미, 일반적인 이념을 발견할 수 없는 노학자의 비애를 묘사하고 있다. 이러한 '일반적 이념의 결여'는 19C말에서 20C초에 걸친 침체된 시대를 살아왔던 작가 자신이 가

13) 그리스도의 구원에 대한 신념과 확고한 도덕적 중심이 있지만 불안한 정서를 보이는 도스토옙스키, 때때로 자제력을 잃은 채 교훈적 경향과 도덕적 열정을 보이는 톨스토이, 동시대의 문제를 즐겨 논하는 투르게네프와 같은 성향이 그에게는 없었다.

14) 그가 가장 즐겨 사용한 필명인 안토샤 체혼테를 본따 이 시기를 '체혼테 시대'라고 부르기도 한다. 1년에 100편을 넘는 속도로 쓰인 다채로운 작품 가운데서도 『말단 관리의 죽음』, 『말의 姓氏』 등 현재까지 읽혀지고 있는 뛰어난 유머 소품들이 적지 않다. 1886년 이후 사회적으로나 경제적으로 어느 정도 안정된 체호프는 유머잡지들로부터 자유로워질 수 있었으므로, 희극적 작법을 버리고 가장 특징적인 그 자신의 문체를 계발했다.

슴 속에 안고 왔던 테마였다. 작품 속에서 그 표현은 다양하게 나타났다. 의미의 상실이나 가치관의 혼란은 때론 광기를 일으키고 살인을 야기했다. 그중에서도『6호실』의 결말은 비극적이다. 병원장 라긴은 '인간의 평정과 만족은 인간의 내부에만 있다'는 신조 아래 현실 참여를 포기하고 있었다. 그것을 비판하는 정신병동의 환자들과 어울리게 되자, 주위로부터 광인으로 몰려 자신도 정신병동에 갇혀 발작으로 죽게 된다. 1890년대 이후 체호프에게 나타난 또 다른 경향은 '일상성' 그 자체가 지니고 있는 무서운 힘에 대한 두려움이다.[15]

체호프는 극작 영역에서도 개척자의 역할을 하였다. 그는 모든 '광대짓'과 외면적인 극적 요소 및 무대 효과를 노린 작위성을 배격하였다. 무대는 일상적인 생활 속에 흘러가고, 거기에는 등장인물 하나하나의 역사가 나타나는 것이 아니라 그들 상호관계의 일반적인 성격이 드러난다. 그들의 행동과 말도 매우 일상적이고 자연스런 것이지만, 이러한 무기교성은 실제로 극한까지 몰고 간 연극성이라 할 수 있다.

작가에 의해서 보여준 일상적인 생활의 흐름에는 결말이 있을 수 없다. 생활은 체호프의 희곡을 뛰어넘어 흘러가는 것으로 작가는 그것이 어떻게 되는지 말하려 하지 않고 관객으로 하여금 생각하게 만든다. 등장인물이 평범한, 오히려 아무런 의미도 없는 것 같은 말을 할 때에도 그것이 실제로 그들 심리의 어떠한 움직임을 반영하고 있었는가를 이해할 필요가 있다. 또한 그들이 아무 말도 하지 않는다든가 상대의 말을 듣지 않는다든가, 또는 대꾸를 하지 않든지 할 때에도 실제로는 그들이 무엇을 생각하고 있는가를 이해할 필요가 있다. 이처럼 보는 관객을 등장인물 속으로

15)『국어선생』,『이오늬치』에서 보이는 바와 같이, 사람들을 삼키다시피 멸망시키는 힘을 지닌 '일상성'이야말로 참으로 무서운 존재인 것이다 이러한 인식하에『구즈베리』에서는 간신히 손에 넣은 보잘 것 없는 영지에 만족하여 행복에 도취되어 있는 한 남자의 모습이 그려져 있으나, 그 행복마저도 무관심의 표시로서 규탄되기에 이른다.

끌어들여서 통일된 분위기를 만들어냄으로써, 작품의 사상적 의미를 전하고자 하는 체호프의 극은 이따금 '서정적 드라마'로 불렸다.

『벚꽃동산』에는 그의 희곡이 지니는 이러한 특징이 가장 두드러지게 나타나고 있다. 이 작품에는 귀족계급의 몰락과 새로운 사회적인 힘이 등장하는 것을 나타내고 있다. 작품의 기본적 사상은 등장인물의 하나인 만년 대학생 트로피모프가 하는 말 속에서 표현된다. 즉 인간은 자기의 정원과 재산만을 생각할 것이 아니라, 자기 조국 전부를 꽃피우는 동산으로 꾸며야 한다는 사상이다. 체호프의 희곡 중 대표작으로는 이외에 『갈매기』 『바냐 아저씨』 『세자매』 등이 있는데, 이 작품들은 러시아뿐만 아니라 세계의 극작 및 연극사상 하나의 전환기를 가져왔다.

[과제 & 토론]

1. 오늘날 러시아 극장의 실태와 국민적 인기도가 어느 정도인지 조사, 발표하시오.
2. 왜 러시아에서는 일찍부터 극장이 설립되고 연극의 인기가 높았다고 생각하는가?
3. 소개된 안톤 체호프의 희곡 중에서 하나를 골라 읽어보고 그 줄거리와 감상을 제출하시오.

X

러시아 음악과 발레

1. 음악의 발달

1) 19세기 전반

이미 18C초에 마련된 러시아 음악의 민족적 전통은 1820년대 들어 보다 강화되어 나타났다. 사회적 정치적 사건에 의해 제기된 새로운 상황은 그에 조응하는 새로운 형식을 작곡가에게 요구하고 표현수단의 다양화도 촉진되었다. 이때 보수파는 새로운 시민적 사상을 무시하고 전제정 지지로 향한 경향을 보였지만, 오히려 러시아 국민음악가는 그들과의 투쟁 속에 자리를 잡아갔다.

19C초에는 민요와 민족예술에 관한 일반의 관심이 높았다. 체계적인 민요집이 탄생하고 민요의 모티브는 다른 음악 속에 많이 이용되었다. 특히 1812년 조국전쟁의 승리는 민중의 애국심 고양이란 주제가 전통적 민요의 흐름 속에서 새로운 교향악으로 발전하였다. 영웅적 주제와 장엄한 오케스트라 형식을 추구한 작곡가들은 외국의 침략자에 대한 민족해방 투쟁을 반영한 비극을 많이 만들었다. 러시아 국민의 애국심 고양과 민족의식 증대는 음악가를 포함하여 민족문화의 발전에 많은 영향을 미쳤던 것이다.[1]

이 당시 오페라에 있어 영웅적 주제의 확립은 명 여가수 산두노바의 활

1) 알렉세이 지토프의 영웅적 오페라『이것이 러시아인이다』, 카보스의 발레곡『국민군, 조국애』와『국민군의 귀환』,『몽마르트 근교 연합군 야영지의 축제』등이 유명하였다.

약에 힘입었다. 그녀는 여주인공의 감정과 심리를 뛰어나게 표현하였다. 높은 음악성과 탁월한 연기력, 메조소프라노의 훌륭한 목소리를 갖춘 그녀는 성악과 드라마의 통일로써 압도적인 박력으로 격렬한 정열과 깊은 감동을 관객에게 전해 주었다. 오페라에 있어 시민정신과 휴머니즘은 그녀에 의해 확립되었다. 하지만 곧 이은 정부의 반동정책으로 사회성을 띤 작품은 빛을 잃어가고 멜로 드라마적 음악이 이를 대체하였다.

암울한 음악계에 서광을 비춰준 이가 '러시아 고전음악의 창시자' 또는 '러시아 국민음악의 아버지'라 불리는 글린카(М.И.Глинка 1804~57)이다. 스몰렌스크 현에서 태어난 그는 유년시절에 전형적인 러시아 농촌에서 풍부한 민요와 교회의 종소리를 들으며 성장하였고, 숙부의 영지에 속해 있던 농노 관현악단을 통해 음악적 소양을 키웠다. 그가 작곡을 시작한 것은 약관의 나이였던 1823년경부터이다. 천부적 재능을 타고난 이 작곡가는 차이콥스키의 표현에 따르면 "첫걸음부터 모차르트 및 베토벤과 어깨를 나란히 하였다."

글린카

과거 백년간의 유산을 흡수한 글린카는 음악분야에서 민족적 사실주의 예술의 기초를 닦았다. 그는 민족적 민요문화에 뿌리박은 새로운 '민주적 음악언어'를 창조하였다. 그는 대중의 음악적 창조를 강력히 지지하고 예술의 민중성을 최고의 원칙으로 삼은 시민적 작곡가이자 진보적 사상가였다. 민중적 민주적 세계관을 이룬 토대는 "음악을 만드는 것은 민중이다. 우리 예술가는 그것을 편곡할 뿐이다."라고 한 그의 말에서 찾아볼 수 있다. 명쾌한 멜로디와 풍부한 표현력, 그리고 통일된 형식이 글린카의 특징이다.

페테르부르크에서 활동을 시작한 그는 처음부터 우수한 피아니스트,

가수, 피아노 소품 작곡가로 알려졌다. 머지않아 본격적인 작곡에 뛰어들어 교향곡, 서곡, 실내기악곡 등의 대곡에 손대기 시작하였다. 1830년부터 5년간 외국에 머물면서 이탈리아의 유명한 작곡가들을 만났고, 귀국 후 그는『이반 수사닌』의 작곡에 전념하였다. 이는 자신의 말에 따르면 "러시아의 영웅적, 비극적 오페라"이다. 이 속에는 놀랄 만큼의 진실함으로 민중의 성격이 표현되어 있을 뿐만 아니라, 민중의 애국심, 조국에의 헌신이 수사닌의 행위를 통해 나타나 러시아 국민정신을 크게 높여주었다.

황실의 요구로『황제에게 바친 목숨』으로 개명된 이 오페라는 1836년 페테르부르크 대극장에서 초연되었다. 주연에는 민족 오페라 확립에 공헌한 명가수 페트로프가 맡았다. 그런데 당시 상류층 사회는 이 오페라에 대해 무척 냉담한 반응을 보였다. 이 작품의 참신함과 민중성에 놀란 그들은 오페라를 '하인의 음악'으로 경멸하였던 것이다. 반면 진보적 문화인들은 열렬히 환영하였다. 그 중에는 푸시킨, 고골, 벨린스키, 오도옙스키 등이 있었다. 오도옙스키의 표현에 따르면, 글린카의 오페라와 더불어 예술에 새로운 힘이 나타나고 러시아 음악의 새로운 시대가 시작되었다.

오페라『이반 수사닌』의 한 장면

글린카의 또 다른 오페라『루슬란과 류드밀라』도 비슷한 대우를 받았다. 1842년 페테르부르크에서 초연되었을 때, 상류 귀족사회는 이를 완전히 '실패작'으로 매도했는가 하면, 진보적 인사들은 이를 환영하고 신문에 호의적인 비평을 실었다. 당시 상류층 청중은 이 오페라의 근본사상인 위업, 용기, 의무에 대한 충성을 도무지 이해할 수 없었던 것이다. 풍부하게 흐르는 선율, 시정 넘치는 아리아와 당당한 합창 가운데 나타나는 키예프 루시의 장대한 모습은 자연스럽게 민주의 위대함과 악에 대한 선의 승리를 이야기하는 무대를 만들어냈다. 글린카가 창조한 '민중서사시적' 오페라의 유형은 러시아 음악의 한 주류를 이루었고 후계자들에 의해 발전되었다.

글린카와 함께 고전음악파를 세운 사람은 민족음악가 **다르고믜쉬키**(А.С.Даргомыжшкий)이다. 그는 글린카 작품의 위대한 가치를 이해한 최초의 인물 중 한 사람으로서 청년시절에 낭만주의에 깊이 빠졌다가 원숙기에 이르러 사실주의 정신으로 충만하였다. 그 역시 사상문제와 사회적 요구에 관심을 기울이고 있었다. 대담하기도 한 그는 중요한 사회적 주제를 음악으로 표현하고, 극적이고 풍자적인 음악 장르를 발달시켰다. 민족적 형상을 만들기 위해 민요의 선율과 민중의 언어를 활용하여 '억양적 사실주의' 원칙, 즉 '소리가 언어를 직접 표현하는 기법'을 이룩하였다.

다르고믜쉬키의 음악은 민중성, 드라마티즘, 유머, 풍부한 감정으로 넘쳤다. 그의 특징은 최대한 표현의 정확성을 기하고, 음악과 시를 완전히 융합시켜 사실주의를 향한 의식적 노력을 했다는 점이다. 그는 농촌과 도시의 민요를 찾아 창조적으로 활용하였다. 그의 대표작『루살카』(물의 요정)는 주인공들의 복잡한 심리세계를 표현하면서 민중생활에 대한 사실적 묘사를 잃지 않고 있다. 1850년대 이후에도 계속 활동한 그의 작품은 차세대 음악가들의 선구자 역할을 해주었다.

2) 음악의 개화기

러시아 음악사상 19C후반은 매우 특별하고도 중요하다. 바로 이 시대에 러시아 대작곡가들의 재능이 일제히 꽃을 피웠고, 음악비평과 이론이 활발해졌으며 음악교육도 개선되었다. 또한 음악수준이 높아지고 연주회가 자주 열려 연주기술 또한 전례 없이 진보하였다. 따라서 일반 음악애호가도 증가하여 음악 인구는 몇 배로 증가하였다.

1860~70년대는 음악혁명의 시대 또는 질풍노도의 시대라 불린다. 음악에 있어 '질풍노도'는 민주주의 운동의 고양과 때를 같이 하고, <강력한 동지> 작곡가들이 활동하면서 차이콥스키가 창작활동을 시작하였다. 이에 비해 80~90년대 초반의 음악계는 약간 잠잠해진다. 음악계의 후원자들 중심으로 잡다한 음악가 서클이 대를 이었고, <강력한 동지>의 제자들이 활동하기 시작하였다.

<강력한 동지>는 1850년대 후반에 결성되기 시작하였고, (이들은 '5인조 그룹' 또는 '신러시아 음악파'라 불리기도 했다) 완전한 형태를 갖춘 것은 60년대 전반이다. <동지>의 구성원은 조직의 구심점 역할을 한 발라키레프, 귀족가문의 장교 무소르그스키, 조금 늦게 가담했지만 교육자이자 해군장교인 림스키-코르사코프, 육군공병학교 교수 큐이(Ц.А.Кюй), 군의관 출신의 화학자 보로딘(А.П.Бородин) 5명으로 이루어졌다. 대부분 아마추어 출신인 이들은 살아서는 '동지'로서, 죽어서도 페테르부르크의 한 사원에 나란히 묻혀 있다.

10세 때부터 피아노를 배우고 음악적 재능을 키워왔던 발라키레프(М.А.Балакирев)는 1855년 카잔 대학을 졸업한 뒤 페테르부르크의 글린카에게 소개되었다. 청년 발라키레프는 60년대 초반 니힐리스트의 전형으로서 급진사상과 문학에도 깊은 관심을 갖고 있었다. 물론 만년에 신앙인으로 사상적 전향을 하지만, 그는 <동지>의 멤버들을 끌어 모아 작곡가와 문필가로서 그들의 사상을 출판계에 유통시키고 사회활동을 벌여나갔다. 특히 1862년 페테르부르크에 무료 음악학교를 창립하여 음악의 대중화에 기여하였고, 그의 교향곡과 관현악곡은 <동지>들의 창작활동에 많은 도움을 주었다.

발라키레프

<동지>는 결성 초기부터 예술에 있어 전통 고수와 보수주의에 반대하였다. 그들은 예술의 사명은 숭고하다고 생각하여, 음악이 단지 귀를 즐겁게 하는 것에 반대하고, 음악은 내용을 가지고 인간의 감정과 사상을 정확하게 표현해야 한다고 주장했다. <동지>의 미학과 창작의 근본적 특징 중 하나는 예술의 민중성, 민족성 확립을 지향한다는 것이다. 그들 음악의 민족성은 그들의 양식과 스타일이 민중음악을 토대로 한다는 점에서, 그리고 농촌의 민요를 광범위하게 사용한다는 점에서 나타난다.

무소르그스키

<동지>의 많은 작품의 주인공은 민중이다. 이것은 그들이 특히 관심을 가졌던 오페라에서 잘 나타난다. 그들은 극으로서 오페라의 사상을 인식한 데서 출발하여, 오페라 가운데 음악과 시를 유기적으로 융합시켜 주제를 사실주의 정신으로 해석하기 위해 노력하였다. 물론 오페라의 음악 그 자체의 깊이와 독자성에 관해 관심을 쏟은 것도 당연하다. <동지>의 오페라에는 역사적 주제를 많이 다루고 있는데, 음악에서 과거의 민중을 묘사하는 것은 사회의 관심과 결부되어 있었다. 무소르그스키(М.П.Мусоргский)의 경우 역사 오페라에 착수하면서 "현재 속의 과거—이것이 나의 과제이다"라고 분명히 언급했던 것이다.

1874년 무소르그스키의 유명한 오페라 중 하나인『보리스 고두노프』가 상연되었다. 당시 그는 이미 또 하나의 민중적 음악극『호반시치나』를 쓰고 있었는데, 생전에는 완성하지 못하고 알코올 중독으로 죽은 후 림스키-코르사코프가 뒤를 이어 완성하였다. 자유분방하고 대담한 작곡가 무소르그스키는 <동지>들 중에서 유일하게 서구 음악을 동경하거나 모방하지 않고 철저하게 창조적인 작품만 만들었다. 민중적인 양식과 민주적 사상에 기초한 그의 작품은 권력과 인민간의 상호관계에 대해 고통 받는 인민의 입장을 대변하였다.

오페라 작곡에서 천재성을 발휘한 림스키-코르사코프(Н.А.Римский-Корсаков)는 서정적이고 서사적인 경향을 띠었다. 그는 러시아의 민요나 동화에 관심이 많아 이들을 바탕으로 공상적, 전설적 테마를 많이 만들었다. 그의 오페라에는 사회 역사적 관심보다 작가 자신의 낙관적 세계관, 인생, 자연, 민중 등에 대한 애정이 담겨있다. 강렬한 극적 감정적 성격보다 음 자체의 세부적인 정교함이 중시된다. 물론 여기에는 사실주의적 경향도 있지만, 대개 서정성이 많이 가미된 회화적인 성격이 짙게 깔려 있다. 그래서 그의 노래는 대체로 활력이 넘치고 낙관적이며 고도로 시적이며 밝고 현란한 색채를 풍기고 있다.

림스키-코르사코프

<동지>와 가깝게 지내면서 그들의 사상에 많이 동조를 보였으면서도 자신의 독보적인 위치를 확립한 자가 세계 음악의 천재에 속하는 차이콥스키(П.И.Чайковский 1840~93)이다. 내성적인 성격으로 감수성이 강했던 그는 때로 우울과 번뇌에 휩싸여 고민한 흔적이 그의 작품 곳곳에 나타난다. 차이콥스키의 음악에 대한 공적은 교향곡과 오페라 발레음악 분야에 현저하다.

차이콥스키는 <동지>와 마찬가지로 예술을 사회의 심각한 요구에 대한 응답으로 생각하였다. 그는 위대한 사실주의 예술가였음에도 낭만주의에 대해 관심을 가졌고 글린카를 존경하고 그의 위업을 계승하려 했다. 그의 음악은 선정된 주제와 표제가 어떠하든 항상 민족성을 깔고 있었다. 그는 러시아 민요를 사랑하고 그것을 '예술의 보고'라 불렀으며, 그의 마음은 조국과 민중에 연결되어 있었다. 그의 음악 기저에는 언제나 러시아의 흙냄새를 맡을 수 있는 감상적인 면이 있었고,

차이콥스키

그로 인해 인민들의 향수를 더욱 자아내게 만들었다.

그의 사상이나 스타일이 <동지>와 유사하였지만, 창작의 방식에 대한 견해나 음악 유산에 대한 평가는 서로 달랐다. 작곡가 양성방법에 있어 그는 발라키레프와 달리 '음악원'의 정상교육을 지지하였다. 음악 유산의 평가에 있어서도 그는 모차르트를 죽을 때까지 칭찬하였지만, <동지>는 모차르트를 한물 간 사람으로 생각했던 반면, 차이콥스키가 좋아하지 않았던 리스트와 베를리오즈에 열광하였던 것이다. 그러나 이들은 분명 당대의 음악계를 지배한 상호보완적인 주체들이었다.

차이콥스키는 인간의 감정과 의지를 가지고 솔직하고 정확하게 표현하는 것을 자신의 재능으로 생각하였다. 유례없이 아름다운 선율과 다양성, 완벽한 화음과 관현악 작곡법을 가진 그의 작품은 압도적인 힘으로 청중의 마음을 사로잡고 있다. 그는 인간의 심리를 뚫고 들어가는 영감으로 혼의 움직임을 정확하게 표현하였다. 인간의 운명에 대해 항상 생각하고 그 슬픔과 고뇌에 공감하며 인간의 행복을 꿈꾸는 것이야말로 그의 창작의 토대를 이루는 것이었다. 비극은 말할 필요 없이 그의 음악에 고유한 것으로서, 이는 그의 마지막 교향곡 제 6번 『비창』에서 분명히 나타나고 있다. 하지만 그는 인간을 압박하는 힘과 투쟁하면서 인간의 창조력을 굳게 믿고 있었다.

차이콥스키 음악원 앞의 동상

차이콥스키는 세계 최대의 교향곡 작곡자 중의 한 사람이다. <동지>가 서사시적 교향곡을 썼음에 비해 그는 러시아의 서정적 극적 교향곡 장르를 확립하였다.[2] 특히

2) 번호가 없는 7개 교향곡, 교향시 『로미오와 줄리엣』, 『아지랑이』, 『프란체스카 다 리미니』외에 몇 편의 조곡, 기악협주곡(특히 피아노 협주곡 제 1번, 바이올린 협주곡), 피아노곡과 실내악은 유명하다.

세 개의 발레곡『백조의 호수』,『잠자는 숲속의 미녀』,『호두까기 인형』은 무대음악 작곡가로서 차이콥스키의 명망을 길이 남겨 주었다. 그는 발레와 교향악을 밀접히 결합시켰다. 그의 발레는 무용예술의 새로운 언어가 되었다. 동화를 소재로 한 경우에도 그의 발레는 휴머니즘에서 나와 성실한 감정으로 충만해 있고 인물의 개성을 분명히 묘사하고 있다. 그의 발레는 지금도 세계적으로 주요한 레퍼토리로 되어 널리 사랑받고 있다.

이처럼 민족성과 민중성이 가미된 러시아 음악은 서유럽 음악과 밀접히 교류하면서 발달하였다. 그것들은 러시아 민족적인 것의 범주에 머물지 않고 서유럽의 음악 문화로부터 러시아에 가장 가까운 것, 각각의 개성에 가까운 모든 것을 다 추출해냈다. 한편 러시아 음악도 세기말이 지나면서 점차 세계무대로 진출하였다. 슬라브와 유럽 각국에서 러시아 작곡가의 오페라가 상연되고 음악회 프로그램에서 러시아 작곡가의 음악이 선풍을 일으켰다. 러시아 음악 예술은 그 민중성, 휴머니즘, 진실성, 사상과 감정의 풍부함, 형식의 명쾌함, 혁신적 정신으로 세계 문화의 앞날에 강한 영향을 미쳤던 것이다.

3) 은세기와 현대 음악

20C초 은세기의 음악은 19C의 유산을 이어받아 현저하게 발전하였다. 두 수도의 음악계뿐만 아니라 지방의 중심지에도 음악원이 잇달아 생겨나 음악문화의 보편화에 앞장섰다. 물론 정치적 변화, 특히 1905년 혁명의 영향은 음악계도 예외가 아니었다. 음악원의 학생들이 혁명운동에 적극 참가하였고, 림스키-코르사코프가 학생운동을 지지했다 하여 페테르부르크 음악원에서 쫓겨나기도 했다. (강한 여론에 부딪쳐 나중에 이 조치는 철회되었다.) 다른 예술부문과 마찬가지로 이 시대 음악도 반사실주의, 형식주

라흐마니노프

의 경향을 띠게 되었다.

라흐마니노프(С.В.Рахманинов 1873~1943)는 여러 장르에서 그 재능을 발휘하였다. 그는 러시아 음악의 민주적 민중적 전통을 훌륭히 계승하였고, <강력한 동지>와 차이콥스키의 영향을 많이 받았다. 그는 피아노곡, 교향곡, 실내악, 가곡의 작곡자로서 풍부한 유산을 남기고 있는데, 그 중에서 피아노 협주곡이 러시아적 서정을 잘 전해준다. 그의 작품에는 심오하면서도 편안한 서정성이 낭만적인 기대, 고결하고 남성적인 정열과 잘 융합되어 있다. 그는 "선율이 곧 음악이자 음악 전체의 토대"라 하여 선율을 중시한 대작곡자이다. 이러한 입장에서 그는 "불협화음과 야단법석으로 인해 선율과 하모니를 잃어버린" 데카당스의 음악을 비난하였다.

라흐마니노프는 대작곡가였을 뿐만 아니라 음악사 상의 위대한 피아니스트의 한 사람이었다. 그의 완벽하고 강렬하며 정열적인 연주는 청중을 매료시켰던 것이다. 동시에 그는 오페라와 교향악의 뛰어난 지휘자이기도 했다. 그는 혁명전 러시아 문화의 진보적 활동가였지만 10월 혁명 이후 망명길에 올랐다. 그러면서도 조국 러시아에 대한 향수가 음악 속에 그대로 배어있고, 제2차 세계대전 중에는 조국을 위해 모금 연주회를 개최하기도 하였다.

모더니즘 음악을 대표했던 이고리 **스트라빈스키**(И.Ф.Стравинский)는 유명한 오페라 가수 표도르 스트라빈스키의 아들이다. 그의 최초의 발레곡『불새』는 흥행에 성공하여 극찬을 받았다. 번쩍거리듯 '불꽃이 튀는 듯한' 다채롭고 정열적인 그의 음악은 20C 세계음악에 큰 영향을 미쳤다. 그의 초기 작품은 림스키-코르사코프의 제자로서, 러시아 민중예술과 인민들에 대한 관심이 강하게 나타났다. 그러면서도 프랑스 인상주의파의 영향을 받은 그는 독자적인 재능을 발휘하여 모더니즘적 경향으로 돌아섰다. 스트라빈스키 역시 미국으로 망명하여 음악활동을 계속하면서도 러시아적 테마를 간직하고 있었다. 대표작품으로 『페트르슈카』, 『봄의 제전』, 『아곤』, 『무브먼트』 등이 있다.

스트라빈스키

20C초의 음악계는 유명한 작곡가들의 활동 덕분에 다음 절에서 살펴 볼 발레 예술이 꽃을 피웠다. 그 이외 합창단도 널리 보급되어 음악의 대중화 운동에 적극 공헌하였다. 총체적으로 이 시대 음악은 여러 가지 모순을 안고 있으면서도 커다란 진보를 이루었다. 무엇보다 음악교육의 확산과 더불어 활발한 연주회로 인민들이 음악을 접할 기회가 많아졌고, 국제무대에서도 러시아 음악의 권위가 상승된 것이다.

소련의 대표 작곡가로는 쇼스타코비치(Д.Д.Шостакович 1906~1975)가 있다. 그는 페테르부르크 음악원을 졸업하고 오페라, 협주곡, 실내곡, 발레곡, 영화음악, 관현악곡, 가곡 등 전 장르에 걸쳐 많은 작품을 남겼다. 일련의 교향곡 시리즈와 가극 『코』가 유명하다. 1960년대 후반에 들어 자본주의 진영과의 화해무드 조성에 따라 서방문화가 직접 들어오게 되었다. 라디오 잡지를 통해 서구의 라이프 스타일, 음악, 패션 등이 유입되면서 소련 청년들에게 직접적이고 실제적인 문화적 행동을 유발시켰다.

청년들을 열광시킨 스틸랴기

소위 스틸랴기(стиляги 스타일리스트)라 불리는 청년문화가 본격적으로 형성되었다. 서구의 산물(패션, 음악 등)이 빠른 속도로 정착하면서, 암시장 같은 비공식 루트를 통해 문화적 산물이 수용·재생산되었다. 뿐만 아니라 스틸랴기를 초월한 록 음악이 전파되기 시작했다. 광범위한 계층이 향유하는 문화현상으로 록 콘서트가 청년문화 정체성의

1999년 발행된 추모우표

바탕으로 자리 잡았다. 이는 청년들의 좌절과 희망을 노래가사에 반영하여 소비에트 록으로 재탄생한다. 고르바초프 시대에 공식적으로 인정된 록음악은 빅토르 초이(Виктор Р. Цой)에 의해 최고 정점에 달하게 된다.

1990년 교통사고로 운명을 달리한 초이는 록그룹 '키노'의 리더이다. 소련 시절 록음악은 자본주의 영향을 받은 퇴폐적인 경향이며, 젊은이들을 반항적으로 만든다는 이유로 공식문화에서 배제되어 있었다. 레닌그라드 출신인 초이는 전문 음악교육을 받지는 못했지만, 혁신적인 가사와 멜로디는 젊은 청중을 사로잡았다. 그의 입지전적인 창조정신은 글라스노스트가 휩쓸던 1987년 최전성기를 맞이한다. 대부분의 곡은 소련의 젊은이들을 향한 외침이고, 능동적으로 국가를 변화시키라는 메시지를 전하였다. 정치색이 짙은 앨범 '혈액형'은 그의 소박한 생활과 함께 젊은이들에게 우상이 되었다. 불의의 사고로 급사한 그의 죽음과 함께 남겨진 유작 '블랙앨범'은 이념을 초월한 러시아 젊은이들의 심금을 지금도 울리고 있다.[3]

소비에트 사회의 해체는 록그룹의 쇠퇴로 이어진다. 1992년을 정점으로 체제에 대한 절망과 비판을 정체성의 근간으로 삼았던 소비에트 록그룹은 사라진다. 명실상부한 자유를 얻은 이후에는 숨구멍이 필요 없게 된 것이다. 록그룹은 새로운 정체성을 모색하던 과정에서 소멸되고, 90년대

3) 1990년 8월 15일 28세의 나이로 사망한 이틀 뒤, 소련의 유명신문 콤소몰스카야 프라브다는 다음과 같이 그를 추도하였다: 빅토르 초이는 우리나라의 젊은이들에게 그 어떤 다른 정치인보다 중요하다. 왜냐하면 그는 한 번도 거짓말하거나 자신을 팔아먹은 적이 없기 때문이다. 그를 믿지 않을 수 없다. 대중에게 보인 모습과 실제 삶의 모습이 다름없는 유일한 락커가 바로 초이다. 그는 자신이 노래 부른 대로 살았으며, 록의 마지막 영웅이다. 빅토르 초이는 그렇게 영원이 기억될 것이다.

이후 가수들은 대중적인 스타로 변신한다. 청년들의 음악적 취향이 다양화되자, 대도시 중심의 클럽을 통해 서구의 하우스 음악도 유입되었다.

본격적인 **클럽문화**가 번창하기 시작했다. 클럽은 서구문화(음악, 패션, 스타일)와 소통하는 방식을 반영해주는 주요 매체이다. 1990년대 초중반에 형성된 클럽문화는 대중음악의 장르가 다양화·분화되는 시점과 동일하다. 클럽에서 여가를 보내는 청년이란 의미의 신조어 '클라베르'가 탄생하고, 그들만의 하위문화 집단이 생성되었다. 초창기 클럽문화는 유행에 민감하고 뚜렷한 음악적 취향을 가진 청년들 중심이었다. 시간이 흐를수록 클럽은 초기에 비해 더 대중적인 성격으로 변하면서, 다양한 하위문화 생산의 중요한 역할을 맡고 있다. 청년들만의 '대안적' 파티의 공간으로 양분시켜준 셈이 된다.

록그룹 므노고토치예

문화의 전이과정에서 여실히 드러나는 현상인 외래문화의 '토착화 단계'가 이 영역에서도 진행되고 있다. 서구문화의 유입으로 발전한 청년음악의 러시아화는 많은 측면에서 러시아적 환경에 영향을 받았다. 인기 랩그룹 므노거토치예(Многоточие)는 1998년부터 10년간 활동하면서 다양한 연령층을 끌어들였다. 그러면서 이들 그룹은 힙합음악을 러시아에서 록음악으로 변화시키는데 일조를 한다. 이제 청년문화는 종교를 통한 러시아의 정체성 확립, 미국문화로 대변되는 대중문화에 대한 반감을 주도하고 있다. 미국문화를 문화적 전통이 짧고 수준이 낮은 문화로 평가하면서 자국문화에 대한 자긍심이 고취되고 있다.

2. 러시아의 발레

1) 발레의 발달

러시아에서 발레가 태동하기 시작한 것은 18C초, 표트르 대제가 루이 14세처럼 무용을 장려한 것이 계기가 되었다. 그 후 안나 여제 시대부터 러시아 발레는 본격적으로 발전했다. 당시 페테르부르크에 무용학교가 설립되었고, 그것이 마린스키 극장으로 진화하였다. 발레가 러시아에 정착한 바탕에는 프랑스의 뛰어난 안무가와 발레교사, 이탈리아의 일급 무용수들을 초빙하는 데 많은 투자를 했기 때문이다. 이는 곧 유럽의 문화를 적극 수용하려 했던 18~19세기 군주들의 열띤 경쟁심도 한 몫을 한 것이다.

발리베르흐

19C에 들어 러시아의 국민음악이 발달하면서 발레도 동반 상승의 길을 걸었다. 19C전반 뛰어난 안무가이자 이론가 발리베르흐(1766~1819)의 활약으로 발레의 전통적 양식과 새로운 형식이 결합되었다. 그는 무용술에 새로운 사실성을 가미하여 대표작『실 베르테르』를 남기고, 정치적 사건을 반영한『로미오와 줄리엣』을 만들었다. 게다가 프랑스인 발레선생 디드로의 도움으로 본격적인 장을 열었다. 그는 낭만주의적 경향으로 신화 주제

의 많은 작품을 남겼다. 특히 팬터마임을 통해 러시아 발레 기초를 닦았고, 인물심리 탐구와 인간체험의 다면적 표현을 추구하였다.

19C후반은 대작곡가의 활동과 함께 발레의 발달이 촉진되었다. 글린카와 <강력한 동지>는 오페라 가운데 무용장면을 삽입하여 음악극 형태로 활용하였다. 차이콥스키의 발레곡은 최고 수준작으로서 19C말 음악의 한 장르로 정착시켰다. 러시아의 대표 안무가 L.I.이바노프(1834~1901)는 후학을 양성하는 교육가로서도 이름을 남겼다. 제정시대 발레는 상업중심지 모스크바보다 문화중심지 페테르부르크가 단연 우세하였다. 특히 마린스키(키로프) 발레단과 바가노바 발레학교는 우수한 안무가들을 모스크바로 배출시켰다.

댜길레프

러시아 발레는 20C초 10년 동안 위기에 봉착하였다. 대부분의 대작들은 구식이어서 관객들로부터 외면받고 있었다. 그러나 뛰어난 기획가 S.P.댜길레프(1872~1929)가 발레 뤼스를 창단하면서(1909) 전환기를 맞는다. 파리에서 러시아 발레를 전문적으로 소개하면서 발레 세계에 활력을 불어넣었던 것이다. 그의 작품『화조』는 음악, 미술, 무용이 총체적으로 조화된 모더니즘 종합예술로 평을 받고 있다.

안무, 작곡, 미술이 일체가 된 댜길레프의 작품성을 배가시킨 것은 무용수 V.니쥔스키(1890~1950)의 활동이었다.『세흐라자데』에서 황금노예 역을 맡은 그는 포킨의 안무를 완벽하게 소화시켰다.[4] 단순한 연기의 춤에서 벗어나 육감적인 그의 춤은 파리 사람들에게 매우 쇼킹하였다. 특히 흑인 주인공이 백인 여인을 애무하면서 죽음을 맞이하는 장면은 '육체의 해방'을 표출하였다. 또한『장미의 환상』에서 여우 카르사비나와의 협연

4) 안무에 포킨, 림스키-코르사코프의 교향시, 박스트의 무대의상이 혼연일체가 된 작품으로 평을 받는다.

은 엄청난 박수를 받기도 했다. 1911년 베트르슈카의 공연은 러시아 발레단 제1기의 정점을 찍었으며, 비극적 존재를 표현하고 신선한 군무를 선보였다.

니쥔스키의 활약으로 러시아 발레는 전향기를 맞는다(1912). 발레단 지휘 담당이 포킨에서 니쥔스키로 넘어갔다. 작품『유희』는 스포츠를 춤의 주제로 선택하면서, 전통을 깨뜨리고 작품의 근대성을 창시하였다. 스트라빈스키의 심포니에 맞춘 대작『봄의 제전』은 종래의 무용미학에 결정적인 도전장을 던진다. 아름답고 우아하며 가볍고 경쾌한 특유의 미적 규범에서 탈피하여, 추악한 몸짓의 원시적인 생명의 탐색으로 선풍을 일으켰다. 이러한 혁명적 무용관은 인간 육체의 움직임을 찬미하면서 무용계 전반의 새로운 형태로 발전하였다. 육체의 예술이 새로운 발레와 모던 댄스로 나뉘어 발전하게 되는 시기가 도래한 것이다.

황금노예 역을 맡은 니쥔스키

러시아 혁명은 많은 지도자급 무용수를 망명하게 만들었다. 발레단은 왕실과 밀접하게 연관되어 있어 곤혹을 겪어야 했다. 하지만 초기 문화부장관 루나차르스키의 노력에 의해 발레는 '인민을 위한 예술'로 점차 수용되기 시작한다. 하지만 양식이나 본질상 형태의 변화는 겪어야 했다. 고전 발레는 재편집 되고, 왕자나 요정의 역할은 대체되었다. 무용양식도 체계적인 발전을 보면서 발레수업이 초중등학교의 기본이 되었다. 소비에트 정부의 지원에 의해 유명 발레단이 해외공연도 다니면서 세계적인 무용수도 많이 배출되었다. 덕분에 발레는 명실공이 소비에트와 러시아의 대표적인 공연예술로 자리 잡았다.

2) 유명 작품 소개

공주에게 구혼하는 왕자

<백조의 호수> 1877년 볼쇼이 극장에서의 초연은 연출과 무대장치가 서툴러 실패로 끝났다. 그러나 1895년 안무가 이바노프가 개삭하면서 그 진가가 인정되고, 고전 발레를 대표하는 작품으로 세계적으로 유명해졌다. 시나리오는 러시아 전래동화를 기반으로 하여, 악한 마법사의 저주에 걸려 백조로 변한 오디트 공주에 대한 이야기이다. 전체에 넘쳐흐르는 감미로운 선율은 공주의 슬픈 운명을 묘사하고, 제3막의 궁정무도회의 성격 무용에서는 민족적 리듬을 지닌 소곡을 차례로 전개한다. 오디트 공주의 주제 음악은 특히 유명하다.

총 4막으로 구성된 이 발레의 줄거리는 다음과 같다. 제 1막에서 지그프리트 왕자는 교사, 친구, 신민들과 함께 그의 성인식을 축하한다. 여흥은 왕자의 자유로운 생활을 걱정하는 황후에 의해 곧 방해받고 만다. 황후는 다음날 저녁에 열리는 왕실무도회에서 신부를 정해야 한다고 당부하지만, 왕자는 사랑을 위해 결혼할 수 없다는 것에 화가 난다. 왕자의 친구인 벤노와 교사는 왕자의 기분을 풀어주려 한다. 저녁이 드리워질 때 벤노는 백조무리가 머리 위로 지나가는 것을 보고 사냥을 가자고 제안한다. 왕자와 친구들은 석궁을 들고 백조를 쫓기 위해 떠난다.

2막이 열리면 '백조의 왈츠'가 시작된다. 지그프리트 왕자는 친구들과 떨어져 숲을 헤매다가 호수 옆 빈터에 다다랐을 때, 백조무리가 근처에 앉는다. 왕자는 백조를 향해 석궁을 겨누지만, 백조무리 중 한 마리가 아름다운 아가씨로 변신하는 것을 보자 얼어붙고 만다. 오디트는 처음에 지그프리트에게 겁을 먹지만, 왕자가 그녀를 해치지 않겠다고 약속하자 자신이 백조의 여왕 오디트라고 말한다. 오디트와 다른 백조들은 부엉이 같이 생긴 사악한 마법사의 저주에 걸려 낮에는 백조로 살다가, 밤이 되면 마법의 호수 옆에서 인간의 모습으로 돌아온다. 오디트 공주의 마법을 풀기 위해서는 왕자의 진정한 사랑이 필요했다. 오디트의 신뢰를 얻기 시작했지만, 아침이 되자 공주와 시녀들은 호수로 끌려가 다시 백조로 변한다.

3막은 무도회에 참가하기 위해 손님들이 왕궁에 도착한다. 여섯 명의 공주가 왕자에게 소개되면서 왕자의 환심을 사려고 한다. 그때 마법사가 인간으로 변장하고 오디트와 똑같이 변신한 딸과 함께 나타난다. 공주들은 왕자의 관심을 끌기 위해 춤을 추는데, 마법사의 딸을 오디트로 착각한 지그프리트 왕자는 그녀에게 푹 빠지고 만다. 오디트는 환영으로 나타나 왕자에게 속고 있음을 경고하려고 한다. 그러나 지그프리트는 딸을 아내로 삼겠다고 맹세하고 만다. 마법사가 지그프리트에게 오디트의 환영을 보여주자 왕자는 실수를 깨닫고 급히 호수로 달려간다.

4막은 지그프리트의 배신에 깊은 충격을 받은 오디트의 모습에서 시작된다. 백조들은 그녀를 안심시키려 하지만 공주는 죽음을 결심한다. 왕자는 호수로 돌아와 오디트를 찾는다. 왕자는 그녀에게 진심으로 사과하고, 공주도 그를 용서한다. 마법사가 나타나 지그프리트는 자신의 딸과 결혼하겠다는 약속을 지켜야 하며, 오디트는 영원히 백조가 될 것이라고 말한다. 왕자는 차라리 오디트 옆에서 죽기를 택하고 둘은 호수로 뛰어든다. 이로 인해 마법사의 저주는 깨지고, 마법사는 힘을 잃고 죽는다. 백조 아가씨들은 지그프리트와 오디트가 사랑으로 하나가 되어 함께 천국으로 올라가는 모습을 본다.

<호두까기 인형> 1892년 마린스키 극장에서 초연으로 오른 이 작품은 독일 호프만의 동화 『호두까기와 쥐의 왕』(1819)을 대본으로 한다. 주인공

마샤가 크리스마스에 호두까기 인형을 선물로 받았는데, 그 인형이 꿈속에서 마샤의 도움을 받아 쥐의 대군을 퇴치한다. 인형은 아름다운 왕자로 변하여 마샤를 트리 속으로 안내하여 과사궁전으로 데려가서, 온갖 재밌는 장면을 보여주는 환상적인 이야기이다. 이 작품 역시 차이콥스키의 음악을 바탕으로 이바노프가 안무하여 세계적인 인기를 끌고 있다.

호두까기 인형과 마샤

총 2막 3장으로 구성된 발레의 줄거리는 다음과 같다. 1장이 열리면 마샤의 집에서 가족과 친구들이 크리스마스 이브를 맞이한다. 트리를 장식하기 위해 모여든 아이들은 양초와 장식으로 반짝이는 나무의 경외감에 탄식을 금치 못한다. 파티가 시작되면서 행진이 이어지고, 아이들은 선물을 받는다. 갑자기 올빼미 시계가 8시를 알리자 마술을 하는 마샤의 대부가 나타난다. 그는 재능이 많은 자로서 사람들이 기뻐하는 실제 인형과 아이들을 위한 선물을 가져왔다. 특히 마샤는 보잘 것 없는 작은 나무로 만들어진 호두까기 인형을 좋아하게 된다. 오빠의 장난으로 인형이 부러지자 마샤는 정성껏 보살피며 걱정하다 잠이 든다.

밤이 되어 모두들 잠자리에 들었을 때, 마샤는 호두까기 인형을 보러 응접실로 들어간다. 그녀가 작은 침대에 다가가자 시계소리가 울리고 어디선가 갑자기 생쥐들이 가득 방을 채운다. 트리는 어지러울 정도로 쑥쑥 자라며 호두가기 인형도 실제 크기로 커진다. 산토끼가 쥐의 공격을 전달하고 쥐의 왕이 이끄는 군대들이 장난감 병사들을 잡아먹는다. 호두까기 인형은 병사들을 지도하면서 쥐들이 변신한 양철병사와 결투를 벌인다. 쥐의 왕이 상처 입은 호두까기 인형을 공격할 때, 마샤는 슬리퍼를 던져 인형을 구해준다. 인형과 장난감들의 율동이 현란하게 진행된다.

2장이 열리면 소나무 숲에서 쥐들은 퇴각하고, 호두까기 인형이 잘 생긴 왕자로 변한다. 그는 달밤에 마샤를 전나무 숲으로 인도하여 눈송이가 날리는 가운데 박력 넘치는 춤을 추면서 그의 왕국으로 마샤를 데리고 간다.

2막 1장이 열리면 과자 궁전이 나타난다. 달콤한 땅으로 여행한 마샤는 왕자를 구해준 대가로 열렬한 환영을 받는다. 소녀를 축하하는 의미에서 스페인 초콜릿, 아라비아 커피, 중국의 차, 러시아의 사탕수수들이 정령으로 변해 춤을 춘다. 두 사람을 축복하는 환영파티가 절정에 다다랐을 때 별사탕 요정을 마샤와 왕자를 내전으로 안내한다. '꽃의 왈츠'로 대단원을 내리는 마샤의 꿈은 동심에 가득 찬 소녀의 밝은 미래에 대한 희망을 얘기해주고 있다.

[과제 & 토론]

1. 러시아 현대음악(1950년대 이후)의 장르와 추세에 대해 조사, 발표하시오.
2. 왜 러시아의 공연예술은 그 생명력이 장구하다고 생각하는가?
3. 『백조의 호수』 http://tvcast.naver.com/v/25351 또는 『호두까기 인형』 http://my.mail.ru/mail/nataliya.mordyuk/video/3312/3338.html#page=mail/nataliya.mordyuk/video/3312/3338.html 중에서 하나를 관람하고, 그 소감을 구두로 발표하시오.

XI

러시아 미술과 전시관

1. 19세기 전반의 미술세계

1) 조형미술의 다양화

러시아 조형미술의 역사 중에서 19C전반은 사상적 예술적인 통일이 이루어지지 않은 시기이다. 처음 20년 정도는 고전주의가 지배적인 미술사조를 이루었는데, 표현 방식에서의 차이는 있었으나 격변하는 시대의 예술관에 일치하고 있었다. 그러나 30년대에 이르면 고전양식을 규정하고 있던 사회적 전제들이 변화하면서 고전주의는 위기를 맞게 된다.

19C 들어 고전주의 건축양식은 이전의 양식과 다른 형태로 나타났다. 화려함이 장중한 단순함으로, 장대함은 기념비적인 것으로 대체되었다. 이것이 러시아 앙피르[1]라고 불리는 19C초 20년 남짓 동안 건축양식의 특징이다. 역사적으로 보아 그것은 시민정신으로 연결되는 건축의 사회적 역할, 특히 도시 건설에서의 역할을 중시한 진보적 예술관이었다. 페테르부르크의 '해군성'은 이 양식의 대표적 작품으로서 단순함, 위엄, 균형감 등이 잘 표현되어 있다. '동궁'과 함께 데카브리스트 광장의 '원로원' 건물 모두 앙피르 양식으로 도시의 조화를 이루는 대표적인 형태이다.

모스크바의 건축은 러시아식 앙피르보다 다소 부드러움과 친밀감이 보완되었다. 이는 모스크바의 건물용도와 저택건축의 전통에 의한 것이었

1) 앙피르란 '帝國'을 의미하는 프랑스어이며 나폴레옹 1세 때 유행한 후기 고전주의 양식의 건축과 공예를 지칭하며, 로마제국과 이집트 미술을 수용하였다.

붉은 광장의 앙피르

다. 1812년 이래 모스크바에서는 민간 건축이 성행했으나 대형 앙상블의 중심은 없었다. 그래도 대표적인 앙상블이라 하면 붉은 광장의 굼 백화점 건물과 크레믈리 성벽이다. 백화점 건물의 정면은 성벽의 凹凸 선에 맞추고 넓은 아케이드로 구획 지었으며, 정면의 둥근 지붕은 크레믈리 원로원의 둥근 지붕과 대응시켰다. 1830~40년대에 이르면 고전양식은 쇠퇴하고 고딕, 로마네스크, 르네상스, 바로크식의 요소에 의해 혼합된 양식을 볼 수 있다.

회화 부분은 낭만주의의 직접적 영향을 받았다. 낭만주의의 역사적 의의는 고정된 규칙, 일정한 기준, 높은 장르와 낮은 장르의 '위계체계'를 배척했다는 점, 다시 말하면 창작의 자유를 선언했다는 것이다. 바로 이 시기에 낭만주의나 감상주의 가운데서도 개성적인 창작관, 민족적 예술관이 형성되어 갔다. 낭만주의는 초상화와 풍경화에서, 감상주의는 풍속화에서 보다 많이 나타났다. 역사화를 포함한 이들 전체 분야에서 새로운 모티브가 영향을 미치기 시작한 것이다.

역사화에 대한 관심은 애국주의와 민족의식의 고양과 함께 강화되었다. 보수적인 사람들은(카람진 등) 역사화의 임무를 구귀족과 계몽군주를 찬미하는 것에서 찾았다. 반면 진보적인 사람들은 인간과 민중의 역사적 성격을 묘사하는 것에 있다고 보았다. 역사화가들은 세속사와 교회사를 주제로 대작을 그렸지만 초상화에 비해 다소 수준이 떨어진다.

1830~40년대에 이르면 회화에 대한 사회의 관심이 고조되었다. 문화의 다른 영역도 마찬가지였지만, 예술에 대한 기사가 늘고 논쟁이 풍부해졌다. 예술에 관한 책들이 출판되고 개개의 화가와 전람회에 대한 논평이 잡지마다 넘쳤다. 예술의 목적과 임무에 대해 두 가지의 다른 노선이 대립되

었다. 미술아카데미의 지지자와 그 반대파였다. 이 시대 미술아카데미는 정부와 결탁하여 보수사상을 반영하고 그것을 작품으로 보급하고 있었다.

아카데미파의 지지자는 종교적 주제로부터의 일탈은 유해한 것으로 주장하였다. 아카데미파의 오래된 기준, 종교화에 대한 존중, '관제국민주의'의 비뚤어진 국민성에 대한 예찬은 시대의 요구와 근본적으로 대립하였다. 천성적으로 이러한 것을 경멸했던 벨린스키는 "이 예술은 죽은 과거에서 영감을 구하고, 또 아주 오래전에 사라진 야합적인 이상을 부활시키려 한다."고 평하면서 격렬하게 공격하였다. 그러나 미술사상의 한 중심으로서 미술아카데미와, 교육시설로서의 아카데미는 구별되어야 한다. 미술아카데미는 탁월한 화가들을 많이 배출하였으며, 그 대다수는 나중에 아카데미 전통에서 벗어나기도 했던 것이다.

2) 초상화와 풍속화

이 시대의 초상화는 다소 낭만주의에 가까웠지만 화가의 재능이 잘 드러난다. 정열과 집중력을 겸비하고 경험이 풍부했던 키프렌스키(O.A.Кипренский 1782~1836)는 당시 막 싹트고 있던 감성과 지성운동에 몰입하였다. 이 운동은 예술사상면에서 보면 살아있는 모델, 즉 인간에 대한관심의 증대로 나타났다. 키프렌스키는 인간의 정신세계를 우선 탐구하려 했다. 예술사상의 새로운 경향도 초상화 장르를 중시하게 되었고, 자유로운 수법이 낭만적인 초상화의 특징이 되었다. 키프렌스키의 경우 이 자유로운 수법을 적극 수용하였지만 고전주의 정신이 어느 정도 남아 있었다.

키프렌스키의 자화상

초상화 『푸시킨』

키프렌스키의 초상화에는 주로 고결한 이상을 추구했던 사람들이 등장한다. 청년 시인 주콥스키의 젊음에 넘치는 싱싱한 감각, 청년 트루베츠코이의 용기와 결단 등, 이 모든 것들은 인간의 내면적인 매력과 아름다움을 보여준다. 특히 그가 그렸던 푸시킨 초상화는 실물을 정확히 전달하고 모델의 정신과 본질을 그대로 전해준 것으로 유명하다. 이 작품에는 당시의 예술관을 대표하는 러시아 천재시인의 모습이 생생하게 묘사되어 있다.[2] 자연을 추구하는 불굴의 혼이 두 사람을 결부시키고 있다. 키프렌스키가 그린 인물들은 대부분 멋진 미래를 예감하는 듯이 깊은 명상에 빠져 있다. 고독한 몽상가의 모습은 전생에 걸쳐 그의 작품에 등장하는 주요 테마였다.

키프렌스키는 니콜라이 1세의 반동체제에서 탈피하기 위해 페테르부르크를 떠나 이탈리아로 향했다. 그러나 그곳에서의 작품 활동도 여의치 못해 귀국하려 했지만, 이미 불가능한 일이 되었다. 마침내 로마에서 생을 마감하면서, '유럽에서 러시아의 이름을 유명하게 만든' 불귀의 혼이 되고 말았다. 그의 작품은 진보적인 귀족 인텔리겐치아가 국민의 선두에 서서, 농노제를 폐지하고 진보적인 길을 열려고 했던 자유주의 정신을 반영하고 있었다.[3]

회화에서의 사실주의는 풍속화에서 나타났다. 풍속화가 페도토프(П.А.Федотов 1815~52)는 '현실생활'을 영감의 원천인 동시에 창작의 제재로 삼았던 사람이다. 그는 혁명적 민주주의의 사상적 분위기에서 자라면

---

2) 힘차게 돌아본 얼굴, 빛나는 두 눈, 온화한 미소, 곱슬머리, 가슴에 꼬고 있는 양 손, 이 모든 것들은 시인의 자유 독립정신을 표현하고 있다.

3) 키프렌스키의 뒤를 이어 농노출신 초상화가 V.A.트로피닌(1776~1857), 고뇌의 화가 A.A.이바노프(1806~58) 등이 대작을 많이 남겼다.

서, 진보적인 문학과 평론을 즐겨 찾으며 민중화가로 성장하였다. 그는 1830~40년대 영락해서 초라해진 귀족, 소시민, 관리의 생활을 소재로 풍속화를 즐겨 그렸다. 서민과 그들의 생활이 그림의 소재였던 것이다. 그 자신이 장교로 근무하면서 그린 병영생활과 거리의 정경을 남긴 스케치가 초기 작품으로 남아 있다.

페도토프 자화상

40년대에 페도토프는 해학의 풍자스런 스케치에서 생활의 어두운 면이 가지고 있는 빈곤과 혹독함을 극적으로 그리는 작품으로 옮겼다. 이 차제에 그는 불필요한 인물과 세부 묘사를 버리고, 선을 굵게 긋고 형상의 심리묘사를 위해 노력하였다.『최초의 훈장』은 새로운 수법에 의한 첫 작품으로 자타 공인되고 있다. 여기에 묘사된 관리의 모습과 그 주위의 징경은 명확하세 사회석 배성을 가진 한 가지 의도가 관철되어 있다. 당시 사람들이 인정하였듯이 이 작품에는 개인의 악과 사회의 악에 대한 조소가 담겨 있다. 물론 이 작품에는 극석 요소보다는 풍자적 요소가 많이 스며있다. 그는 인간을 리얼한 정황 속에서 묘사하려 했다. 독창적인 기법을 창안하여 실내의 모든 인물과 가구를 정확하게 느낄 수 있을 정도로 그렸던 것이다.

『최초의 훈장』

페도토프는 러시아 미술사상 처음으로 관료주의의 병폐를 꼬집었다. 또한 애정이나 청춘의 아름다움 이면에 있는 모습, 동시대 사회에 있어 인간적 가치를 정확하게 묘사하려 했다. 인간의 추악한 이면, 즉 사리, 탐욕, 배반, 기만을 말하려 했던 것이다. 그는 진보적인 서클 사람들과 어울리면서 부패한 니콜라이 체제의 관리들을 매섭게 비판하였다. 이러한 작품 성향은 60년대의 아들세대 지식인들에게 많은 영향을 미쳤으며, 비판적인 사조와 직결되고 있다.

『미망인』

1848년 유럽혁명 이후 반동세력의 압박, 보수파의 격렬한 공격은 페도토프를 괴롭혔다. 인생을 비극적으로 포착하는 방식은, 의지할 곳 없이 슬픔에 잠긴 여인을 그린 『미망인』, 『앙코르, 다시 한번 앙코르』에 잘 표현되어 있다. 후기의 작품에는 운명에 부딪혀 일그러지고 의기소침해진 인물이 묘사되어 비애와 절망이 화면에 감돌고 있다. 어두운 색조가 인물의 기분과 잘 조화되어 있는 것이다. 37세의 나이로 세상을 떠난 그의 작품은 비록 많지는 않지만, 차기 수십년 동안 새로운 시대의 사회적 동향에 호응하여 자신을 강력히 주장했던 예술사조의 선구자 역할을 하였다.

2. 19세기 후반의 미술

1) 미술의 전환기

1860년대 농노해방 시기는 미술사에서의 전환기이자, 사실적 민족적 민주적 경향이 수립된 때이기도 하다. 농노제 붕괴에 따른 사회의식의 고양은 훌륭한 예술가들을 사로잡았다. 그들에게 큰 영향을 미친 것은 인텔리겐치아의 진보적 철학과 미학, 평론들이었다. 사회여론은 예술가에게 인민에 봉사할 것을 요구하였다. 그것은 예술가들이 생활, 역사, 현대사회의 움직임으로부터 영감 받을 것을 의미하였다.

사실주의 동향의 가장 큰 타겟은 미술아카데미였다. 궁정의 눈치나 살피고 사회의 사상적 고양과는 유리된 미술아카데미는 부주주의의 대변자 역할을 맡고 있었다. 아카데미는 여전히 전통고수, 고상한 스타일, 신화 종교 역사로부터 가져온 고상한 주제를 옹호하고 있었다. 즉 예술이 현실생활과 접촉하는 것을 두려워했던 것이다. 60년대 초의 저명한 사실주의자 예술평론가 스타소프(B.B.Стасов)의 미술아카데미 비판은 커다란 반향을 일으켰다. 그는 "러시아의 미술은 내용의 깊이, 솔직함, 진실함, 아름다움, 이 모든 점에 자신의 주제와 임무와 내용이 담겨 있다"고 말하고서 화가가 풍속화에 관심 갖는 것을 환영하였다.

이러한 조류를 타고 당시 전람회에 전시된 작품은 현실생활을 테마로 풍자적인 경향이 강하게 나타났다. 비판적 사실주의가 고조되고 생활에

페로프

관심을 보이고 인민을 위한 생활을 반영하려는 경향이 농후했던 것이다. 이 경향을 대표했던 화가가 페로프(В.Г.Перов 1833~82)이다. 그는 미술아카데미보다 자유로운 사조가 들어오기 쉬웠던 모스크바 회화-조각학교에서 공부하였다. 그가 민족적 사실주의 예술의 발달에 미친 역할은 괄목할 만하다. 농노해방 직전에 러시아 생활의 여러 측면과 다양한 사회계층을 묘사한 작품『농노해방 전야』를 통해 관리와 성직자를 비난하면서 그의 명성은 높아지기 시작했다.

『1861 농노해방 전야』

『삼두마차』

1860년대 진보적 지식인의 앞날이 보이지 않을 때, 페로프는 사회에 대한 분노를 화폭에 담았다.[4] 특히『삼두마차』에서는 서민의 고달프고 서글픈 일상이 그려져 있다. 어린 3형제가 아버지를 도와 마차를 끌고 가는 모습은 당시 농민들의 찌든 생활상을 그대로 반영해준다. 그러면서도 힘들어하지 않는 애들의 표정은 미래에 대한 희망을 엿보게 해주기도 한다. 이

4) 이 당시 그렸던 유명작품이『장례식』,『어머니 묘에서의 아이들』,『트로이카』,『익사한 여자』,『관문 옆의 선술집』,『순례』등이다.

와 유사한 작품들에서 페로프는 민중에 대한 동정심을 표출하면서 '학대받는' 사람들의 대변자 역할을 했다.

1863년 미술계에 충격적인 사건이 발생하였다. 페로프의 영향, 스타소프의 주장 등에 힘입어, 우선적으로는 사회적 조류를 타고 유능한 일단의 신진화가들이 아카데미를 탈퇴한 것이다. 사건의 동기는 아카데미 출신 14명의 화가가 아카데미 주최의 대회 출품작품에 대해 테마 선택의 자유를 요구하였다. 그런데 아카데미 간부는 이 요구를 묵살하고 테마를 스칸디나비아의 신화에서 따온 '발하라(신전)'와 '농노해방'으로 한정하였다. 대회 참가자들은 해묵은 주제에 대해 분개하였을 뿐 아니라, 테마를 강제하고 화가의 개성을 압박하는 데 항의하여 대회 불참 선언과 더불어 아카데미를 탈퇴하였다.

크람스코이

크람스코이(И.Н.Крамской 1837~87) 주도하에 '반란'을 일으킨 13명의 화가와 1명의 조각가는 정부를 자극시켰다. <칙령>으로 이들 청년의 행위와 미술가 조합의 경향이 감시받게 되었다. 직업단체이자 생활협동조합이기도 했던 조합은 화가들의 여론형성 장소이기도 했고 전람회도 수관하였다. 이 조합의 지도자 크람스코이는 하층민 출신으로 사상가이자 평론가였다. 그는 대화, 편지, 논문 등을 통해 진보적, 인도적 경향의 진보적 여론을 형성하면서 민족예술의 확립을 호소하였다. 그는 "사회에 대한 관심만이 화가에게 힘을 준다."는 생각으로 강한 사상성을 보여주었다.

크람스코이는 사회의 부정에 대해 끊임없이 고민하였다. 그는 현대의 악에 대한 자신의 무력함에 고뇌했는데, 이는 당시의 진보적 지식인들의 공통점이기도 했다. 『황야의 그리스도』에서 그는 동시대의 사색하는 인간의 내면적 비극을 묘사하고 있다. 복음서에 의하면 그리스도는 40일 동안 단식하면서 악마의 유혹을 받았다. 화가는 이 유혹의 장면을 인간 내면의

『황야의 그리스도』

투쟁과 동요, 또는 자기 양심과의 대화로 묘사한다. 양심에 등지고 악마와 타협할 것인지, 아니면 악과 끝까지 싸울 것인가. 이 모습을 통해 사색하는 인간의 비극, 행동과 헌신에의 의지, 그리고 사회악과 싸우는 고독감을 그린 것이다.[5]

60년대의 미술운동은 이동파 화가들을 탄생시켰다. 이동파 화가는 "예술을 관료행정으로부터 해방시키고" 민족적 특성을 신장시키는데 노력하였다. 이동파 간부는 사상적 내용을 갖고 사회적으로 의의가 있는 민주적 예술을 만들었다. 이동파 운동은 정신적으로 해방운동 일환으로 추진되었다. 이들 작품의 주인공은 역시 인민이었다. 농민의 생활, 궁핍, 고통, 강렬한 정신, 강인한 성격, 인내력, 심지어 미신까지 그들의 장점이 남김없이 묘사되었다. 일부 이동파 화가는 도시의 생활에도 눈을 돌려 70년대 중반부터는 노동자의 모습도 나타났다. 자유를 위해 투쟁하는 인텔리겐치아의 모습, 그 생활과 투쟁하는 일화들이 그들 작품의 주요 테마였다.[6]

2) 미술계의 거장

1870년대 초 최초의 대작 몇 개를 발표하면서 거장 레핀(И.Е.Репин 1844~1930)이 등장하였다. 하리코프의 이민 병사의 집안에 태어난 그는

5) 그리스도는 인기척 없는 황야의 바위 사이에서 깊은 생각에 빠져 있다. 배경의 하늘 아래 몸을 굽힌 모습과 아침의 차가운 색채는 표현력이 풍부하다. 거기에는 가혹한 세상에서 사는 인간의 고독감이 배겨 있다. 이 그림에서 화가는 사회의 부정과 타협하지 않았던 본인과 주변 사람들의 정신적 고뇌를 잘 표현하고 있다.

6) 먀소예도프, 막시모프, 사비쯔키 등은 농민 테마의 풍속화, 마콥스키와 야로센코는 도시 풍속화, 크람스코이는 초상화, 게이는 종교화의 전문가로 유명하였다.

1863년 미술 아카데미에 들어가기 위해 페테르부르크로 이사한다. 당시 거래소에 있던 회화학교에서 크람스코이로부터 사사받으면서 수험준비를 하여 다음해 아카데미에 입학하였다. 크람스코이의 정신적 제자라고 할 수 있는 그의 세계관은 아들세대 지식인의 사상과 인민주의 운동의 배경 속에서 형성되었다. 레핀은 독서가로서 문학과 평론을 통해 진보적인 사회관과 예술관을 배웠다.

일리야 레핀

레핀은 선 · 구도 · 색채의 천재이며, 항상 자기완성에 몰두하고 표현력이 풍부한 형식을 추구한 정열의 화가였다. 그는 예술에 있어 이상과 내용의 역할을 특히 강조하였다. 청년시절 크람스코이에게 보낸 편지에서 그는 "인간의 생활이란 드라마, 자연의 생명, 역사정신 그 자체가 우리의 주제이며.... 색채는 도구로서 우리들의 사상을 표현해야만 합니다."라고 썼다. 그는 아카데미 유학생으로서 이탈리아와 프랑스의 화가들도 접하였다. 하지만 르네상스 미술은 그에게 만족을 주지 못하였고, 오히려 러시아 민족과 민중에 더 관심을 쏟게 되었다.

『볼가의 뱃일』

레핀은 놀라울 정도로 폭넓고 다양한 화가였다. 그의 풍속화는 이동파의 최고봉이었다. 유명한 『볼가의 뱃일』, 『쿠르스크 현의 십자가 행렬』은 민중생활의 서사시라 할 수 있다. 『볼가의 뱃일』은 그의 첫 대작이기도 하다.[7] 청년시절 친

7) 이 그림에는 다부진 가슴과 팔을 가진 햇볕에 그을린 강한 사내들과 약한 남자들, 노인과 청년이 낡고 더러운 그물에 한데 묶여 있다. 괴롭고 비인간적인 노동에도 불평하지 않은 채 수백 년에 걸친 가혹한 노동에 익숙한 표정들이다. 마치 자신들 운명의 무

구와 볼가로 여행하면서 오래 동안 구상했던 작품을 발표하여 사실주의 회화의 정점을 찍는다. 이 그림은 비록 하층민이지만 늠름한 기상을 잃지 않는 민중의 외면과 내면의 모습이 잘 그려져 있다.

『쿠르스크 현의 십자가 행렬』

『쿠르스크 현의 십자가 행렬』(1880~83)은 러시아 미술사의 한 시대를 연 작품이다. 당시 러시아의 주요한 제 신분과 계급을 그린 군중 초상화이다. 화면에 그려진 행렬의 중심인물은 손에 이콘을 들고 두건을 쓴 여지주이다. 그녀는 특권적인 지위를 종교적인 권위로 감싼 귀족계급의 살아있는 화신이다.[8] 이콘 제단을 메고 가는 완강한 쿠르스크 현의 농민들은 사회질서의 무거움을 짊어지고 살아가는 민중 속의 거인을 연상시킨다. 이러한 행렬 묘사는 러시아의 역사적 운명을 견뎌내야만 하는 민중의 상태를 말해주고 있다. 그러면서도 화면의 기저에는 새로운 생활과 러시아의 부흥을 소망하는 민중의 자각을 짐작해볼 수 있다.

레핀이 그린 각각의 인물들은 선명한 개성을 지니고 있다. 그는 여러 가지 사회심리를 대변하는 여러 유형의 인물을 실제 사회 속에서 발견하였다. 인민의 노동과 생활을 소재로 한 작품에서는 여러 형태의 인간이 등장

거운 짐을 묵묵히 끌고 가듯이... 멀리까지 펼쳐진 광대한 강은 인부들의 고독감과 주위 세계에의 무관심을 강조한다.

8) 그 외 수염을 길게 기른 거만한 사제는 비단 복장을 함으로써 다른 사제와의 차별성을 보이고, 살찐 어용상인의 모습도 권력의 화신이다. 농민 합창대와 이콘 케이스를 소중하게 운반하는 소시민 신자들의 모습은 사회 각 계층의 차이를 적확하게 묘사한다. 손에 막대기를 쥔 촌장과 기마 경관들, 게다가 농민, 거지, 신도, 순례자들이 화면을 가득 채우고 있다.

하고, 속박된 민중의 생활이 훌륭하게 묘사되어 있다. 그러면서 그 속에는 진보적 인간, 인민의 힘과 용기에 대한 신뢰, 그리고 보다 좋은 미래에 대한 기대가 표현되어 있다. 일부 작품은 혁명운동가에 대한 마음으로부터의 공감을 잘 나타내 주고 있다.[9]

『이반 뇌제와 그의 아들 이반』

레핀의 뛰어난 심리묘사 재능은 다종 다양한 초상화에서 발휘되고 있다. 초상화가 레핀은 타의 추종을 불허하는 심리의 깊이, 박진감, 정확함으로 저명한 작가와 명사, 음악가, 화가, 배우, 학자의 초상화를 그렸다. 또한 역사화의 대가로서 레핀은 1885년 페테르부르크 이동전에 출품된 『이반 뇌제와 그의 아들 이반』으로 커다란 반향을 야기하였다. 사람들은 이것을 전제정, 짜리, 사형에 대한 격렬한 항의로 보았던 것이다. 레핀 자신도 후에 이 작품을 가리켜 '고통스러운 비극'으로부터의 구원을 역사에서 구하였다고 말하였다.

선정적인 이 작품은 살인과 폭력에 대한 부정을 함유하지만 오히려 그 반대의 효과를 나타내기도 한다. 공포에 일그러진 뇌제의 표정과 고개를 떨어뜨리고 체념한 모습의 황태자, 그러면서 용서를 구하는 듯한 미소는 강렬한 인상을 준다. 특히 새빨간 피가 스며있는 화면의 선홍빛 색채는 이 작품의 정서를 배가시키고 있다. 작품 속의 섬세한 심리적 조형적 색채적인 뉘앙스는 레핀의 붓놀림을 극에 달하게 만들었다.

1891년에 완성한 명화 『투르크 왕에게 편지를 쓰는 자포로지예 카자크』는 자유로운 민중, 독립과 자유를 추구하는 투쟁정신을 높이 기렸다. 밝

9) 『호위를 받으며』, 『선전가의 체포』, 『참회의 거부』, 『뜻밖의 귀가』 등이 혁명가에 대한 찬양을 담고 있다.

「투르크 왕에게 편지를 쓰는 자포로지예 카자크」

고 낙천적인 유머가 화폭에 가득하며, 이는 세계 회화사에 있어 유머러스한 가장 인상적인 작품의 하나이다. 레핀이 그린 자유로운 카자크들은 혈기에 넘쳐 있으며, 심신이 모두 건강하며 아무도 두려워하지 않는다. 각각의 사람들이 개성적이고 정열적, 민중적이어서 화면에는 영웅적인 기백마저 돌고 있다. 인물의 모습과 두부의 뛰어난 묘사, 독창적인 구도와 정연한 색조는 이 작품의 예술성을 더 높여주고 있다.

레핀의 작품은 당시 사회의 모든 면을 포착하였다. 그것은 현실에 새로운 빛을 비추어 많은 사람들의 눈을 열게 함으로써, 현실에 대해 새롭게 보는 방법을 가르친 것이다. 이 위대한 화가의 예술을 길러낸 원동력은 바로 인민이었다. 숨겨진 강력한 폭발력을 가지고 진보적 지식인을 고무시켰던 민중이야말로 레핀의 저력이 되었다. 그는 성숙해지고 있는 러시아의 민중혁명을 위해 그의 작품이 일조해야 한다고 생각했다. 레핀은 혁명운동에 직접 가담하지는 않았지만, 혁명 열기를 고조시킨 의식 있는 예술인 중의 한 사람이었다.

수리코프

또 한사람의 대가 수리코프(В.И.Суриков 1848~1916)의 작품은 주로 역사화에 집중되어 있다. 80~90년대에 개화한 그의 재능은 정열적이고 활기 있는 드라마틱한 주인공을 만들어냈다. 민중화가인 수리코프가 묘사한 민중은 한 사람 한 사람에게 강렬한 개성이 주어졌다. 인민에 대한 참된 애정, 새로운 역사에 있어 인민의 역할에 대한 중시가 없이는 수리코프의 역사화를 이해할 수 없다. 그의 작품과 진보적 동시대인 세계관과의 내면적 결합은 러시아사의 전환점, 격렬한 사회-정치적·사상적 대립의 시기, 국가권력과 교회에 대한 민중의 투쟁시기에 관심을 보이고 있다.

『근위대 처형의 아침』과 『귀족부인 모로조바』는 수리코프 최대의 걸작이다. 『근위대』는 계몽과 진보의 길을 연 표트르 대제에 저항하는 근위대와 서민들을 묘사한다. 여기에는 두 세계의 비극적인 충돌이 그려져 있다. 민중은 혼란과 공포에 싸여 있고, 말을 탄 표트르는 결연하게 처형의 모습을 바라본다. 근위대는 민중의 자유, 옛 신념, 오랜 관습을 표트르의 강압으로부터 지키기 위해 반란을 일으킨 것이다. 그들은 반 그리스도적인 표트르에 저항하면서 의연하게 죽음을 맞이한다. 특히 죽어가는 근위병과 대제의 마주치는 시선은 두 진영의 비타협성을 의미하고 있다.

『근위대 처형의 아침』

여기에는 과거 인간의 성격과 생활환경에 육박하는 화가의 위대한 역량이 유감없이 발휘되어 있다. 화가가 찬미한 것은 자기의 신앙, 신념을 관철시키려 하는 러시아인의 위대한 정신과 용기, 헌신이다. 분리파교도의 탄압을 그린 『모로조바』는 구습을 지키려는 사람들의 패배와 민중운동의 맹아를 결부시킨다. 비록 편견이지만 민중의 공감을 얻은 귀족부인의 불굴정신이 인민들의 희망과 고뇌를 대변한다. 억압받는 자들의 굳건한 모습에서 현실의 괴로움과 이성의 풍부한 혼을 구현하고 있다. 이에 대해서 화가는 "진리라고 믿는 것을 위하여 죽음을 두려워하지 않는 인간에겐 뭔가 위대한 것이

『귀족부인 모로조바』

있다. 그것은 인간성에의 신뢰를 갖게 만들고 정신을 고양시킨다."라고 하였다.[10]

『예르마크의 시베리아 원정』

1890년대에 들어 그는 『예르마크의 시베리아 원정』, 『수보로프의 알프스 등정』과 같은 전쟁화의 걸작도 남겼다. 『예르마크』에는 역사의 커다란 발자취, 시베리아 칸들에 대한 예르마크 군의 결정적인 승리가 묘사되어 있다. 펄럭이는 군기 아래 명령을 내리는 예르마크 대장이 화면의 중심이 되고, 구도의 양쪽 부분을 통일하고 있는 화면의 갈색이 도는 회색은 엄숙한 조화를 이루고 있다. 이 작품은 시베리아 정복이라는 역사적인 사건을 러시아 민족의 승리로 승화시키고 있다.

19C후반은 전반적으로 러시아 미술사에 있어 성과가 많고 의미 깊은 시대였다. 특히 회화에서는 앞에서 본 바처럼 출중한 작품이 많이 탄생하였다. 사회풍속화, 초상화, 역사화, 풍경화가 폭넓게 발달했다. 또한 사실주의, 민중성, 민주적 시민성의 원칙이 미술계에 확립되었다. 사회해방 사상, 인민의 기대와 요구, 예술과의 긴밀한 결합은 당시 유럽의 어느 나라에서도 찾아볼 수 없던 일이었다.

10) 이 그림의 특징 중 하나는 다양한 여성들의 모습이 감동적이다. 평생 동안 슬픔 속에 살아온 색 두건을 쓴 노파는 비탄에 잠겨있고, 흰 두건을 쓴 젊은 여인은 가슴에 손을 엇걸고 절망 속에 빠져 있으면서도 귀족부인과 괴로움을 공유한다. 황색 두건을 쓴 여성은 머리를 깊이 숙이고 이별을 고하는 등, 수리코프는 이 그림을 통해 러시아 여성들의 영감으로 가득 찬, 비극적인 아름다움을 전하려 했다.

3. 은세기와 미술관

1) 은세기의 미술

20C초 은세기의 다양한 문예사조를 그대로 반영이나 하듯이, 미술계도 각 분파간의 내립이 격심하였다. 분파 간에 뚜렷한 경계가 있는 것이 아니라, 하나의 그룹 속에 여러 경향이 존재했고, 또 서로 간에 통하는 뉘앙스도 많았다. 따라서 하나의 그룹에서 다른 그룹으로 이전하거나, 대립하는 두 개의 그룹에서 동시에 활동하는 것도 가능하였다. 결국 이 대립은 사실주의적 경향과 모더니즘적 경향으로 대별되었다.

사실주의 대표자 세로프(B.A.Серов 1865~1911)는 레핀의 제자로서 처음에는 이동전에 출품하였다. 그 후 90년대 말에 창립되었던 <미술세계>의 회원으로 평생을 활동하면서 독자성을 주장하는 독립적인 화가로 인정받았다. 초상화의 대가이자 풍경화, 역사화 분야에서도 칭송받았다. 심리묘사의 깊이, 인물의 혼을 포착해내고 그것을 표현하는 능력, 철저한 진실성과 성실함—이것이 세로프의 모습이었다. 그러면서도 그는 화면의 사회적 측면을 놓치지 않았다. 세로프의 초상화에는 황제와 귀족들로부터 인텔리겐치아와 하층민에 이르기까지 많은 인물이 담겨

『복숭아를 가지고 있는 소녀』

있다. 특히 그의 초상화『복숭아를 가지고 있는 소녀』는 보는 이로 하여금 끝없는 매료에 빠지게 만든다.

다재다능한 문화인 **베누아**(Л.Н.Бенуа 1870~1960)는 <미술세계>의 지도자로서 당대 미술계를 주도한 사람이다. 페테르부르크 궁정부 건축가의 아들로 커다보니, 궁정미술을 사랑하면서 다양한 재질을 키워나갔다. 화가, 소묘화가, 미술사가, 평론가, 미술관원, 무대미술가, 연출가 등으로 다채로운 활동을 한 그는 특히 풍경화와 역사화에 뛰어난 작품을 남겼다. 미술연구가로서 그는 폭넓은 학식과 섬세한 취향을 지니고 있었으며, 각 시대의 예술이 가진 특질과 개개 예술가의 개성을 깊이 이해하고 있는 인물이었다. 그 역시 만년의 30년을 해외에서 보내면서 러시아 예술의 진수를 서방에 전해주었다.

20C 초에 들면 건축술도 '모던' 경향을 띤다. 세기말에 많은 건축물이 수도에 세워졌지만, 그것은 대체로 편의성을 목적으로 미적 감각은 전혀 고려하지 않은 것들이었다. 당시의 건축은 절충주의에 빠져 무계획적으로 잡다한 양식으로 건설이 진행되었기 때문에 예술적 가치란 찾아볼 수 없었다. 그러다 은세기에 들어 새로운 건축 양식, 즉 '모던' 양식이 유행하자, 건축가는 민족적인 전통을 배격하고 장식미에 열중하였으며 앙상블을 무시하기까지 하였다. 동시에 구성주의를 추구한 그들에 의해 최신 건축기술과 새로운 외장 재료가 대담하게 사용되었으며, 반복적인 설계도 자취를 감춰 건축술이 한결 발달하였다.

베누아가 직접 건축한 사원

은세기의 마지막과 혁명 전의 사회를 반영했던 미술계에는 표현주의와 추상주의가 대두한다. 예술의 기본목적은 '재현'이 아니라, 직접적이고 개인적인 감각을 표현하는 것이라 주장한 표현주의는 **샤갈**(М.З.Шагал

1887~1985)로 대표된다. 벨로루시 출신인 그는 지방생활의 색다른 이미지를 등장시키면서 장르, 색, 형태들을 바꾸는 변형의 화가로 손꼽힌다. 가난하고 어두운 생활을 배경으로 음산한 환상을 자유로운 형식으로 표현한다. 또한 유화, 무대장치(발레, 연극), 동판화, 스테인글라스 등 다양한 수단을 이용해 역사의 붕괴를 앞둔 소시민의 생활을 많이 다루었다.[11]

현대 추상미술의 선구자로 꼽히는 **칸딘스키**(В.В.Кандинский 1866~1944)는 선명한 색채를 사용하여 난해하고 추상적인 표현을 완성하였다. 그의 작품 특징은 복잡한 구도를 이용해 몇 가지 모티브들을 동시에 한 화면에 구성하는 것이다. 1910년대 현실세계와 인간의 대립, 현실과 예술가의 대립이 비극적인 모습으로 나타난다. 그와 동시대에 활동했던 **말레비치**(К.С.Малевич 1878~1935)는 구성 미술의 요소를 배제시키고, 회화 외적인 사물의 '비대상' 예술세계를 작품 속에 반영하였다. 이들은 모두 현실세계를 파괴하여 수수께끼처럼 보이는 추상적인 선과 모양으로 바꾸었다.[12] 이는 곧 당대의 문화인이 느끼는 패배주의와 위기대처 능력의 부재를 반영한 무력감에서 비롯된 것이라 하겠다.

---

11) 대표작으로 『달을 향해』, 『탄생』, 『결혼』 등이 있다.

12) 칸딘스키의 대표작은 『가을』, 『즉흥 19』, 『검은 선들』이 있으며, 말레비치는 『밀 수확』, 『검은 사각형』 등이 있다.

2) 미술 전시관

트레티야코프

19C말에 들어 사상의 진보적 발전과 사실적 작품들이 증가하자, 작품을 체계적으로 수집하여 일반에게 공개하려는 애호가도 늘어났다. 그중 최대의 수집가는 모스크바의 상인 **트레티야코프**(П.М.Третьяков 1832~98)였다. 모스크바의 상인집안 출신인 그는 수완이 좋아 돈을 많이 벌었을 뿐만 아니라, 미술에 대한 높은 식견과 관심도 많았다. 1856년부터 러시아 화가들의 작품을 수집하기 시작하여, 유명 화가와 평론가의 도움을 받아 러시아 최대의 미술수집가가 되었다. 70년대에 들어 일반에게 공개하여 많은 감흥과 영향을 주었고, 1892년에는 전 생애 동안 모은 수집품들과 건물을 모스크바 시에 기증하였다.

국립 트레티야코프 미술관

트레티야코프 미술관에는 주로 '이동전람회 화가협회'(1871) 사람들의 사회풍속화, 초상화, 역사화, 풍경화들이 소장되어 있다. 리얼리즘의 진수를 전달한 이들 작품은 사실주의, 민중성, 민주적 시민성의 원칙을 미술계에 확립하였다. 그 후 미술관은 후견인에 의해 계속 성장하다가, 혁명 후 1918년 레닌이 모스크바 시영에서 국립으로 승격시켰다. '국립 트레티야코프 미술관'은 국유화된 개인 소유물, 소 미술관들의 소장품, 정교회 보물(주로 이콘), 고대 골동품들을 끌어 모았고, 여기에 소비에트 민족화가들의 작품도 곁들여 소장품을 급격히 증가시켰다.

이는 러시아 인들의 작품만 소장하고 있는 전 세계 최대 미술관이다. 사회해방 사상, 인민의 기대와 요구를 예술과 긴밀하게 결합시킨 최고의 미술관으로 평을 받는다. 돈 많은 한 사람의 거상이 만들어낸 위대한 전시관은 사상과 이념이 다른 사회에서도 높은 진가를 발휘한 것이다. 그리하여 오늘날 모스크바에 가면 반드시 들러봐야 할 명소의 한군데로 우뚝 서게 되었다.

마몬토프 철도 왕

다음은 모스크바 근교의 아브람체보 박물관이다.[13] 철도 왕 거부(巨富)이자, 예술에 대한 높은 식견을 갖춘 **마몬토프**(С.И.Мамонтов 1841~1918)가 미술가들을 지원하면서 만들어진 곳이다. 그는 마치 이태리 피렌체의 메디치 가문을 연상케 하며, 산업혁명에 기여한 굴지의 기업가로서 동료 예술인들의 막대한 후원자였다. 그 스스로가 성악, 조각, 무대연출에도 조예가 깊은 예술가로서, 자신의 영지를 예술가들에게 개방하여 같이 작업하면서 생활하였다.

아브람체보 영지는 본래 40년대 슬라브주의자 악사코프의 영지였다.

---

13) 모스크바의 북서쪽으로 70킬로 정도 떨어진 자고르스크 시에 가까운 마을이며, 유명한 세르게이 삼위일체 교회가 부근에 있다. 아브람체보 유파의 대표화가는 V.M.바스네초프(1848~1926)로 역사화와 인물화를 많이 남겼다.

아브람체보 박물관

따라서 슬라브주의적 세계관에 입각한 러시아의 민속과 과거의 문화에 많은 관심을 보이고 있었다. 마몬토프 서클(또는 아브람체보 파) 사람들은 당시의 주류인 이동파 화가들과 협조 보완관계를 유지하였다. 독자적 전시회는 열지 않았던 반면, 공동생활을 통해 예술전통을 부활하고 새로운 문화 창조에 매진하였다. 마몬토프는 보수귀족들의 견제를 받아 공금횡령죄로 고소되어(1899) 파산한 후 비참한 말로를 맞는다. 하지만 그는 저택을 전시관으로 제공함으로써 예술인들의 영원한 안식처를 마련해주었다.

모스크바의 트레티야코프 미술관을 본 따, 페테르부르크에도 국립 러시아 미술관(Русский музей)이 건립되었다(1898). 물론 꼭 그 이유만은 아니고, 문화의 수도 페테르부르크에 국립 미술관의 필요성은 일찍부터 제기되어 왔다. 1812년 조국전쟁에서 승리한 애국심과 높아진 러시아 문화의 자긍심은 러시아 미술품에 대한 관심을 고양시켰다. 이러한 분위기에 편승한 니콜라이 2세는 미하일롭스키 궁전을 사들여, 부왕의 이름을 딴 '알렉산드르3세 미술관'(혁명 전까지의 이름)을 열었다.

국립 러시아 미술관

초기 러시아 미술관에는 회화 작품이 얼마 없었다. 알렉산드르 3세의 개인 소장품을 기반으로 하여 동궁에서부터 러시아 회화와 조각 수집품을 넘겨받고, 미술아카데미에서 회화와 조각, 기독교 미술품을 받으면서 커나간다. 이곳의 수집품이 급증한 것은 러시아 혁명 이후이다. 각 궁전과 학교에 있던 소장품을 모으고, 여타 박물관의 미술품을 나누는 재편작업이 진행된 것이다. 특히 1926년 미술문화협회의 소장품이 러시아 미술관으로 넘어와, 이곳은 20C초 전위미술과 초기 소비에트 미술 분야에서 중요한 위상을 차지하게 된다. 제2차 세계대전의 봉쇄기간 동안 가까스로 참화를 피한 러시아 미술관은, 파괴된 인근의 미술관 소장품이 이송되어 더욱 늘어난다.

현재 러시아 미술관(박물관)의 소장품은 무려 40여만 점에 달한다. 10C부터 최근에 이르는 러시아 미술사의 모든 조류와 장르를 망라하고 있다. 이콘과 회화, 드로잉, 판화, 조각, 응용미술, 장식미술, 주화에 이르기까지 각 분야 러시아 미술의 우수성을 한 곳에서 감상할 수 있다. 1976년 이래 러시아 미술관은 러시아 내 모든 미술관(박물관 제외)의 학술적·방법론적 작업의 조정자 역할을 맡아 중추 미술관으로서의 기능을 맡고 있다. 부속 공간으로 스트로가노프 궁전, 대리석 궁전, 미하일롭스키 성곽이 딸려있다.

[과제 & 토론]

1. 러시아 현대미술의 경향과 작품들을 조사, 발표하시오.
2. 소개된 작품들 중에서 가장 감명 깊은 작품과 그 이유에 대해 설명하시오.
3. 미술(예술)의 사회적 기능에 대해 토론하시오.

XII

페테르부르크와 문화

1. 표트르와 페테르부르크

1) 대사절단 파견

표트르 대제

일반적으로 표트르 대제(Пётр Великий 1682~96~1725) 시대는 정치-경제적으로 국가권력이 강화되고, 사회-문화생활에서 서유럽의 관행이 도입된 전환기로 평가받는다. 특히 러시아 문화의 변천과정 중에서 표트르의 통치기는 괄목할 만한 변화를 가져다 준 시기였다. 전통적인 종교적 세계관에서 탈피하여 문화의 세속화, 사회의식에서 합리주의의 발전, 타민족 문화와의 활발한 접촉이란 특성이 그 어느 때보다 강하게 제기되었던 것이다.

표트르의 서구화 개혁정책은 일관된 프로그램 속에서 수행되었다기보다 '북방전쟁 승리'란 대의를 위해 진행되었다고 볼 수 있다. 스웨덴의 막강한 병력에 맞서기 위해서는 무엇보다 군대개혁이 급선무였다. 군대동원을 위해 효율적인 재정조치와 함께 상공업을 장려하는 칙령이 발표되었다. 이들의 원활한 실행을 위해서는 행정체계의 개선이 뒤따라야 했고, 개혁의 주축 세력을 양성하기 위해 근대적인 교육기관도 필요했던 것이다. 이렇게 표트르에 의해 단행된 일련의 개혁정책들은 임시방편적이긴 했어도, 단지 전쟁 승리만을 위한 소모적인 조치에 국한되지는 않았다. 러시아 사회를 서구화시키는 데 결정적인 기여를 했음은 부정할 수 없는 것이다.

특히 사회 문화적 측면에서 그가 의도했던 서구화 정책은 향후 러시아인의 의식구조와 생활구조를 급변시키는 계기가 되었다고 할 수 있다.

1696년 공동 짜리였던 이복형 이반이 사망하고 공식적으로 모스크바 황실의 유일한 절대군주가 된 뒤, 표트르는 서유럽 문화를 유입하기 위한 본격적인 행보에 들어갔다. 1697년 3월 표트르는 250여명으로 구성된 '대사절단'의 무리 속에 끼어 러시아 황제로서는 최초로, 그것도 자신의 신분을 숨긴 채 서유럽을 방문하였다.[1] 이 방문의 목적은 어린 시절 외국인 마을에서 자라면서 동경해왔던 서유럽에 대한 관심과 열망을 충족시키기 위해 몸소 유럽의 여러 나라를 둘러보기 위함이었다. 그리고 흑해로의 진출을 위해 터키에 대항할 수 있는 동맹세력을 구축하려 했다.

지칠 줄 모르고 정력적으로 활동했던 표트르는 "나는 학생이다, 나는 배워야 한다."는 일념 하에 네덜란드, 영국, 합스부르크 제국에 체류하면서 조선술과 항해술을 비롯한 유럽의 선진기술을 직접 익혔다. 선창과 창고, 빈 배만 가지고 부유하게 사는 네덜란드를 보고 그는 중상주의 정책의 성공과 관대한 종교정책의 결과라고 생각하였다. 또한 영국 의회를 방문한 표트르는 윌리엄 국왕과 상원 귀족들 간의 논쟁모습을 목격한 후 "신하가 군주에게 솔직하고 공개적으로 건의하는 것은 좋은 전통"이라고 칭송까지 하였다. 특히 삭소니 공이자 폴란드 왕을 겸하고 있던 아우구스투스 2세와는 의기투합하여 스웨덴 침공까지도 공동으로 구상하기에 이르렀다.

표트르는 외교나 국가적 문제들에 대한 주요회담에 많이 관여했지만, 무엇보다 유럽으로부터 될 수 있는 한 많은 것을 보고 배우고자 했다. 그

1) 황제는 표트르 미하일로비치 하사라는 사병으로 자신의 신분을 숨긴 채 여행했지만, 러시아 군주가 사절단 속에 끼어 있다는 소문과 함께 그의 두드러진 신체적 특징(키가 210㎝로 다른 사람들보다 머리 하나 더 나올 정도) 때문에 군중들은 표트르를 한눈에 알아보았고 그의 뒤를 따라다녔다.

는 항해술에 가장 큰 관심을 가졌지만 여타 다른 기능과 기술들도 익혔다. 그와 함께 서유럽의 풍습과 관습, 심지어 눈에 보이는 유럽의 생활 전체를 흡수하고자 노력했다. 이러한 그의 노력이 귀국 후 단행한 개혁의 커다란 밑거름이 되었음은 물론, 러시아 사회의 앞날을 바꾸어 놓았던 것이다. 표트르는 비엔나에서 서유럽 문화의 본산지인 이탈리아로 갈 예정이었지만 근위대의 반란소식을 듣고 황급히 모스크바로 귀국하였다.

대사절단은 동맹국 찾기라는 전략적 목적은 실패했지만, 유럽의 관습이나 풍습을 도입하는 데 지대한 영향을 미쳤다. 유럽여행 중 서구문명의 기술적 측면을 연구하는데 전념하였다. 또한 무기와 외국인 전문가를 대거 들여온 것만으로도 소기의 목적을 거두었다고 볼 수 있다. 유럽여행의 실질적인 성공은 문화와 기술의 도입으로서 800명 이상의 각종 기술자와 군사전문가를 러시아로 들여옴으로써, 러시아의 근대화에 절대적으로 기여하였다는 데 있다. 즉 표트르는 유럽의 기술 및 문화생활을 직접 보고 느낀 뒤 러시아를 근대화시키기 위한 방법을 모색했고, 개혁을 위한 정신적 토대를 형성함으로써 사회 문화적 의식까지도 개편했던 것이다.

대제의 상징인 '청동기마상'

왕성한 정력가이자 활동가였던 표트르는 자라면서 서구사회에 대한 동경심을 키워왔다. 그와 더불어 유럽여행에서 배웠던 여러 지식들로 러시아를 근대화시켜 나갔다. 그의 에너지, 명확한 목적, 교육 정도, 실질적 지식, 조국의 역사에 대한 관심, 러시아의 유럽화에 대한 의식적인 열망 등은 분명 남달랐다.[2] 그의 성품은 개혁의 정신과 속도에 많은 영향을 미쳤다. 많은

2) 표트르는 잠자는 시간을 제외하고는 손을 잠시도 그냥 두지 않았다. 무언가를 만들고 계획하고 닦달하고.... 그의 사망 후 그가 잠시라도 체류했던 장소에는 표트르가 직

개혁들 중 가장 지속적으로 사회변화에 영향을 미쳤다고 평가받는 문화적 영역에서의 내용은 아이러니하게도 그 반대자들의 목소리 또한 만만치 않았다. 특히 교회의 영향력 축소는 성직자들뿐만 아니라, 러시아 정교도들에게 표트르를 반(反)기독교적 인물로 낙인찍기에 충분하였다.

표트르의 서구화는 전통문화와 단절된 채 외적인 차원에 그치고 말았다는 비판은 그에 대한 역사적 평가를 양분 짓는다. 그러나 무엇보다 북방전쟁에서 승리하기 위해 페테르부르크를 건설하여 서구문화를 적극적으로 수용한 결과, 러시아는 유럽 국가의 일원으로 편입된 사실은 부정할 수 없다.

2) '서구로의 창' 건설

1712년 모스크바에서 새로운 수도로 이전된 페테르부르크는 많은 전설을 담고 있다. 86개의 강과 운하, 101개의 섬으로 이루어져 화려한 궁전, 질서정연한 도시계획 때문에 '북방의 베네치아', '제2의 암스테르담'이라 불렸다. 전체 면적의 1/10이 물로 이루어진 **'물의 도시'**이고, 늪지대를 매립해서 건립되었기 때문에 이러한 이름들이 붙여진 것이다.[3] 격변하는 러시아 역사의 전개를 그대로 반영이나 하듯이 이 도시의 이름도 많은 변화를 겪었다.

건립될 당시 조선과 항해술이 발달하고 선진국으로 흠모의 대상이 되

접 만든 공작품들(모조 보트, 의자, 도자기, 코담배갑 등)이 즐비하였다. 뿐만 아니라 그는 매우 검소 검약하여 그 이전에는 궁정유지비가 연간 수십만 루블에 이르렀으나, 표트르 때는 단 6만 루블로 유지되었다.

3) 러시아 문학 애독자들에게는 푸시킨, 고골, 도스토옙스키, 블록 등의 이름과 결부되어 있는 이 도시가 결코 낯설지 않을 것이며, 러시아인의 혼이 담길 정도로 많은 소재로 등장하고 있다.

고 있던 네덜란드에 푹 빠진 표트르는 이 도시를 네덜란드 식의 성 피테르 부르그(Ст. Питер Бург)라고 명명하였다.[4] 곧 독일식의 성 페테르부르크(Ст. Перербург)로 바뀌어 제정시대 내내 수도로서 역할을 했다. 1914년 제1차 세계대전 중 독일군의 불법침공에 저항하는 뜻으로, 적국의 이름 형태를 버리고 페트로그라드(Петроград)로 개명하였다. 그 후 레닌이 사망한 뒤(1924년) 그의 혁명운동 본거지였던 이 도시를 기리는 뜻에서 레닌그라드(Ленинград)로 명명되었다. 그러나 소연방의 해체와 함께 찾아온 사회주의 혁명의 신성불가침이 무너지면서 이 도시 역시 원래의 이름으로 돌아가고 말았다.

페테르부르크가 건설된 네바 강 주변은 옛날부터 스칸디나비아나 한자동맹의 상인이 근동-그리스로 가는 수로의 기점에 해당하였다. 북유럽 여러 나라들이 각축을 벌이다 17C초 북방의 강국 스웨덴이 이 지역을 병합하였다(1617). 그 뒤 100년 가까이 러시아는 발트 해로 나가는 길을 폐쇄당하고 있었다. 발트 해를 통해 서구와 직접 교류하고 러시아의 근대화를 계획하던 표트르는 이 국가적 과제를 해결하기 위해 스웨덴에 싸움을 걸었다.

네바 강을 사이에 둔 '북방전쟁'

당시 스웨덴은 약관 18세의 나이에 군사적 천재로 불리던 칼 12세에 의해 군사대국으로 인정받고 있었다. 상대편 국왕이 자신보다 나이가 어리다는 사실과 국가적 대의를 실현해야 한다는 명분 때문에, 표

---

4) '삐쩨르'란 이름은 지금도 이 도시 사람들에 의해 애칭으로 불리고 있다. 그러나 이 이름이 황제의 이름을 딴 것인지, 성 베드로의 이름을 딴 것인지 논란되지만 별 의미가 없다. 왜냐하면 베드로는 러시아식 이름으로 표트르인 동시에 러시아인들 대부분이 자기 이름과 비슷한 성인의 축일을 자신의 생일로 간주할 정도로 존경했던 관습이 있었기 때문이다.

트르는 폴란드와 덴마크와 동맹을 맺고 **북방전쟁**(1700~21)을 시작하였다. 시작하자마자 나르바에서 참패를 맛본 표트르는 전 국가의 동원령 체제 속에서 네바 강 하구에 군사 거점지를 확보하기 위해 요새를 건설하기 시작하였다(1703). 이것이 곧 페테르부르크의 기원이다.

이 지역은 지리적 위치만으로 보면 군항으로 아주 적절하였다. 그러나 이러한 진흙탕 위에 도시를 건설한다는 생각은 감히 아무도 할 수 없었다.[5] 그러나 표트르는 강인하게 도시 건설을 추진하였다. 건축가, 기사들이 해외로부터 초빙되고, 4만명의 농노와 5천명의 직인들이 동원되었다. 습지와 밀림으로 뒤덮인 불모의 땅에서 식량 부족과 질병으로 희생된 사람이 헤아릴 수 없었으니, 이 도시는 말 그대로 '인간의 뼈' 위에 건설된 것이었다.

페테르부르크 도시 문장

어쨌든 표트르의 불굴의 의지에 의해 이 도시는 불과 10년도 안되어 북유럽에서 손 꼽히는 장엄하고 화려한 모습을 띠고 나타났다. 이 사업은 바로 북방전쟁의 승패를 가늠하는 축으로서, 신 국가 건설의 핵심 과제였던 만큼 정열적으로 추진될 수밖에 없었다. 표트르가 제정한 페테르부르크의 **문장**은 적지(赤地: 북방전쟁의 유혈을 의미)에 2개의 교차하는 은색 닻(항구라는 것을 표시) 한가운데 황금빛의 왕이 매는 허리띠(수도인 것을 의미)를 배치하고 있다. 1712년 표트르는 모스크바에서의 혐오스런 기억을 지우고 새로운 역사의 장을 열기 위해 이곳으로 천도하였다.

이제 이 도시의 구조물과 특징을 살펴보기로 하자. 제정시대에는 정치범 수용소이기도 했던 페트로파블롭스크 요새가 가장 먼저 세워졌다. 그 다음해(1704) 네바 강 좌안에 해군성과 조선소를 겸한 것 같은 건물이 세

5) 푸시킨의 『청동기사』 서사에는 "이끼 가득한 강가의 습지대에는 가난한 핀 족이 사는 통나무 오두막이 여기저기 시커멓게 보이고, 안개에 가려진 태양, 빛도 통하지 않는 밀림이 주위를 뒤덮고 있는" 지대로 묘사되고 있다.

워졌다. 금색의 빛나는 첨탑으로 유명한 구 해군성(Адмиралтейство)의 기원이다. 이 두 건물은 도시의 스카이라인을 결정짓는 앙상블을 이루고 있다. 같은 해 네바 강 좌안에는 '여름 궁전'도 만들어졌다.

페트로파블롭스크 요새

해군성

7년 뒤에는 동궁(冬宮 Зимный дворец)의 기원이 된 '겨울 집'이 세워졌다. 동궁은 역대의 황제나 여제의 취향에 따라 몇 번이나 그 모습이 바뀌었다. 그러나 이를 단순히 집 만들기 취향이라고 말해버릴 수는 없다. 동궁의 건축은 수도건설이라 하는 대사업의 일환이었고, 이 사업은 시대의 문화, 예술의 방향에 영향을 주었다. 간단히 말하자면 군주의 취향 바로 그 자체가 시대의 지배적 '양식'이 되었다는 것이다. 그렇다고는 하지만 군주의 의지나 취미라고 하는 것도 동시대 서구의 강한 영향을 받았으며, 서구로부터 초빙된 건축가나 예술가는 서구의 양식을 가져왔다. 물론 군주의 변덕스런 성격에 따라 전혀 엉뚱한 작품이 나오기도 했다.[6]

6) 대표적인 예로 예카테리나 2세의 아들 파벨이 제위에 올랐을 때, 어머니에 대해 깊은

네바 강에서 바라본 동궁

광장에서 보이는 동궁의 뒷모습

1730년경까지는 수도건설이나 동궁건립 모두 표트르 대제의 의지에 따라 실리적 목적에 맞춰 여러 가지 시도가 이루어졌다. 그러다가 대제의 조카딸 안나(1730~40) 시대에 그 방향이 확립되었다. 네 번째부터 여섯 번째까지 동궁건설을 맡았던 이탈리아 건축가는 독일인총신에 파묻혀 있던 안나를 위해서는 독일풍의 바로크 건축물, 프랑스 축제를 좋아한 대제의 딸 엘리자베타(1741~62)를 위해서는 로코코 양식의 목조건물을 지었다. 여섯 번째 손대고 있을 때 클래식을 좋아하는 예카테리나 2세의 등극으로 그는 일선에서 물러났다. 그 후·19C초까지 여러 건축가의 손을 거쳐 고전주의적 색채가 강한 오늘날의 모습을 갖추게 되었다.

이러한 서구풍의 건물 양식뿐만 아니라 '유럽으로 향한 창'으로서 역할을 다하다 보니 페테르부르크는 모스크바에 비해 상당히 이국적이다. 모스크바는 외관부터 복잡한 미로에 둘러싸여 여러 잡다한 건축양식이 다 들어서 있다. 반면 페테르부르크는 질서정연한 계획도시의 면모를 갖추고 있어 조화로움과 안정감을 더해 준다. 그러면서 국제적인 항구도시로

반감을 가지고 있던 그는 여제가 만든 궁전을 때려 부수고 이상한 중세풍의 미하일롭스키 성을 만들기도 했지만, 그의 사후 이상한 건물들은 다시 시대적 조류에 맞게 세워졌다.

서 외국인이 많이 거주하고, 화려한 이국풍의 정서와 더불어 개방적이며 친서방적인 경향이 강하다. 반면 모스크바는 역사적 유물과 교회가 많다 보니 러시아인 마음의 고향으로서, 보수적이며 국수주의적 경향이 짙게 나타난다. 이러한 경향은 오늘날에도 정치계 학계 예술계 등 각 분야에서 그대로 지속되고 있다.

페테르부르크가 위대한 인간승리의 상징으로 추앙받은 이면에는 자연의 보복도 만만치 않았다. 러시아의 많은 작가들에 의해 페테르부르크는 '저주받은 도시'로 묘사되면서 자연에 거역하여 세워진 결과, 자연은 홍수라는 형태로 도시에 보복한다.[7] 홍수는 유사 이래 인간에 대한 신의 징벌로 여겨졌던 만큼 죄의식이나 심판의식을 쉽게 불러 일으켰다. 도시가 지닌 많은 죄악들—혼돈의 땅에 새로운 세계를 건설한 것은 신에 대한 도전 행위, 건설하다 죽어간 수많은 사람들의 뼈 위에 세워진 도시, 구 러시아적 전통을 모두 말살시켜 뿌리 없는 조국을 만든 것 등등—은 홍수가 일어날 때마다 과거의 암울한 기억을 뒤흔들면서 도시를 종말론적 예언으로 가득 차게 만들었다.

자연의 보복은 페테르부르크 시민들에게 매우 위협적이었다. 거의 매년 홍수의 피해를 받았고, 특히 1777년, 1824년, 1924년 네바 강 홍수는 거의 파괴적이었다.[8] 이 홍수로 인해 민중들 사이에는 "순식간에 만들어진 도시이기 때문에 순식간에 망할 것이다."라는 전설까지 생겨났다. 이 도시의 장중하고 화려함은 강대한 전제권력에 의해 지탱되고 있으나, 언젠가 자연의 맹위 앞에 사라질지도 모른다는 생각이 만연해 있었던 것이다.

---

7) 페테르부르크 텍스트에 '홍수'의 모티프가 사용된 대표적인 작품은 푸시킨의 '청동기사', 블라디미르 오도옙스키의 '죽은 자의 조소' 등이 있다.

8) 네바 강 홍수의 원인은 가을에 강한 서풍이 불어 강의 흐름을 막기 때문에 수위가 4m나 높아진다. 지표의 높이가 3m 이하인 이 도시에 어떤 상황이 닥칠지 가히 상상하고도 남는다.

백야의 네바 강 전경

홍수 외에도 자연은 많은 재앙을 가져다준다. 북위 60도에 위치한 만큼 추위는 차치하고라도 겨울의 강한 눈보라는 사람들의 정신을 혼미하게 만들고 생활의 리듬을 깬다. 폭풍우나 바람 또한 매우 거세게 불어 정상적인 활동을 방해한다. 또한 양면적인 해석이 가능한 '백야' 현상도 인상 깊다. 세상을 밤과 낮으로 나누어 놓은 신의 섭리에 부합하지 않는 버려진 땅으로서 인식되는가 하면, 자연의 기이한 현상을 직시할 수 있는 실험의 땅으로, 특히 연인들에게는 더없이 아름다운 모습이기도 하다.

어쨌든 페테르부르크는 러시아 역사의 향방을 바꾸는 데 결정적인 역할을 하였다. 서구인의 시각에서 보면, 페테르부르크는 언제나 '유럽에 있는 아시아'로서 유럽의 질서를 무시하는 야만적인 도시로 밖에 보이지 않는다. 하지만 이 도시는 러시아가 유럽의 일원으로 편입되는 데 지대한 몫을 하였다. 한편 러시아인의 시각에서 보면, 이 도시는 '아시아에 있는 유럽'으로서 러시아적인 관습을 위협하고 양분된 러시아의 원흉으로 보이겠지만, 러시아의 근대화에 이바지했음은 분명하다.

2. 서구문화의 러시아화

1) 러시아 생활문화의 변화

1698년 9월 유럽여행에서 귀국한 표트르는 모스크바 궁전으로 인사차 들른 귀족들과 인사를 나눈 뒤, 손수 칼을 들고 귀족들의 **턱수염**을 깎기 시작하였다. 길고 예리한 이발사용 면도칼로 저항할 여유도 주지 않고, 평생 동안 길러왔던 측근 귀족들의 수염을 밀어버린 것이다. 러시아 정교도들에게 턱수염은 신앙심과 자존심의 상징이었으며 신으로부터 부여받은 신체의 일부분으로 간주되어 왔다.[9] 때와 장소를 불문하고 수염 기른 자는 보이는 대로 밀어버리도록 했으며, 칙령을 발표하여 정교회 신부를 제외하고는 누구도 수염을 기를 수 없다고 선포하였다. 관리들에게는 다른 사람의 수염을 강제로 깎을 수 있는 권한이 부여되었고, 마침내 수염을 기르고자 하는 사람은 일정액의 세금을 납부해야 한다는 법령이 공표되었다.[10]

---

9) 전통적으로 러시아인들은 "턱수염을 깎는 것은 모든 순교자의 피로도 씻을 수 없는 죄악이며, 인간이 신으로부터 창조된 제 모습을 손상시키는 일"로 여겼다. 하지만 자신의 수염도 깎아버린 표트르는 수염이 러시아의 후진성을 가져온 불필요하고 미개하며 어리석은 사고방식의 소치라고 생각하였다.

10) 신분별로 차등을 두어 부유한 상인들은 최고 1백루블까지 납부해야 했고, 세금징수는 도시로 들어갈 때 했으며 일단 세금을 내고 나면 작은 청동제 메달을 목에 걸고 다니면서 수염을 기를 수 있다는 허가 표시를 하도록 했다.

표트르는 "국가와 군인직의 영예로움과 단정함을 위하여" 수염 깎을 것을 강요했다. 반면 전통주의자들은 수염을 깎는 것이 인간에게 깃든 신의 모습을 손상시키는 것이며, 러시아인들을 이교도나 원숭이 같은 불쾌한 존재로 보이게 만든다는 이유에서 반대하였다. 그러나 어쨌든 서유럽 여행에서 돌아온 표트르는 활동적이고 열의에 찬 일정을 보내면서 무엇이든 단시일 내에 서구화시키려고 마음먹고 있었기에 사소한 반대쯤은 전혀 염두에 두지 않고 있었다.

남녀 전통 복장

표트르가 돌아온 후 연일 계속된 축하연 속에서 이번에는 러시아 전통 복장을 서구식으로 바꾸라는 지시가 내려졌다.[11] 황제는 긴 소매 자락과 밑자락 치장을 한 기다란 두루마기 차림의 러시아 전통복장이 비실용적이라 생각했고, 직접 조선소에서 일을 할 때나 병사들과 행진할 때 활동이 불편하다는 것을 절감하고 있었다. 또한 서유럽 여행 중 외국인들이 러시아 사람들의 옷차림을 이상스레 바라보면서 심지어는 조소하는 듯 했던 모습도 기억에 생생하였다.[12]

1년 후인 1700년 1월, 황제는 그 동안의 설득 방식을 바꾸어 법령을 선포함으로써 모스크바나 지방의 모든 귀족, 관리, 상인들에게 헝가리 및 독

11) 1681년에 이미 표도르 황제가 궁중 관리들에게 땅에 끌리는 예복 차림의 복장을 짧게 자르도록 장려한 바 있었기에 일부에서는 폴란드식 복장을 착용했으나, 대부분의 귀족들은 전통 러시아 양식을 그대로 유지하고 있는 형편이었다.

12) 이 때문에 귀국한 그 해 겨울 궁중연회에 참석한 황제는 가위를 준비했다가 식탁에 함께 앉아 있는 귀족들의 기다란 소매 자락을 자르면서 말하였다. "보아라, 이것들이 얼마나 편리하고 좋으냐. 소매에 걸려 컵을 엎지르지 않아도 되고 소매 끝자락이 국물에 젖을 염려도 없지 않은가?" 황제는 놀란 손님들에게 잘라버린 옷 조각들을 나누어 주면서 각반을 만들어 신으라고 충고까지 곁들였다.

일풍의 외투를 지급하면서 러시아식 전통 복장을 벗도록 명령하였다.[13] 그 후 전통복장으로 성문을 통과하는 사람이 있을 경우, 병사들이 벌금을 징수하고 무릎을 꿇은 상태에서 땅에 옷이 닿는 부분을 잘라버렸다. 이러한 의복개혁에 대해 남자들보다 귀족 부인들이 더 반겨하며 적극적으로 실행에 옮겼다. 그 결과 베르사유 풍의 유럽식 복장이 러시아에 대거 유입되었다. 그러나 이러한 새로운 양식들은 기본적으로 귀족과 부유한 상인계급에만 적용되었을 뿐, 농민이나 도시의 소시민들 같은 납세계급들은 거의 영향을 받지 않았다고 할 수 있다.

표트르가 서유럽 여행에서 돌아온 지 몇 달 만에 모스크바는 많은 변화를 겪었다. 비록 이런 변화가 수염을 제거하고 옷을 간편하게 하는 등의 외형적인 것이었으나, 향후 수십 년간에 걸쳐 수행될 적극적인 제도개혁의 전조임은 틀림없었다. 그 다음 변화는 러시아의 달력이었다. 원래 러시아에는 예수 탄생으로부터 계산하는 현재의 서기 연도가 아니라 그들이 생각하는 세계창조의 기원으로부터 연도를 시작하였고,[14] 1년의 시작

새로 도입된 율리우스력

13) 곧이어 두 번째 칙령을 내려 남자는 조끼, 바지, 각반을 댄 장화, 모자를 착용토록 하고, 여자는 스커트, 셔츠, 본넷 모자, 서구식 구두를 갖추도록 했으며, 이들 새로운 양식에 대한 시범 복장을 모스크바 성문에 걸어 놓고 모든 사람에게 이를 따르도록 하였다.

14) 기원전 5508년을 천지창조의 해로 간주했기 때문에, 당시 서기 1699년은 러시아 달력으로 7207년이 되었다. 또한 새로운 역법으로 전환하면서 유럽에서 일반적으로 사용하던 그레고리력이 아니라 1세기마다 하루가 빨리 가는 율리우스력을 채택했다는 사실을 알아야 한다. 1708년부터는 연중 달력이 출판되어 오늘날까지 지속되고 있으며, 발행부수는 2,000부에 달할 정도였다. 달력에는 다양하고 유익한 정보가 담겨 있었다. 뿐만 아니라 농업 수학 역사 분야에 관한 정보와 더불어 날씨 및 '풍작과 흉작', '올해의 질병'에 대한 자료도 있었고 점성도와 그 해석도 알 수 있었다.

도 1월이 아니라 9월이었다. 이는 곡식과 과일이 무르익는 결실의 계절에 세계가 창조된 것이지, 한창 춥고 대지가 눈으로 뒤덮인 동토의 계절에 천지창조가 이루어지지는 않았을 것이라는 믿음에서 비롯된 것이었다.

그리하여 해마다 9월 1일에는 전통적으로 신년을 축하하는 명절행사가 성대히 베풀어졌고, 교회에서도 화려한 의식이 거행되었다. 서유럽과 달력을 맞추기 위해 9월 1일의 신년 축제행사가 금지되었다.[15] 이 새로운 신년을 축하하기 위해 1700년 1월 1일에는 그 어느 때보다 성대한 신년 행사를 거행하고, 교회에서는 특별 예배를 올리며 각 가정은 7일 동안 불을 켜놓고 주야로 대문을 개방하라는 지시가 내려졌다.

다음으로 표트르는 **화폐개혁**에 착수하였다. 러시아는 아직 공식 화폐가 없어 외국 화폐가 무질서하게 나돌고 있었다. 표트르는 영국방문 시 왕립 조폐국에서 정부가 직접 화폐발행을 관장하는 것을 보았다. 무역진흥을 위해서는 국가에 의해 발행되고 유통되는 공식 화폐가 필요하다는 사실을 깨달았다. 당시 러시아에는 코페이카라는 은화가 있었으나 실제로는 독일이나 화란의 화폐를 약간 개조한 것이 상인들 사이에 주로 사용되고 있었다. 그리하여 표트르는 크고 보기 좋은 동전을 대량으로 만들어 널리 유통시키는 한편, 단위가 높은 루블화를 금이나 은으로 만들도록 하였다.

사회발전을 도모하고 왕실의 토지와 돈을 절약하는 데 공헌한 **포상제**도 장려되었다. 전통적으로 러시아에서는 주요 공적에 대한 보상으로서 광대한 영지나 농노, 또는 막대한 현금을 수여하였다. 서구에서는 보다 검

---

15) 1699년 겨울에 선포된 칙령은 다음 해의 새로운 시작이 1월 1일이며 7208년이 아니라 1700년이 된다는 사실을 알렸다. 동시에 표트르는 신이 한겨울에 세계를 창조하지 않았다는 주장을 무마시키기 위해 성직자들을 불러 지도를 펴놓고 설명하기를, 러시아가 이 세상의 전부가 아니며 러시아가 겨울일 때 세계의 다른 한 쪽에서는 여름이 지속된다고 친절히 설득하였다.

소하게 훈장이라는 형태로서 국가에 대한 보훈을 기린다는 것을 알게 된 황제는 러시아 특유의 기사훈장으로서 수호신의 이름을 딴 성 안드레이 훈장을 창안하였다. 그 후 제정 말기까지 2세기가 넘도록 이 훈장은 황제가 수여하는 최고의 명예로운 것으로서, 러시아의 장군과 관리들에게 수천 에이커의 토지에 해당하는 가치와 영예를 지니게 되었다.

성 안드레이 훈장

1718년 표트르는 긴 겨울 동안 매주 2~3회 모이는 새로운 야회(ассамблея)를 구상하였다. 이것은 파리의 한 살롱에서나 볼 수 있는 사교적인 모임을 페테르부르크에 그대로 재현시켜 남녀가 자연스럽게 만날 수 있는 기회를 제공해주기 위함이었다. 그렇지만 이 구상은 당시 러시아로서는 비교적 혁신적이었기 때문에 집회시간 등 몇 가지 규칙이 정해졌다.[16] 야회를 주관하는 집 주인은 참석자들을 위해 약간의 음료수만 준비하도록 되어 있었으나, 종종 식사와 술까지 나오는 일이 있었다. 이 모임은 집집마다 정해진 순서에 의해 돌아가면서 주관하였다.

야회에는 외국인 상인들도 초대되었으며, 초대된 사람들은 모두 유럽식 복장을 해야 했다. 야회가 열리고 있는 동안의 분위기는 매우 자유스러웠다. 한 방에서는 남녀가 어울려 춤을 추고 옆방에서는 카드놀이를 한다. 또 다른 방에서는 서로 모여 앉아 담배나 술을 마시며 대화를 나누기도 하였다. 모임은 때때로 의견충돌이 생겨 주먹이 오가는 싸움판으로 변하기도 했으나, 전통적인 러시아 사회를 유럽 사회의 개방적인 분위기에

16) ① 집회를 주최하는 사람은 모임이 있다는 사실을 모든 남녀에게 통보할 의무가 있다. ② 집회시간은 오후 4시부터 10시까지 한다. ③일정한 시간에 전부 모이는 것이 아니라 정해진 집회시간 중 언제든지 왔다 갔다 할 수 있다. ④집회에 참석한 사람들은 앉거나 서서 자유롭게 원하는 행동을 할 수 있다.

동화시키기에 충분하였다. 표트르 이후 이 야회는 무도회로 변모하면서 귀족들의 휴식과 교제 장소로서 오래 동안 지속되었다.

특히 이 야회는 페테르부르크에 사는 여성들에게 많은 변화를 가져다 주었다. 보통 집안에서 가사일 하는 것을 유일한 일과로 생각해온 그들이 이제 생활의 다른 면을 맛보기 시작한 것이다. 예전과 달리 이성교제가 수월해졌고, 그에 따라 의상이나 그 밖의 미에 대한 감각도 민감해졌다. 이렇게 러시아에서 여성의 위치가 변하고 자유스럽게 됨에 따라 윤리관도 재정립되었다.[17]

2) 세속문화의 발전

러시아의 세속문화 확립에 크게 기여한 것은 시민문자의 도입과 출판의 시작이었다. 복잡한 키릴문자를 간소화시킨다는 차원에서 1708~10년 동안 도입된 시민문자는 슬라브어, 그리스어, 라틴어 문자에서 차용하여 이전보다 훨씬 간단하게 구성되었다. 이전의 문자는 교회 관련 종교서적에만 사용되고, 다른 영역은 개편된 시민 문자로 출판되었다. 향후 세속적인 문어체와 교회의 문어체가 분리되었다. 표트르의 명에 따라 1710년 1월에 제정된 시민문자의 결정판은 예술 및 기술 서적을 찍는데 광범위하게 사용되었다. 그 외에도 슬라브어 숫자 대신 아랍 숫자가 도입되기도 했다.

정부는 수행되고 있던 개혁을 선전하기 위해 책을 적극 활용하였다. 포

---

17) 남녀관계의 성윤리가 표트르의 의도대로 사회윤리에 바탕을 두게 되었다. 일반적으로 황제는 혼전성교나 간음을 처벌하지 않았으며, 미혼녀가 임신했을 때 아기를 분만하도록 장려하였다. 표트르는 개인적인 방탕한 행동에 대해 관대했지만, 사회적인 범죄에 대해서는 준엄하여 낙태나 산후 영아살해 등은 엄벌에 처하기도 했다.

고령, 법규, 성명서 등을 통해 대중들에게 국내 사건을 알렸고, 개혁의 필연성을 확신시키고 주장했던 것이다. 1703년 러시아에서는 최초의 공식신문 『통보』가 발간되었다.[18] 『통보』는 일반인들에게도 전해졌으며, 그 속에는 대내외사건에 대한 보도와 전쟁에 관한 소식, 경제적·문화적 이슈들이 실려 있었다.

ВѢДОМОСТИ
РОСТОВСКОЙ НА ДОНУ ГОРОДСКОЙ УПРАВЫ.
ГОДЪ ДЕСЯТЫЙ.

러시아 최초의 신문 『통보』

개혁 작업에 책 출판을 활용한 표트르는 책과 관련된 사업을 발달시키기 위해 그 토대를 확장시켜 나갔다. 그리하여 인쇄소의 수가 증대하였고 사설 출판사가 등장하였으며, 문헌 출판의 형태에 따라 —교과서, 지도, 일람표, 공식 자료, 종교서적 등등— 출판의 전문화가 시작되었다. 국가 권력을 지지해줄 수 있는 문화 계몽기구 체제가 점진적으로 조성되어 갔다. 세속 도서관이 건립되었고 책 판매를 위한 국영서점들이 문을 연 것이다. 1714년 페테르부르크에서는 러시아에서 가장 오래된 도서관이 개관되어 황제 개인이 모았던 외국 서적과 국내 도서들이 비치됨으로써, 문서 보관소의 역할과 더불어 일반인들의 열람 장소로도 이용되었다.

결국 국가 주도의 문화사업 확장은 역시 제한된 계급 내에서 아주 상징적인 의미만 지닌 채 이루어졌다고 할 수 있다. 심지어 인민들 가운데는 손으로 쓴 구교도에 관한 책이나 민중 판화들이 매매되고 있었다. 이 시대의 정치적 판화로 유명한 "쥐들이 수코양이를 어떻게 제거할 것인가"는 개혁 반대자들에 의해 나온 작품이다. 출판문화의 확산과 서적의 보급은

18) 1621년부터 사절청(Посольский приказ)이 외국신문에서 발췌하여 수기로 적은 신문 <대시계 Куранты>를 발간했지만, 그것은 공적 업무를 위한 것이었고 궁중 내에서만 읽히었다.

문화의 이중성—국가 주도의 지배문화, 민중들의 저항문화—을 극명하게 보여준다. 러시아의 경우도 예외는 아니었다. 표트르의 개혁사업을 비판하는 서적과 출판물들이 점증해가자, 1721년 정부는 신성종무원의 허가 없이 인쇄물이 유포되는 것을 금지시켰던 것이다. 이 법령은 곧 러시아 사회에 공식적인 검열이 시작되었음을 의미한다.

출판문화의 발전과 더불어 18세기의 **사회-정치사상**은 일련의 새로운 정치적, 사회-경제적, 문화적 문제를 야기하였다. 서유럽과의 잦은 학문적 문화적 접촉으로 러시아의 식자층 사회는 휴머니즘적 이성적 교시나 견해를 수용할 수 있었다. 반면 18C초반 표트르는 절대주의 확립을 위해 교회를 국가에 예속시켰고, 사상적으로도 절대주의의 공식화를 위해 노력하였다. 절대군주제의 수용 또는 반대라는 입장은 정치적인 이해를 달리하는 세력들 간에 첨예한 사상적 충돌을 불러일으킨 주요 문제였다. 귀족계급 대다수의 관심은 절대주의의 정치적 프로그램과 완전 일치하였고, 정치권력의 반대세력은 주로 반동적인 대귀족과 성직자 계층에서 형성되었던 것이다.

개혁의 추종자들은 절대주의를 확실하게 신봉하였다. 이들 중 대표적인 한 사람이 바로 프로코포비치(Ф.Прокопович)였다. 그는 무제한적인 군주의 권력에 대해 이론적 토대를 마련하였고, 교회에 대한 세속권의 우월을 주장하였다. 그 당시 무제한적 권력사상은 아직 많은 면에서 '신'이 이를 부여했다는 전통적인 이해에 근거를 두고 있었다. 그러나 사회인식 속에서 유럽 사상가 및 철학가들의 견해가 확산됨에 따라, 절대주의 이데올로기에는 '자연법'과 '사회계약론'과 같은 합리주의적 사상도 이용되기 시작하였다. 즉 모든 인민들의 '행복'을 보장해줄 수 있는 최고권력 형태로서 군주제 국가를 신봉하는 분위기가 정착되어 갔던 것이다.

이와 더불어 러시아 18C는 인식의 발전에서 중요한 일보를 내딛었다. 그것은 인간 개인에 대한 새로운 이해 및 사회 속에서 인간의 위치에 관한 것이었다. 인간에게서 죄악의 원천만 보는 것(이에 관해서는 교회가 줄곧 주창해온 내용임)이 중단되었다. 적극적으로 활동하는 인격체로서, 무엇보다 조국에 이익을 가져다주는 가치로서 인간이 인식되기 시작하였다. 이제 선조들의 부나 명예가 아니라, 개인의 지혜와 용기, 자질만이 인간의 사회적 지위를 결정지어 주었다. 표트르는 개인의 출신이 아니라 능력을 중시하여 인간의 무한한 잠재력을 키웠던 것이다.[19]

라디쉬체프

러시아가 유럽에서 빌려왔던 계몽주의 문화는 세속주의의 승리로 귀결되었다. 정교회는 계속 영향력을 가지고 있었지만, 이제 러시아인의 생활과 문화의 중심적 위치에서 밀려나야 했다. 18C 유럽 무대를 지배했던 비종교적 철학은 이성과 교육을 중시했고, 사회의 이익들을 향상시킬 수 있는 계몽된 사람들의 능력을 중시하였다. 후자의 경우는 특히 통치자들, 소위 계몽전제군주에 해당되었다. 그들은 한 나라의 생활을 지도하기 위해 자기 마음대로 쓸 수 있는 막대한 수단을 보유하고 있었기 때문이다. 이러한 견해는 러시아의 실정에도 그대로 부합되어 표트르 이후 군주들은 앞장서서 계몽군주로서의 역할을 자임하였던 것이다.

러시아에서 계몽주의 문화의 전성기는 예카테리나 2세(1762~96) 시대이다. "표트르 대제가 러시아에 육체를 부여했다면 예카테리나 여제는 영혼을 불어 넣었다."라는 클류쳅스키의 표현대로 이 시대는 문화 정신적인

19) 표트르는 평생을 통해 신하의 선택과 평가 기준을 국가에 대한 충성심, 공헌도에 두고 그에 상응하는 직위와 상급을 부여하였다. 이러한 관례가 1722년 무관, 문관, 궁정관리 세 분야에 걸쳐 각각 14관등으로 분류된 표(Табель о рангах)로 제도화 되었으며, 이로써 대귀족들의 세습 독점은 끝나고 평민이라 하더라도 개인의 능력에 따라 귀족(8등급)이 될 수 있는 신분제도의 변화가 일어났다.

면에서 높이 평가받고 있다. 17C 합리주의와 로크의 자연법사상, 뉴턴의 기계적 우주관을 반영한 프랑스 계몽주의는 인간 이성의 중시를 가장 핵심으로 삼았다. 예카테리나는 진보를 방해하는 구습과 인위적인 법률을 일소하여 신이 제정한 자연법을 충실히 이행해야 한다는 계몽전제군주의 사명을 충실히 이행하려 했다.[20] 그러나 러시아를 법치국가로 만들려는 계몽군주로서의 이상과 러시아 현실과의 괴리는 더욱 심각해졌다. 인간에 대한 이상이나 새로운 조류 모두가 대다수 농민들의 인권을 유린하는 농노제 사회가 지속되는 가운데 형성 강화되었다는 데 문제가 있었던 것이다.

이러한 러시아적 환경에서 급속도로 성장한 것은 사회비판 문화였다. 비판정신은 예카테리나 치세 동안 급속도로 발전하였다. 그것은 계몽군주로서 인정받고 싶어 하던 여제의 허영심이 반정부적인 견해와 출판물을 허용한 결과였다. 이러한 분위기에 편승하여 모스크바 대학 부설 사설 출판사를 개업하여 잡지(『수펄』, 『화가』)문학을 주도한 노비코프(Н.И.Новиков)의 업적은 당대 비판문화의 대중화에 크게 기여하였다. 또한 농노제도의 폐지를 주장한 작품, 즉 러시아 생활의 많은 측면에 대해 회의적인 태도를 표명한 러시아판 볼테르주의가 자유경제협회의 시상식에 오를 정도였다.

자유석공회(Freemasonry) 운동은 러시아 비판문화의 또 다른 양상이다.[21] 러시아 사회가 비판받아야 할 문제들 중 가장 심각한 것은 농노제였

---

20) 여제는 몽테스키외의 삼권분립, 볼테르의 理神論(deist) 입장에서 종교적 관용, 루소의 일반의지(general will)에 바탕둔 사회계약설을 섭렵하고 디드로와 달랑베르 등의 백과전서파와 서신을 주고받기까지 했다.

21) 이 운동 역시 서유럽, 즉 영국과 독일, 스웨덴, 프랑스로부터 유입되었다. 최초의 지부들은 엘리자베타 여제 때 나타났으나, 예카테리나 시대에 들어 본격적인 활동을 벌여 대도시와 지방 도시에 약 100개의 지부와 2,500명의 단원들로 조직되었다. 이 운동은 상류사회의 생활을 유럽화 시킨 것 외에도 신비주의적 경향과, 윤리적이며 사회적인 경향을 띠었다. 전자는 본질적으로 자기완성과 같은 개인주의적 성격이지

다. 그러나 이 문제는 너무나도 자연스럽게 오래 동안 인민들의 생활을 지배해온 만큼 18C까지도 대다수 사람들은 감히 그것에 도전할 엄두를 내지 못하였다.[22] 농노제에 대해 전면적이며 명백한 비난을 가한 것은 라디쉬체프(А.Н.Радищев)의 몫이었다. 농노제에 대한 그의 공격은 문화적 진보주의나 복지라는 허울을 벗겨버리고, 지식인과 정부 간의 밀월관계를 깨뜨렸다. 그는 국비 유학생으로 라이프찌히 대학에서 교육을 받고, 18C 유럽의 폭넓은 사상을 접한 뒤 귀국하여 관리로 생활하면서 1790년『페테르부르크에서 모스크바로의 여행』이란 놀랄 만한 작품을 발표하였다.[23]

저자는 러시아 전제주의와 행정적 부패를 공격하고, 인간의 평등과 자유를 위한 선구자적 자세를 취하였다. 농노제를 자발적으로 포기하지 않으려는 진재정부는 폭력으로 타도해야 함을 암시하였다. 이 작품을 접한 예카테리나 여제는 "푸가초프보다 더 나쁜 놈"이란 악담을 퍼붓고 사형언도를 내렸다.[24] 푸가초프 반란으로 계몽군주로서의 열정이 식은 예카테리나는 루이 16세가 단두대의 이슬로 사라지는 모습에 깜짝 놀랐다. 게다가

민, 적극적이고 사회 지향적인 후자의 경우 교육과 출판업에 깊이 관여하였다. 사회운동으로서 자유석공회 운동은 의식 개혁을 주도하고 러시아 사회의 부정적인 측면을 고발하는 데 앞장섰다.

22) 더욱이 예카테리나의 <귀족헌장>(1785)은 귀족들의 특권을 명문화시켜 그들을 국가 의무로부터 해방시켜 주면서 신분보장과 세습 확인을 통해 농노제는 더욱 강화되었다. 이런 상황에서 수많은 저술가들이 어떤 개인적인 차원에서 가혹한 행위를 서슴지 않는 주인이나 지주에 대해서는 비판했지만, 농노제도 그 자체에 대한 비판은 하지 못하였다.

23) 페테르부르크에서 '출발'하여 20여개의 정류장을 지나면서 종착역인 모스크바까지의 여행기 형식을 빌은 이 작품은 농노제의 잔혹성과 귀족들의 횡포를 낱낱이 고발하였다. 1주일 중 6일을 지주의 땅에서 착취당하는 농노, 가혹한 지주에 의해 매를 맞는 농노, 단란한 가족이 경매에 의해 팔리는 모습, 질투심 많은 주인에 의해 강제로 결혼이 성사되는 모습들이 묘사되어 있다.

24) 다행히 라디쉬체프는 시베리아 10년 유형으로 감해졌고, 나중에 파벨 황제에 의해 풀려지만 1802년 음독자살로 생을 마감하였다.

라디쉬체프의 '여행'은 여제로 하여금 계몽주의 사상을 탄압할 명분을 제공해 줌으로써 지식인과의 갈등이 표면화 되었다. 그러나 '여행'은 급진적 지식인의 저항을 의미하였고, 차후 인텔리겐치아의 등장을 알려준 전조등이었다.

결국 18C 러시아의 세속문화는 견습과 모방의 산물이었다. 표트르 대제는 18C전반부 동안 서유럽의 과학기술을 들여왔고, 엘리자베타 시대에는 서유럽의 유행과 예법을 모방하였다. 그 세기의 마지막 1/3이 지나는 예카테리나 시대에는 서유럽의 사상들이 본격적으로 전수되어 19C 유럽-러시아의 서막을 열어 주었다. 그러면서도 러시아 사회의 내적 모순과 특수성은 러시아 특유의 문화적 유산들을 남겨 놓았다.

[과제 & 토론]

1. 페테르부르크 시가지의 명승지와 그 유례를 조사해 보시오.
2. 페테르부르크 소개 영상물을 보고, 그 소감을 구두로 발표하시오.

박태성

부산외국어대학교 러시아·중앙아시아학부 교수
한국외국어대학교 노어과 졸업. 정치학박사
러시아 역사 지역학 전공

저서
『한눈에 보는 천년 러시아』, 『역사속의 러시아문화』 외 다수

러시아는 어떤 나라인가

초판 1쇄 발행 _ 2018년 1월 8일

저　　자 • 박 태 성
발 행 인 • 정 현 걸
발　　행 • 신 아 사
인　　쇄 • 토탈프로세스
출판등록 • 1956년 1월 5일 (제9-52호)
주　　소 • 서울시 은평구 통일로 59길 4(2F)
전　　화 • 02)382-6411 · 팩스 02)382-6401
홈페이지 • www.shinasa.co.kr
E-MAIL • shinasa@daum.net

ISBN 978-89-8396-252-2(93920)

정가 14,000원